ROADBOOK
TOUR DE FRANCE

Wiesbauer

ROADBOOK
TOUR DE FRANCE

40 Top-Anstiege von den Alpen bis zu den Pyrenäen mit dem eigenen Rennrad bezwingen

Kristian Bauer

BRUCKMANN

INHALT

Tour de France 2005: Lance Armstrong, Jan Ullrich und Michael Rasmussen am Col de Peyresourde.

Tour de France 2005: Jan Ullrich kämpft am Col de Palherès.

VORWORT

Ja, ich gebe es zu: Ich bin der Tour de France voll und ganz verfallen. Die Tour ist nicht einfach ein Radrennen, sie ist ein dreiwöchiges dramatisches Schauspiel voller Tragik, Spannung und Überraschung. Es ist nicht nur der Kampf um den Gesamtsieg, der mich fesselt. Immer wieder hoffe ich mit den unbekannten Außenseitern, dass ihr tapferer Soloritt mit einem Etappensieg belohnt wird. Die Tour ist immer voller Überraschungen, und so fühle ich mit, wenn Freudentränen fließen und unbekannte Talente plötzlich den Traum ihres Lebens realisiert haben.

Galibier, Tourmalet und Mont Ventoux sind Namen, die in mir seit Jahren ein unbeschreibliches Kribbeln im Bauch hervorrufen. Was wäre die Tour de France ohne ihre Berge? Sie entscheiden über Sieg und Niederlage und trennen glorreiche Helden von vergessenen Verlierern. Längst umgibt die Anstiege eine mythische Aura, gewebt aus tragischen Zwischenfällen, historischen Siegen und grandiosen Niederlagen. Wenn das Peloton das Klettern beginnt, steigt mit jedem Höhenmeter die Spannung. Millionen Zuschauer an der Strecke und vor den Fernsehern verfolgen das faszinierende Freilichtspektakel. Die Berge bieten all das, was am Profiradsport fasziniert: heldenhafte Kämpfe gegen Schmerzen und Erschöpfung beim Aufstieg und eine todesverachtende Jagd nach Sekunden in der Abfahrt. »Am Berg gibt es Momente, wo ich sogar Pfützen austrinken würde«, beschrieb Erik Zabel einmal diese Leidensmomente.

Einsame Ausreißer opfern in einem verzweifelten Aufbäumen ihren Körper einem möglichen Etappensieg, während die Spitzenreiter in der Gesamtwertung sich wachsam belauern. Ein plötzlicher schneller Antritt, dem der Konkurrent nicht folgen kann, und schon sind die Karten völlig neu gemischt. Die Tour wird in den Bergen entschieden; diese Wahrheit zeigt sich jedes Jahr aufs Neue. Wer hier Schwäche zeigt, wird in Paris nie ganz oben stehen.

Die legendären Pässe – Emotion und Leidenschaft

Die sagenumwobenen Berge und Alpenpässe der Tour de France selbst mit dem Rennrad zu erleben, war deshalb mein lang gehegter Traum. Jede Fahrt ist auch ein Eintauchen in die Geschichte der Tour und man erhält einen ganz neuen Einblick in das Rennen. Wer selbst die gnadenlose letzte Rampe am Galibier oder die sengen-

Für Sprinter Erik Zabel beginnt in den Bergen die »Höllentour«.

de Hitze am Ventoux erlebt hat, sieht die Tour mit anderen Augen. Es macht unglaublich viel Spaß und das Glücksgefühl am Tourmalet ist eben doch ein anderes als an einem namenlosen Pass. Doch es ist natürlich nicht die Legende allein, die an den vorgestellten Bergstrecken reizt. Türkis schimmernde Stauseen, weiß glänzende Bergriesen oder graue Felsabbrüche sorgen für landschaftliche Hochgenüsse. Die hier vorgestellten Routen sind auch landschaftlich ein Erlebnis. An der steilen Flanke zwischen Souloir und Aubisque oder im Serpentinengarten des Pailhères gerät auch der nüchternste Kilometerfresser ins Schwärmen.

Die gute harte Zeit

Eigentlich sind die Pässe der Tour de France heute so leicht wie nie zuvor. Denn obwohl die Höhenmeter die gleichen sind – die Umstände haben sich gewaltig geändert. So tastete sich die Tourdirektion langsam voran, indem sie sich zuerst in die Vogesen, dann in die Alpen und schließlich sogar in die Pyrenäen wagte. Die Berichte von der ersten Pyrenäen-Etappe 1920 verdeutlichen, was für harte Bedingungen die Fahrer damals vorfanden. Die Etappe führte von Perpignan nach Luchon, eine Gesamtlänge von 289 km, die überwiegend auf Forst- und Schotterwegen zurückgelegt wurden. Zwar war dies erst die neunte Etappe, doch Unfälle, Krankheit und Erschöpfung hatten die Zahl der Teilnehmer bereits auf 62 von ursprünglich 110 dezimiert. Der Start in Perpignan fand um halb vier in der Früh statt und Erster im Ziel war nach 14:23 Std. Octave Lapize. Er hatte einen beeindruckenden Schnitt von 27 km/h herausgefahren – und das ohne Gangschaltung bei schlechtesten Straßenbedingungen! Doch im Ziel boten die Fahrer oft ein erbärmliches Bild. Sie waren von den Strapazen so gezeichnet, dass die Zuschauer schockiert waren:

»Wie immer bei diesen sehr langen Etappen sind die Radfahrer in einem Zustand angekommen, der ungewohnte Beobachter schockiert hat. Ihre harten Gesichter sind braun oder grau verschmiert, der Schweiß tropft, die Beine sind mit einer Staub- und Schlammschicht bedeckt, auf der Grashalme kleben. Der Schweiß und manchmal das Blut riefen vor allem bei den weiblichen Zuschauern Ausrufe der Überraschung und des Mitleids hervor. Wie immer gab es einige Fahrer, die einen völlig erschöpften Eindruck machten und wie Automaten agierten. Andere erschienen noch frisch und voller Energie« (Lokalzeitung »La Dépêche«, Juli 1920).

Im Ziel angekommen, stürzten sie sich gierig auf ein provisorisches Buffet und leerten eine Flasche Limonade oder Bier. Die gesamte Tour führte damals über 5 000 km; Tagesetappen waren bis zu 400 km lang und die Straßenbedingungen katastrophal. Auf alten Fotos und Filmen sehen die Passstraßen eher aus wie heutige Mountainbike-Strecken. Im besten Fall handelte es sich um feine Schotterpisten, die oft mit großen Steinen, Erde oder Schlamm übersät waren.

»Verspätet trifft Dortignac ein. Er wurde Opfer eines Unfalls. In der Umgebung von Lacourt stand ihm eine Karre im Weg, woraufhin er gewaltsam gegen einen Felsen prallte. Sein Vorderrad wurde dadurch verbogen. Er erklärte, dass er das Rennen aufgeben und den Zug nehmen werde«, berichtet die Lokalpresse 1920 von einer Pyrenäenetappe.

«Wir Fahrer hatten damals im Rennen alle die gleichen Bedingungen – nur eben viel härtere als heute«, meinte auch der Tour-Sieger von 1949, Ferdi Kübler. Selbst in den 60er-Jahren mussten die Fahrer noch vorsichtig ihren Weg zwischen den großen Steinen suchen oder im Schlamm die Spur halten: »Die Fahrer haben es heute einfacher. Die Versorgung mit Material und Verpflegung ist perfekt. Auch die Straßen sind besser. In den 60er-Jahren fuhren wir zum Teil noch auf Schotterpässen und Pflasterstraßen. Wir durften uns nur an den Kontrollstellen verpflegen. Es gab Kuchen, belegte Brötchen, Bananen und Äpfel«, erinnert sich Hennes Junkermann, der 1960 Vierter wurde.

Knochenarbeit im Medienzeitalter

Doch bei all diesen nostalgisch getrübten Rückbetrachtungen ist eines ganz klar: Auch heute ist die Tour de France ein Ereignis, das alle Fahrer ihre Grenzen spüren lässt. Der Kinofilm »Höllentour« hat in drastischen Bildern vor Augen geführt, welche höllischen Qualen die Fahrer im Laufe der drei Wochen durchmachen. Blutverkrustete Schürfwunden nach den üblichen Stürzen bei den ersten Zielsprints, Brüche nach Stürzen im Peloton, Kraft raubende Erkältungen oder der ganz normale Kampf mit dem Zeitlimit in den Bergen: Dieser Film hat die Tour der Leiden ganz nüchtern dokumentiert. Trotz verbesserter Ausrüstung und Straßen ist der Kern der Tour der gleiche wie vor 100 Jahren.

Natürlich hat der technologische Fortschritt die Tour entscheidend verändert. Selten zuvor wurde die Zusammenarbeit im Team wohl so perfekt vorbereitet und während des gesamten Rennens mit modernsten Mitteln gesteuert. Funkkontakt, Fernsehbilder und Transponder sind heute neue Hilfsmittel zur Steuerung der Taktik. Monatelang werden zuvor im Windkanal die ideale Sitzposition, der beste Rahmen und jedes andere Detail getestet. Selten zuvor war ein Tourerfolg so von einer perfekten Vorbereitung abhängig. Lance Armstrong hat diese Perfektion beherrscht wie kein anderer und steht damit für eine neue Ära des Radsports.

Als Hobbysportler kann man den Profizirkus nur mit bewundernder Neugierde beobachten. Die gezeigten Leistungen erscheinen jedoch außerirdisch. Das sollte jedoch kein Grund sein, den Traum der eigenen Tour de France zu unterdrücken. Denn jeder kann mit ein bisschen Vorbereitung die legendären Pfade erkunden.

Schaffe ich das überhaupt?

Die meisten Radfahrer haben gehörigen Respekt vor den Pässen der Tour. Wer die TV-Übertragungen der Tour de France verfolgt, sieht selbst harte Profis an den Bergen zerbrechen. Doch man darf dabei zwei Dinge nicht vergessen: Erstens überqueren die Fahrer nicht einen Pass, sondern meist mehrere, zweitens bringen sie es auf eine Tagesdistanz von rund 180 km und drittens radeln die Profis natürlich in einem mörderischen Tempo.

Wer sich Zeit nimmt und sich etwas vorbereitet, braucht keine Angst vor den Pässen zu haben. Wer noch keine Bergerfahrung hat, beginnt am besten mit einem kleinen Pass im Jura oder den Vogesen. Dann bekommt man schnell ein Gefühl für Steigungsprozente und Höhenmeter. Für Anfänger gelten zwei einfache Regeln: Nicht zu schnell beginnen und unbedingt auf einer kleinen Übersetzung fahren. Wer mit zu viel Kraft fährt, bekommt bald dicke Beine.

Pauschal kann man sagen: Jeder, der einigermaßen sportlich, gesund und nicht stark übergewichtig ist, kann sich den Spaß des Pässefahrens gönnen. Wer noch kein Rennrad besitzt, kann sich auch mit dem Mountainbike auf die Strecke wagen. Wenn es tatsächlich nicht mehr geht, steigt man halt ab. In den Anfangstagen der Tour haben aufgrund der großen Übersetzung selbst die Spitzenreiter ihr Rad zwischendurch geschoben.

In diesem Führer werden übrigens bewusst nur die Anstiege vorgestellt. So kann jeder selbst entscheiden, ob er die Pässe in eine tagesfüllende Rundtour einbaut oder einfach wieder zurück zum Ausgangspunkt fährt.

Voraussetzung für Spaß am Berg ist allerdings eine sinnvolle Ausrüstung (siehe Kapitel Ausrüstung) und eine vernünftige Tourenplanung. Das bedeutet vor allem im Hochgebirge, dass ein Blick auf die Wettervorhersage und ein realistisches Einschätzen der eigenen Kräfte unbedingt notwendig sind. Wer sich an diese Grundregeln hält, findet in diesem Buch 40 unvergessliche Wege zum Gipfelglück.

Kristian Bauer

Rechte Seite: Die italienische Radsportlegende Fausto Coppi 1949 am Tourmalet.

AUSRÜSTUNG

Ab in den Fahrradladen?

1989 benutzte Greg LeMond im letzten Zeitfahren als Erster einen Triathlon-Lenker und gewann mit sieben Sekunden Vorsprung die Tour. Heute würde sein Rad auf dem Gebrauchtmarkt nur mehr unter Liebhabern Beachtung finden. Vergleicht man die damalige Ausstattung mit einem modernen Carbonrad mit Flight-Deck, erkennt man den Quantensprung in der Ausstattung. Doch braucht man das wirklich? Fast überall sind mir ältere Rennradfahrer begegnet, die auf ihrem alten 10-Gang-Stahlrenner die Pässe hochgeklettert sind. Ihnen gilt meine größte Hochachtung, und gerade die Beispiele echter Sportlichkeit verdeutlichen, dass man nicht sein Bankkonto plündern muss, um am Berg glücklich zu werden.

Die Hochglanzfotos in den Radsportmagazinen machen wohl jedem Radsportler Lust auf einen Besuch im Fahrradgeschäft. Fast überall sieht man inzwischen die leichtgewichtigen Carbonräder. Immer mehr Hersteller setzen auf die Kunststoffrahmen und damit sinken auch die Preise. Doch wer sich nicht auf Wettkampfniveau bewegt, braucht sich auch mit einem Alurahmen keine Sorgen zu machen. Die heute üblichen Kompletträder wiegen selbst im untersten Preissegment unter 10 kg. Damit gewinnt man zwar kein Bergzeitfahren, ist aber dank moderner Ausstattung gut ausgerüstet. Ich persönlich habe die Touren mit einem 9,5 kg schweren Alu-Renner bewältigt und war damit sehr zufrieden.

Wer sich gerne das Beste gönnt und das nötige Kleingeld hat, kauft sich ein leichtes Alu- oder Carbonrad. Dann erreicht er ein Gewicht zwischen 7 und 8 kg, und natürlich fällt das Fahren damit leichter.

Eine steife Sohle ermöglicht optimale Kraftübertragung, vor allem am Berg ist das wichtig

Zubehör

Ein Flickset, ein Ersatzschlauch, Reifenheber, eine Mini-Pumpe und ein Imbusschlüssel-Set sollten auf jeden Fall mitgenommen werden. Ideal ist, wenn man ein Mehrzweckwerkzeugset mit Schraubenziehern nimmt, dann kann man auch die Schaltung verstellen und andere Kleinreparaturen durchführen. Bei einigen Touren ist ein Beleuchtungsset ratsam oder zumindest ein kleines LED-Rücklicht.

Fahrradcomputer

In der Vergangenheit habe ich bei meinen Touren einen Fahrradcomputer mit Höhenmessung benutzt. Eigentlich müsste man – wie bei allen barometrischen Höhenmessern – jeden Morgen die Höhe neu einstellen oder man lebt mit deutlichen Fehlern. Bei meinen letzten Touren habe ich einen GPS-Fahrradcomputer von Garmin benutzt (Edge 305). Das Gerät kombiniert Höhenmesser und Positionsbestimmung per Satellit. Dadurch entfällt das manuelle Nachjustieren und auch während der Fahrt findet ein Datenabgleich zwischen Satellit und Barometer statt.

Helm

Ein Helm ist auf den beschriebenen Touren natürlich Pflicht, auch wenn man an warmen Tagen nur wenig Lust auf den Plastikdeckel hat:

»Da steht man kurz vor der Bewusstlosigkeit. Wenn mir einer erzählt, mit Helm ist die Belüftung genauso gut wie ohne, da weiß ich sofort, dass der noch nie mit so einem Dampfkessel auf dem Kopf in den Alpen gefahren ist«, lautet das eindeutige Urteil von Jens Heppner.

Viele Radler schnallen deshalb bei der Bergauffahrt den Helm um den Lenker. Eine Praxis, die sich bewährt hat und im entscheidenden Aufstieg eine Menge Schweiß erspart. Bergab ist ein Verzicht auf den Helm vermeidbarer Leichtsinn.

Kleidung

Täglich eine frische Radhose sowie Funktionskleidung sind bei größeren Unternehmungen absolut zu empfehlen. Geht es höher hinaus und kann es kalt werden, sollte man auch an Handschuhe und Mütze denken. In diesem Fall ist auch eine warme Jacke sinnvoll. Ein leichter Windstopper oder eine Regenjacke schützen bei Abfahrten vor Unterkühlung. Sehr zu empfehlen sind auch Ärmlinge und Beinlinge. Wer noch keine hat, sollte sich welche mit Windschutz kaufen. Spätestens nach der ersten langen Alpenabfahrt wird er die teure Anschaffung nicht mehr bereuen. Denn meist ist es auch so noch kalt genug.

Schuhe

Den Schuhen kommt bei Bergfahrten eine besonders große Bedeutung zu. Klickpedale sind heutzutage selbstverständlich, doch auch das Gegenstück sollte gut ausgewählt werden. Denn die optimale und ermüdungsfreie Kraftübertragung funktioniert nur mit dem richtigen Schuh. Besonders wichtig ist eine steife Sohle, und natürlich sollte der Schuh eng sitzen. Modelle mit Carbonsohle setzen sich vermehrt durch, da sie auch noch besonders leicht sind.

Einkaufen in Frankreich

Wer doch noch etwas vergessen hat, findet auch in Frankreich gut sortierte Fahrradläden. Ein Tipp für Schnäppchenjäger sind die Decathlon-Märkte. Dahinter verbirgt sich eine landesweite Sportkette, die sehr günstige Artikel anbietet. Wie immer ist das bei den Produkten der Hausmarke natürlich auch mit gewissen Qualitätseinbußen verbunden.

Sicherheit

Vor dem Start sollte man sein Fahrrad gründlich begutachten. Denn egal, ob man sich mit 50 oder 80 km/h in die Tiefe stürzt: Ein Sturz kann böse enden. Deshalb sollte man vor allem die Bremsen untersuchen und ein paar Ersatzbremsklötze mitnehmen. Besonders bei Regen schmelzen manche Fabrikate dahin wie Butter. Von der Straße spritzt dann ein Gemisch aus feinsten Steinchen und Wasser auf das Rad. In diesem Falle werden die Felgen oft wie mit Schleifpapier abgeschliffen. Nach längerem Einsatz sollte man daher die Wandstärke kontrollieren. Erhitzt sich in langen Abfahrten die Felge, können auch die Felgenbänder in Mitleidenschaft gezogen werden. Wechselt man den Reifen, lohnt eine kurze Kontrolle.

Es schadet eventuell auch nicht, neue Reifen aufzuziehen. Diese müssen übrigens nicht mehr wie früher lange abgelagert werden. Ein kurzer Test, ob die Schnellspannnaben geschlossen sind, kann auch nicht verkehrt sein. Nach einem Sturz sollte man seinen Rahmen genauestens auf Beschädigungen untersuchen lassen.

Zu den gemeinsten Überraschungen in der Abfahrt gehört Rollsplitt in den Kurven. Gerade im Scheitelbereich der Pässe liegen oft auch größere Steine im Weg, und auch Tiere hinterlassen ab und an einige unliebsame Spuren auf dem Asphalt. Man sollte daher bei der Abfahrt immer hundertprozentig konzentriert sein. Besonders hinterhältig ist bei kalten Temperaturen auch eine feine Eisschicht auf der Straße.

Ist tatsächlich etwas passiert, leistet natürlich ein Handy wertvolle Dienste. Auch in Frankreich funktioniert die europäische Notrufnummer 112.

ÜBERSETZUNG

Woher kommt sie?

Auf den alten Fotografien aus den Kindertagen der Tour de France sieht man die Fahrer an den Anstiegen absteigen. Sie mussten damals per Hand die Kette umlegen und hatten natürlich nur zwei Übersetzungen. Obwohl die Erfindung bereits vorhanden war, verhinderte die Tourdirektion die Kettenschaltung für die Profifahrer. Erst 1937 wurde das Verbot aufgehoben, doch nicht jede Mannschaft setzte diese im ersten Jahr auch ein.

1979 erregte Joop Zoetemelk Aufsehen, denn als erster Fahrer benutzte er einen Freilauf mit sieben Gängen. Die Presse war erstaunt und fragte nach den Vorteilen: »... um bei den Bergetappen noch ein zusätzliches Ritzel zu haben. Das ist einfach beruhigend. Außerdem kann man so die Zahnung optimieren. Wir haben jetzt zum Beispiel 13, 14 und 15 Zähne für die Täler und 19, 20, 21 und 22 für die Anstiege, das ist wesentlich schonender für die Muskulatur«, erklärt Zoetemelk der erstaunten Presse. Dass er gerade das gelbe Trikot innehat, verleiht seiner Taktik natürlich besonders großes Vertrauen.

Heute entwickelt sich die Technik erneut weiter. »Ich hatte hinten auch ein 25er-Ritzel montieren lassen, weil die Pyrenäenpässe zwar nicht so hoch, doch um einiges steiler sind als die in den Alpen. Sonst fahr' ich hinten ein 23er. Gut möglich, dass auch einer der Kollegen ein 27er montiert hatte. Drei Blätter vorne fährt bei der Tour aber niemand«, erzählt Gerolsteiner-Profi Fabian Wegmann im Tourtagebuch 2005.

Was ist sie?

Das Thema der richtigen Übersetzung ist besonders bei Anstiegen ein viel diskutiertes Thema. Dazu sollte man sich zunächst einmal die Grundbegriffe vor Augen halten. Die Übersetzung, Pedalweg und Pedalkraft hängen bei einem Rennrad von folgenden Faktoren ab:

- Zähnezahl des Kettenblattes,
- Zähnezahl des Zahnkranzes,
- Länge der Tretkurbeln,
- Raddurchmesser.

Eugène Christophe 1912 am Galibier: Ohne Gangschaltung war das Schieben am Berg damals ganz normal.

Anhand dieser Einzelwerte wird die Entfaltung in Zentimetern ausgerechnet:

Entfaltung (Zentimeter) = Zähnezahl Kettenblatt geteilt durch Zähnezahl Zahnkranz mal Umfang (in Zentimetern) des Hinterrads. Damit wird veranschaulicht, wie weit ein Radfahrer pro Pedalumdrehung kommt.

Doch im Radfahrerjargon ist mit Übersetzung meist nur die Zahl der Zähne gemeint. Unter der Übersetzung 52/42 versteht man die Zahl der Zähne am Kettenblatt, ein übliches Dreifach-Kettenblatt wäre zum Beispiel 52/42/32.

Meist werden hinten 9fach- oder inzwischen sogar 10fach-Zahnkränze verwendet, etwa in der Abstufung 11 bis 21 oder 13 bis 25. Hier hat man viele Möglichkeiten der individuellen Gestaltung, und man sollte sich vorher überlegen, ob man das Laufrad nur für die Berge oder auch im Flachen einsetzen möchte.

Dreifach oder zweifach?

Die große Diskussion unter Radsportlern ist die Wahl des Kettenblattes. Ein kleiner Glaubenskrieg hat sich entfaltet; auf beiden Seiten verfechten die Anhänger die Vorzüge.

Vor einer Kaufentscheidung sollte man folgende Fragen beantworten können:

- Wie oft wird das Rad in steilen Bergen eingesetzt?
- Wie gut ist mein Trainingszu stand?
- Fahre ich lieber mit Kraft oder hoher Trittfrequenz?
- Wie wichtig ist es mir, bergab noch zu treten?
- Will ich sogar Rennen fahren?

Vereinfacht gesagt könnte man folgende Empfehlung geben: Wer nicht viel in den Bergen unterwegs ist und daher im Trainingsrückstand ist, hat mit einer Dreifachlösung mehr Reserven. Das Dreifachkettenblatt eröffnet die Möglichkeit, einen breiteren Übersetzungsbereich abzudecken. Man kann auch in den Bergen noch mit hoher Trittfrequenz fahren und muss nicht verzweifelt in die Pedale drücken oder den Lenker abreißen. Der größte Nachteil liegt im geringeren Schaltkomfort (Kettenlinie/Umwerfer-Einstellung).

Kein Gramm zu viel: Im Profisport dominieren heute High Tech Materialien.

Wer sich gut auskennt, kann sich auch mit einem Zweifachkettenblatt eine geeignete Übersetzung zusammenstellen. Das gilt natürlich besonders, wenn man bereits ein Rennrad hat und es nun bergtauglich machen will. Eine ideale Möglichkeit in diesem Fall ist die so genannte Kompaktkurbel (z. B. 50/34) in Verbindung mit einer gezielt ausgewählten Kassette. Bei der Kompaktkurbel ist der Lochkreis kleiner als bei einer Standardkurbel; man kann daher auch in Steigungen noch höhere Trittfrequenzen fahren. Wer gut trainiert ist und viel Kraft hat, wird mit einer Zweifachlösung gut zurechtkommen und muss sich gar keine Gedanken machen.

Doch die ausführliche Diskussion in Radsportkreisen kann man nur so zusammenfassen: Es gibt keine Standardlösung, sondern nur Einzellösungen, die auf den individuellen Fahrer zugeschnitten sind. Wer sich nicht auskennt, lässt sich am besten im Fachgeschäft oder von Freunden beraten.

Vorbereitung

Es versteht sich von selbst, dass man die beschriebenen Pässe nicht ohne Vorbereitung angehen sollte. Wichtig sind möglichst viele Radkilometer, egal ob mit dem Renn- oder Stadtrad. Wer noch keine Erfahrung am Berg hat, sollte mit einem kleinen Pass in den Vogesen anfangen.

Man sollte hier aber nicht nur gezielt Radkilometer sammeln, sondern dabei auch das Material testen. Dann schleppt man am Berg nicht unnötig oder zu wenig Kleidung mit und quält sich nicht mit schlecht sitzenden und deshalb schmerzenden Radhosen ab.

Wiegetritt

Wer sich nicht im Renngeschehen befindet, wird bergauf die meiste Zeit im Sitzen fahren. Angesichts der heutigen Übersetzungen gibt es meist keine Probleme, dies auch durchzuhalten. Mit einem kleinen Gang schafft man alle hier beschriebenen Anstiege, ohne den Sattel schonen zu müssen. Wer bereits oft in steileren Gefilden unterwegs war, wird es gewohnt sein, hin und wieder aus dem Sattel zu steigen, um die Muskeln zu lockern. Während das Rad leicht von links nach rechts wackelt, tritt man locker im Stehen. Kaum jemand wird diese Position lange beibehalten, denn sie ist einfach zu anstrengend. Nur kurz entlastet der Wiegetritt im Stehen die Beine, dann wird er höllisch anstrengend.

Doch wer sich die Tour de France der vergangenen Jahre vor Augen führt, kommt an einem Bild nicht vorbei: Ein Lance Armstrong, der aus dem Sattel geht und tief über den Lenker gebeugt nach oben fliegt. Dabei geht ihm keineswegs die Puste aus, sondern im Gegenteil legt er eine höllische Trittfrequenz auf. Schaut man genau hin, fällt auf, dass er sich stets extrem nach vorne beugt. Der Körperschwerpunkt befindet sich daher ebenfalls weit vorne, einen Großteil des Gewichts verlagert er dadurch auf den Lenker. Damit entsteht eine sehr hohe Belastung für die Arme, die im Rennen sonst wenig beansprucht werden.

Ein Nachteil seiner extrem verkrampften Körperhaltung über dem Lenkrad: Er fährt stets einen

leichten Zickzackkurs, denn die angespannten Arme können nicht gut geradeaus lenken.

Der Texaner hielt diese anstrengende Körperhaltung nicht nur lange durch, sondern er gewann damit auch schwierige Bergetappen. So schlecht kann seine Technik also gar nicht sein. Noch dazu, wo kein anderer Radfahrer die perfekte Vorbereitung und Optimierung aller Kleinigkeiten so manisch verfolgte …

Das dachte sich auch der deutsche Radsport-Dozent Georg Ladig und untersuchte die Methode genauer. Er kam zu dem Fazit, dass diese Körperhaltung einige Vorteile mit sich bringt. Messungen mit der SRM-Messkurbel zeigten, dass Armstrongs Technik und der klassische Wiegetritt gleich viel Leistung aufs Hinterrad bringen. Der große Unterschied: »Die Beine sind freier, können schneller drehen und der Athlet kann länger im Stehen fahren. Auch die Trittfrequenz wird flexibler.« Laut Ladig wird sogar die Tretökonomie verbessert, da durch den leicht erhöhten Schwerpunkt sich die Krafteinleitung ins Pedal verbessert.

Vielleicht ist das eine Erklärung für die sagenhafte Geschwindigkeit, die Lance am Berg erzielen konnte. Für den Hobby-Fahrer ist diese Technik auf jeden Fall eine pfiffige Möglichkeit, um für einige Meter die Beinmuskeln zu entlasten.

Essen & Trinken

»Hab heute bei der Hitze bestimmt an die zwölf Flaschen Trinken verbraucht. Weitere zwölf Flaschen hab ich mir übern Kopf und ins Trikot hinten reingekippt. Ganz tückisch ist übrigens bei über 30 Grad, dass man kaum Hungergefühl hat. Ans Trinken denkt man automatisch, aber Essen vernachlässigt man da schnell«, erklärte Gerolsteiner-Profi Fabian Wegmann in seinem Tourbericht.

Damit hat er gleich zwei Probleme angesprochen, die im Hochsommer in den Bergen auch für Hobbyfahrer relevant sind. Man sollte immer auf seinen Wasserhaushalt achten und gleichzeitig ans Essen denken. Leider hat man keine Wasserträger und muss deshalb immer einen ausreichenden Vorrat selbst mitnehmen oder auf Quellen an der Strecke hoffen. Zwei Wasserflaschenhalter pro Rennrad sind absolute Pflicht!

Selbstverständlich sollte sein, dass man weder hungrig noch pappsatt auf Tour geht. Die Einkaufsmöglichkeiten sind häufig begrenzt, und auch wenn es auf der Passhöhe ein Restaurant gibt, kann dieses auch geschlossen sein. Energieriegel sollten daher immer dabei sein; es müssen aber nicht die teuren Riegel sein. Wer Inhaltsstoffe und Nährwertangaben vergleicht, wird im Drogeriemarkt preiswerte Alternativen entdecken. Müsli-, Frucht- oder Molkeriegel erfüllen den gleichen Zweck und schonen den Geldbeutel. Wer nur schnell nach Alpe d'Huez hinauffährt, braucht sich nicht viele Gedanken zu machen. Doch wer am Galibier oder Iozard gegen Kälte und Hunger gleichzeitig ankämpft, wird über jeden Happen dankbar sein.

Für Viele das größte Radsporttalent des Jahrhunderts: Eddy Merckx 1972 am Izoard

Linke Seite: Der Kultfilm zur Kult-Tour: Pepe Danquart setzte der Tour ein filmisches Denkmal.

VOR ORT

Beste Reisezeit

Während man im Jura und in den Vogesen schon ab Mitte April die ersten Pässe erklimmen kann, ist ein Alpentrip erst ab Juni sinnvoll. Ideal, aber voller wird es in den folgenden Monaten. Die französischen Schulferien sind im Juli und August und deshalb nimmt in dieser Zeit auch der Verkehr zu. Ab Oktober wird es dann schon wieder kälter und Ende des Monats fällt oft schon der erste Schnee.

Jede Reisezeit hat daher ihre Vor- und Nachteile. Am ruhigsten ist es natürlich im Juni und im September, also außerhalb der Hauptferienzeit. Ein weiterer Vorteil ist, dass man in dieser Zeit auch die größte Hitze vermeidet. Wer außerhalb der Sommermonate unterwegs ist, sollte sich vorher genauestens über das Wetter und den Zustand der Pässe informieren. Für die höheren Pässe gilt dies natürlich das ganze Jahr. Schnee kann es zum Beispiel am Galibier und Iseran auch im Juli geben. Ich selbst habe einen Wintereinbruch in den Osterferien in den Vogesen erlebt. In anderen Jahren konnte man die niedrigen Berge dort bereits problemlos befahren.

Unterkunft

Wer mit dem Zelt unterwegs ist, findet in der Nähe aller beschriebenen Touren einen Campingplatz. Sehr früh (Mai) oder sehr spät (Oktober) im Jahr sind viele Campingplätze aber geschlossen. Wer ein Hotel oder ein Gästezimmer sucht, sollte sich an das örtliche Fremdenverkehrsamt wenden. In den Sommermonaten Juli und August empfiehlt es sich, im Voraus (z. B. per Internet) zu buchen. Besonders preisgünstig, aber oft sehr gemütlich sind Gîtes d'étape, die meist Wanderern als Ausgangspunkt dienen.

Tourenbeschreibungen

Die Schwierigkeitsbewertung wurde entsprechend der Einordnung durch die Tour de France vorgenommen. Hors Catégorie entspricht dem höchsten Schwierigkeitsgrad, ein Berg der dritten Kategorie (Troisième Catégorie) der leichtesten.

Die Höhenprofile dieses Führers wurden nach den aufgezeichneten Daten eines Fahrradtachos mit barometrischem Höhenmesser erstellt. Diese Geräte funk-

Die letzten Meter zum Pass sind die schönsten!

tionieren oft nicht ganz exakt, kleinere Abweichungen sind daher normal.

Die Zeitangaben sind sehr großzügig bemessen. Wer ohne Pausen zügig bergauf fährt, wird deutlich schneller an der Passhöhe ankommen. Die Zeit bezieht sich nur auf die Bergauffahrt. Die Abfahrt wurde nicht berücksichtigt, da es sich ja oft anbietet, den Anstieg in eine Rundtour einzubauen.

Es gibt keine wirklich festen Passöffnungszeiten. Es hängt einfach vom Wetter ab, ob der Pass offen oder geschlossen ist. Deshalb dienen die Angaben nur zur groben Orientierung. Man sollte außerhalb der Hauptsaison im Internet den aktuellen Stand abfragen. Wenn ein Pass ganzjährig geöffnet ist, wird damit natürlich nicht die ganzjährige Eignung als Rennradtour ausgedrückt. Oft ist der Pass nur deshalb ganzjährig offen, weil die Straße in ein Skigebiet führt. Schnee und Eis sind im Winter natürlich trotzdem auf der Straße.

Immer mehr Pässe sind mit einem Vélodateur ausgestattet. Das ist ein mechanisches Stempelsystem zur Zeiterfassung. Die Stempelkarten bekommt man beim Office de Tourisme.

Schnelleinstieg ins Passvergnügen

- Die drei leichtesten Pässe: Col du Hundsruck, Notschrei, Pra-Loup
- Die drei sportlichsten Pässe: Col de l'Iseran, Galibier über Télé graphe, Mont Ventoux
- Die drei schönsten Pässe: Port de Pailhères, Col d'Aubisque Col d´Izoard

Literaturtipps

- Peter Leissl, Die legendären Anstiege der Tour de France, Covadonga 2004
- Klaus Angermann, Der Traum vom Gelben Trikot, Delius Klasing 2004
- Jan Ullrich, Ganz oder gar nicht, Econ 2004
- Serge Laget, Cols mythiques du Tour de France, L'Équipe 2005
- Peter Winnen, Post aus Alpe d'Huez, Covadonga 2005

Internetlinks

- Passöffnungsinformationen: www.infotrafic.com
- Französisches Fremdenverkehrs amt: www.franceguide.com
- Radrennen und Radrundfahrten: www.cyclosport.com, www.cyclozone.com

Zeichenerklärungen

HC Gebirgspass: Anstieg höchster Schwierigkeit

1 Gebirgspass: Anstieg erster Schwierigkeit

2 Gebirgspass: Anstieg zweiter Schwierigkeit

3 Gebirgspass: Anstieg dritter Schwierigkeit

** Diese Tour ist eher von geschichtlichem und sportlichem Interesse. Landschaftlich wird keine große Abwechslung geboten.

*** Landschaftlich ist diese Tour schön, aber nicht spektakulär.

**** Bei dieser Tour ist das Fahren in einer beeindruckenden Landschaft garantiert. Der Anstige verläuft in einer beeindruckenden Umgebung.

***** Landschaftlich einmaliges Erlebnis, das nur auf wenigen Anstiegen zu finden ist. Die beeindruckende Umgebung lässt alle Strapazen vergessen!

Pyrenäen

1 Einer der schönsten Pyrenäenpässe
COL D´AUBISQUE

HC *****

HÖHE MAX.: 1709 m
Höhenunterschied: 1244 Hm
LÄNGE: 30 km
STEIGUNG MAX.: 10 %
STEIGUNG DURCHSCHNITT: 5 %
AUSGANGSORT
Argelès-Gazost (3400 Ew.), Département Hautes-Pyrénées (65)
ANFAHRT
Von Lourdes auf der N 21 nach Argelès-Gazost
PARKEN
Parkplatz Argelès-Gazost »Centre Ville«
STRASSENZUSTAND
Bis auf wenige Stellen gut
GEFAHREN
Unbeleuchteter Tunnel und enge Kurven zwischen Soulor und Aubisque
PASSÖFFNUNGSZEITEN
Juni bis Oktober

Vorangehende Doppelseite: Tour de France 2004: Das Hauptfeld ist zwischen Lannemezan und dem Plateau de Beille unterwegs.

Zwischen Soulor und Aubisque verläuft die Straße spektakulär nah am Fels.

Man kann den Pass von beiden Seiten befahren, die schönste Auffahrt zum Col d'Aubisque ist aber auf jeden Fall die hier beschriebene. Wer den Pass von Osten angreift und über den Col du Soulor fährt, erlebt eine spektakuläre Landschaft mit unzähligen Höhepunkten.

Klassiker der Pyrenäen

1910 auf der ersten Pyrenäen-Etappe erstmals überquert, behauptete sich der Col d'Aubisque bis heute als einer der großen Pässe der Tour. Bis 1972 stand er fast jedes Jahr auf dem Programm und mit einigen kleineren Pausen hat er sich auch in der jüngsten Vergangenheit gegen die Konkurrenz behauptet. Sehr oft lagen der Start oder das Ziel in Pau, Luchon oder Tarbes. Es führen drei verschiedene Wege über den Pass und die Tour hat sie alle ausprobiert. Neben der beschriebenen Tour über den Soulor gehört vor allem die Anfahrt von Westen zu den üblichen Standardrouten. Von Laruns aus sind auf rund 17 km ganze 1190 Höhenmeter zu bewältigen. Mit einer Durchschnittssteigung von über 7 % ist das die knackigste Variante. Nur selten wird die Variante von Norden über Arbéost gefahren, sie lässt sich jedoch ideal in eine Rundtour einbauen.

Keinerlei Orientierungsprobleme

Bereits am Kreisverkehr in Argelès-Gazost ist der Col d'Aubisque als Fahrradstrecke ausgeschildert. Es geht gleich zu Beginn auf einer guten Straße bergauf. Die Freude wird nur durch die vielen Autos getrübt, die in beiden Richtungen unterwegs sind. Die Steigung schwankt zwischen 5 und 10 %, bis wir Arras erreichen, wo es flacher wird.

Nach Arras öffnet sich schlagartig der Blick und vor uns breitet sich ein schönes Panorama aus. Geradeaus zeichnet sich in weiter Ferne der imposante Pic du Midi d'Arrens (2267 m) ab, an dem wir später im Vallé d'Azun rechts vorbeifahren werden. Es geht jetzt kurz flach dahin und der Verkehr lässt etwas nach. Nach 8,5 km erreichen wir Aucun, wo es wieder bergauf geht. In Aucun fahren wir direkt an einem Brunnen (Trinkwasser), einer schönen romanischen Steinkirche aus dem 11. Jahrhundert und einem kleinen Heimatmuseum vorbei.

Den Pic du Midi d'Arrens im Blick

Nach Aucun geht es gleich wieder bergab und man macht sich fast schon Sorgen, wann denn nun die Höhenmeter erklommen werden sollen. Der große Pic du Midi d'Arrens ist jetzt schon in greifbare Nähe gerückt. Wir erreichen Arrens, das auf dem

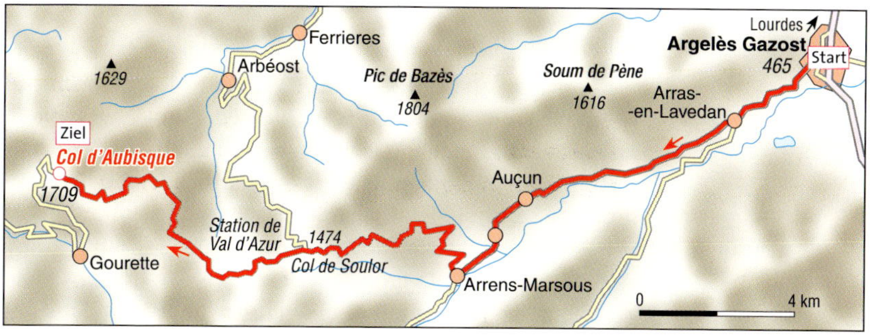

französischen Teil des Jakobswegs liegt. Im Ort geht es rechts ab und endlich dürfen wir auch wieder bergauf fahren. Sowohl Col du Soulor als auch Aubisque sind hier ausgeschildert. Spezielle Fahrradschilder geben auch die restlichen Kilometer bis zum Soulor, momentane Höhe und Steigungsprozente an. Inzwischen hat der Verkehr abgenommen und die Umgebung ist ländlich geprägt: Schafe stehen entlang oder auf der Straße, Schäfer preisen ihren Käse an und immer wieder tauchen schöne traditionelle Steinhäuser auf. Nach 15 km haben wir den Steigungshöhepunkt der Strecke erreicht. Wir rauschen 100 m bergab und strampeln dann eine kleine Minirampe mit 14 % bergauf. Aber eigentlich spürt man diese Steigung kaum, denn es sind nur wenige Meter.

Glück gehabt!

Ungefähr an diesem Teil des Anstiegs wäre um ein Haar ein tragisches Stück Radsportgeschichte geschrieben worden. Ausgerechnet der Perfektionist Lance Armstrong machte 2000 einen katastrophalen Fehler. Bei seiner Tourvorbereitung nahm er den Aubisque und den Soulor in Angriff. Das US Postal Team wollte auch die schnelle Abfahrt vom Col du Soulor trainieren. Armstrong hatte beim Anstieg seinen Helm am Lenker festgemacht und stürzte sich, ohne ihn aufzusetzen, den Berg hinab. Nachdem er mit dem Vorderrad über einen Stein fuhr, platzte ihm bei Tempo 70 der Vorderreifen. Er verlor die Kontrolle über sein Rad, sauste in den Graben und dann mit dem Kopf gegen die Steinmauer an der Hangseite. Armstrong wurde bewusstlos ins Krankenhaus nach Lourdes gebracht. Ein kanadisches Ärztepaar hatte das Unglück von einem Picknickplatz aus verfolgt und war sicher, einen toten Mann vorzufinden. Doch der Texaner hatte großes Glück, denn seine Verletzungen waren nicht lebensbedrohlich. Nachdem seine Wunden genäht worden waren, flog er in die USA zurück. Den Helm vergaß er nie wieder aufzusetzen.

Immer noch bergauf

Eine lehrreiche Mahnung, aber noch fällt es schwer, ans Bergabfahren zu denken, denn die Straße schlängelt sich bei rund 7 % an einem sanften, bewaldeten Hang entlang nach oben. Es gibt keine Schatten spendenden Bäume und so wird der Anstieg im Hochsommer jetzt zu einer schweißtreibenden Angelegenheit. An Kuhweiden und Almen vorbei macht das

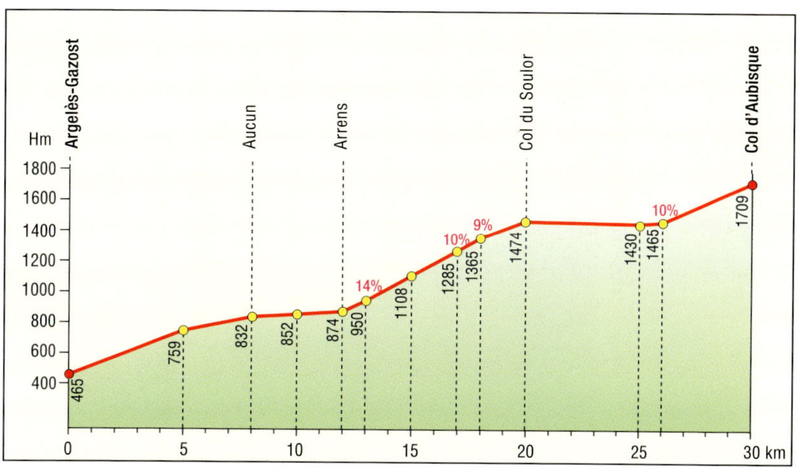

Radeln richtig Spaß, denn die ländliche Ruhe wird nur vom Kuhglockenläuten gestört.

Ohne große Schwierigkeiten steuern wir auf den Col du Soulor zu. Dort steht das Restaurant »Les Marmottes« und hinter dem Pass befindet sich eine Snackbar.

Treffpunkt der Tourfans

Während der Tour de France wird am Soulor hart um die besten Plätze gekämpft. Denn egal von welcher Seite sich die Fahrer den Berg hinaufkämpfen, hier ist man hautnah am Renngeschehen und sieht mehr als nur ein kurzes Vorbeihuschen. Bereits seit Jahren kommen die Bewohner der Umgebung hierher, um ihr gewohntes Plätzchen einzunehmen.

Auf der Passhöhe öffnet sich der Blick auf den imposantesten Teil der Strecke: An einem gewaltigen felsdurchsetzten Berghang schlängelt sich links die sehr schmale Straße zum Aubisque. Wie ein bunter Wurm verteilen sich die Tour-Fahrer und ihre Begleiter zwischen Soulor und Aubisque. Unzählige Beschriftungen erinnern an die Tour de France. 2 km lang geht es bergab und wir verlieren die hart erkämpfte Höhe.

Rechts stürzt der Hang teilweise mehrere hundert Meter in die Tiefe und bei fehlender Straßenbegrenzung nimmt man die Querung des Hangs daher mit dem nötigen Respekt in Angriff. Am Ende der Abfahrt erwartet uns ein leider unbeleuchteter Tunnel. Soweit ich es ohne Beleuchtung erkennen konnte, sind im Tunnel einzelne Betonplatten verlegt. Alles ist extrem nass und mit Geröll übersät, doch zum Glück ist der Tunnel nicht sehr lang.

Ein steiles Stück

Wir kommen jetzt an einer Gedenktafel vorbei; hier stürzte Wim Van Est in die Tiefe (siehe Kasten Geschichte). Man sollte sich diese Stelle gut merken, denn die Kurve ist in der Abfahrt unerwartet steil. Außerdem geht es ohne Straßenbegrenzung in die

Die Ausschilderung am Col du Soulor ist vorbildlich.

Tiefe. Am Ende des langen geraden Stücks passieren wir ein Weidegitter. Gleich danach geht es bergauf; jetzt heißt es wieder Höhenmeter erkämpfen. War es gerade noch extrem rau und felsig bis hochalpin, wechselt die Landschaft nun schlagartig.

Wir fahren wieder entlang bewaldeter Hänge und die sanfte Berglandschaft überwiegt, was ziemlich verblüffend ist, erwartet man doch mit jedem Höhenmeter eine Zunahme des alpinen Charakters. Doch genau das macht den Reiz dieses Anstiegs aus: Er ist unheimlich abwechslungsreich sowohl in sportlicher als auch in landschaftlicher Hinsicht.

Auf der Passhöhe

Der Weg führt uns kurz ansteigend und dann wieder flach in einer Schleife rechts um den Mont Laid (1891 m) herum. Auf den folgenden Kilometern gibt es immer wieder kurze sehr steile Stücke im Wechsel mit relativ flachen Passagen. Die Steigung erreicht dabei bis zu 9 % auf einer deutlich schlechteren Straße. Geradeaus ist der Scheitel bereits zu sehen, wir erkennen auch schon das Restaurant des Passes. In weiten Kurven entlang einem hügeligen Grashang geht es jetzt gleichmäßig bei rund 4 % nach oben. Neben der Straße sieht man immer wieder alte Markierungssteine. Die letzten 500 m fordern bei 6 % Steigung noch einmal Muskelkraft, bevor wir schnaufend die Passhöhe erreichen. Oben angekommen, bietet sich uns ein gigantisches Bergpanorama. Gleich eine ganze Reihe stolzer Pyrenäengipfel stehen in greifbarer Nähe: Pic de Gabizos (2639 m), Pic de la Latte de Bazen (2472 m) und Pic de Ger (2613 m) zeigen ihre felsigen Flanken. Kein Zweifel, dass wir uns im Département Hautes-Pyrénées befinden! Kaufwütige können sich am Souvenirstand vergnügen, ein Restaurant bietet auch Erfrischungen.

Wohl verdient: der Blick vom Col d'Aubisque in die steinige Bergwelt

Zurück ins Tal

Ebenso einmalig wie der Rundblick ist natürlich die Abfahrt. Jetzt merkt man erst, dass die Straße zu Beginn sehr schmal ist und der Blick in die Tiefe einen schnell ablenken kann. »Die Pyrenäen sind verdammt hügelig, und ich bewege mich lieber in den Steilkurven des Prinzenparks als auf der Abfahrt vom Col d'Aubisque«, lautete der lakonische Kommentar des Toursiegers Octave Lapize 1910.

Die zahlreichen Tourbeschriftungen motivieren beim Gegenanstieg zum Soulor. Auch hier sollte man noch einmal rasten und einen Blick zurück werfen – denn wir befinden uns gerade wahrlich auf einem der schönsten Pässe der Tour de France. Eigentlich schade, dass es schon wieder ins Tal geht!

Rundum gelungen

Wer nach diesem spannenden Besuch Gefallen am Aubisque gefunden hat, kann gleich die nächsten Pläne schmieden. Nahe liegend und sehr empfehlenswert ist beim zweiten Besuch eine Befahrung von der westlichen Seite.

Wer in Laruns startet, verteilt die größten Anstrengungen auf den Beginn der Strecke. Besonders im Hochsommer ist das eine kluge Entscheidung, die man nicht bereut. Vom kleinen Dorf aus geht es entlang dem Flusstal bei meist konstanter Steigung. 17 Kilometer sind es bis zum Aubisque. Es folgt die bekannte Querung zum Soulor, wo es auf der D 126 über Arbéost nach Asson geht.

Dort schwenkt man auf der D 35 nach Westen in Richtung Louvie, das bereits an der D 934 liegt. Diese Straße führt uns dann zurück nach Laruns. Für die rund 85 km lange Runde empfiehlt sich die Mitnahme einer Landkarte.

Oben: Viel zu schnell ist man wieder zurück im Tal.

Rechts: Kommt die Tour zu Besuch, ist der Aubisque zum Zuschauen perfekt geeignet.

Das gelbe Trikot am Rettungsseil

Gut, dass es heute noch Fotos gibt, die diesen dramatischen Zwischenfall belegen, denn sonst würde ihm niemand Glauben schenken. Auf der 12. Etappe der Tour de France streifte mit Wim Van Est erstmals in der Geschichte der Tour ein Holländer das gelbe Trikot über. Er hatte das Trikot in einem Massensprint eher zufällig erworben und galt als unbedeutendes Talent. »Er fährt genauso schlecht bergab wie bergauf«, urteilte ein belgischer Journalist damals über ihn.

Die Etappe von Dax nach Tarbes war für ihn daher eine echte Herausforderung und ein weiterer Tag im gelben Trikot eher unwahrscheinlich. Die Fahrer überquerten zunächst den Tourmalet und im Anschluss den Aubisque. Schon auf den ersten engen Kurven hatte Van Est sein Rad nicht mehr unter Kontrolle und stürzte den Grashang hinunter. Trotzdem stieg er wieder auf sein Rad und raste weiter. Mittlerweile hatte er die Querung zum Soulor erreicht. Links geht es ohne Straßenbegrenzung mehrere hundert Meter in die Tiefe. Die Straße war nass und mit Rollsplitt übersät. Vor den entsetzten Augen seiner Kollegen geriet er ins Schleudern und stürzte abermals in die Tiefe. Wie durch ein Wunder blieb er jedoch 70 m tiefer (so steht es auf der Gedenktafel) auf einen schmalen Felsabsatz liegen. Er hatte nur leichte Verletzungen erlitten; es war jedoch kein Seil in der Nähe, um ihn zu retten. Kees Pellenaars, der sportliche Leiter des holländischen Teams, hatte jedoch eine zündende Idee: Er knotete alle 40 Ersatzschläuche des Teams zusammen und ließ sie herab. Mittlerweile waren auch Helfer zu Wim Van Est geklettert. Gemeinsam schafften sie es schließlich, den Verunglückten wieder nach oben zu ziehen. Die holländische Mannschaft trat am nächsten Tag geschlossen die Heimreise an. Spekulationen, dass seine Sinne aufgrund von Medikamenten getrübt waren, gab es im Anschluss an dieses Ereignis natürlich zuhauf.

Der gerettete Van Est wurde so innerhalb weniger Tage berühmt und sein Name war einem großen Publikum bekannt. Ideal für Marketingstrategien: Er warb für die Uhrenmarke Pontiac mit dem überzeugenden Werbespruch: »Mein Herz blieb stehen, aber meine Pontiac lief weiter.«

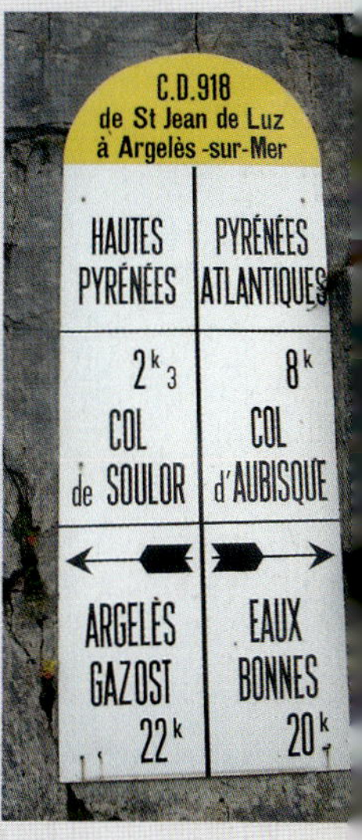

Oben:
Zwischen Hautes Pyrenées und Pyrenées Atlantiques befindet sich der Ort des Unglücks.

Links: Glück im Unglück: Eine Gedenktafel erinnert an das unfassbare Ereignis.

2 Steile Rampen und Serpentinen mit grandiosen Weitblicken
LUZ-ARDIDEN

In weiter Ferne so nah: Das Panorama des Anstiegs betört die Sinne.

HC ***

HÖHE MAX.: 1715 m
HÖHENUNTERSCHIED: 1272 Hm
LÄNGE: 34 km
STEIGUNG MAX.: 10 %
STEIGUNG DURCHSCHNITT: 4,2 %
AUSGANGSORT
Argelès-Gazost (3400 Ew.), Département Hautes-Pyrénées (65)
ANFAHRT
N 21 von Lourdes kommend, Ausfahrt Argelès-Gazost
PARKEN
Direkt am Ortseingang beim Champion-Supermarkt
STRASSENZUSTAND Sehr gut
BESONDERHEIT
Fahrradweg auf den ersten Kilometern
PASSÖFFNUNGSZEITEN
Ganzjährig geöffnet

Wer glaubt, dass der Tourmalet das einzige radfahrerische Highlight der Umgebung ist, täuscht sich gewaltig. Die Auffahrt zur kleinen Skistation von Luz-Ardiden ist eine sportliche Herausforderung, die es in sich hat. Denn die angegebene Durchschnittssteigung ist etwas trügerisch, bezieht sie sich doch auch auf die Anfahrt bis Luz-Saint-Sauveur. Die durchschnittliche Steigung der eigentlichen Auffahrt liegt bei knapp 8 %.

Zahmer Anfang

Auf den ersten 5 km geht es bergab oder flach dahin, daher läuft es recht flott. Wir fliegen dem Gebirge förmlich entgegen. Auf der Hauptstraße herrscht reger Verkehr – eine perfekte Alternative ist daher der Fahrradweg auf der stillgelegten Strecke der Eisenbahn von Lourdes nach Pierrefitte-Nestallas. Vom Supermarkt in Argelès-Gazost aus gesehen befindet er sich links direkt neben der Hauptstraße. Beim Ortsschild von Pierrefitte-Nestallas muss man auf die Straße wechseln und der Ausschilderung nach Luz-Saint-Sauveur durch den sehenswerten, weil bildhübschen Ort folgen. Der Abbau von silberhaltigem Gestein brachte dem Ort Wohlstand, der sich heute in schönen Fassaden aus dem 18. und sogar 16. Jahrhundert spiegelt.

Im engen Tal

Während es in einem Kreisverkehr nach etwa 8 km geradeaus nach Hautacam geht, fahren wir rechts weiter Richtung Luz-Saint-Sauveur. Am liebsten würde man seine Tourenplanung noch einmal überdenken, denn ebenfalls in unsere Richtung ausgeschildert ist bereits der große Tourmalet. Aber natürlich ist morgen auch noch ein Tag, heute wollen wir es erst einmal kurz und knackig. Wir befinden uns jetzt in einem sehr schmalen Tal, dem Gorge de Luz. Links ist eine schroffe Felswand zu sehen, an der sich die Straße eng entlangschlängelt. Zu unserer Rechten fließt ein breiter Fluss, der von einem Stausee gespeist wird. Deshalb gibt es immer wieder Warntafeln, die auf mögliche Flutwellen hinweisen.

Das kleine Örtchen Grust auf dem Weg nach Luz-Ardiden

Zackige Berggestalten

Die Landschaft ist jetzt ein echter Genuss, der Verkehr nicht allzu schlimm. Wir fahren durch mehrere Galerien, die zwar unbeleuchtet, aber hell genug sind. Nach 14 km werden wir mit einer kurzen Zwischenabfahrt belohnt und wechseln bei einer Brücke auf die rechte Seite des Flusses (Gavarnie).

Immer noch auf der D 921 fahren wir leicht ansteigend durch ein enges Tal. Wenige Kilometer später öffnet sich der Blick auf die pyramidenartigen, grasbewachsenen Bergstöcke hinter Luz-Saint-Sauveur, die in ihrer Mitte einen zerklüfteten Felsriesen eingrenzen. Doch keine Panik – wir müssen keinen dieser Gipfel erklimmen.

Schmuckes Luz-Saint-Sauveur

In dem folgenden Kreisverkehr trennen sich die Wege von Tourmalet und unserem heutigen Ziel. Wir fahren rechts und erreichen nach einer Brücke Luz-Saint-Sauveur. Der Thermal-Ort besteht aus kleinen wunderschönen Häusern, die zum Teil mit neoklassizistischen Marmorfassaden bestechen. Er bietet einen deutlichen Kontrast zu den hässlichen Skiorten der Alpen. Im Ort geht es erst einmal deutlich bergab, bevor wir wieder den Fluss überqueren und auf der D 12 bergauf radeln.

Eine Informationstafel bereitet uns gleich auf den folgenden Anstieg vor. Im Kilometerabstand werden auf diesen Tafeln für Rennradler die üblichen Streckendaten geboten. Die Angabe der durchschnittlichen Steigung scheint diesmal sehr exakt zu sein.

Stramme Steigungen

Wir fahren jetzt direkt an einem bewaldeten Hang entlang. Der Blick nach oben wird von dichtem Laubwald behindert und das Ziel ist daher nicht zu sehen. In langen geraden Rampen und engen Kurven gewinnen wir bei 5 bis 7 % Steigung inzwischen an Höhe.

Es herrscht kaum Verkehr und so können wir den Anstieg und den schönen Blick auf die Schieferdächer des unter uns gelegenen Ortes Sazu genießen.

Wenig später erreichen wir Grust, wo am Ortseingang ein Schild vor zu hoher Geschwindigkeit warnt. »Achtung Kinder – langsamer« – ein Schild, das Lance Armstrong 2003 wohl übersehen hat … Rechts erhaschen wir einen Blick auf einen wunderschönen grasbewachsenen Berg, den Soum de Nère, der immerhin 2394 m erreicht.

Ganz so hoch hinaus wollen wir zwar nicht, aber bis 1720 m ist es auch noch ein bisschen hin. Damit das nicht allzu lange dauert, erhöht sich die Steigung auf bis zu

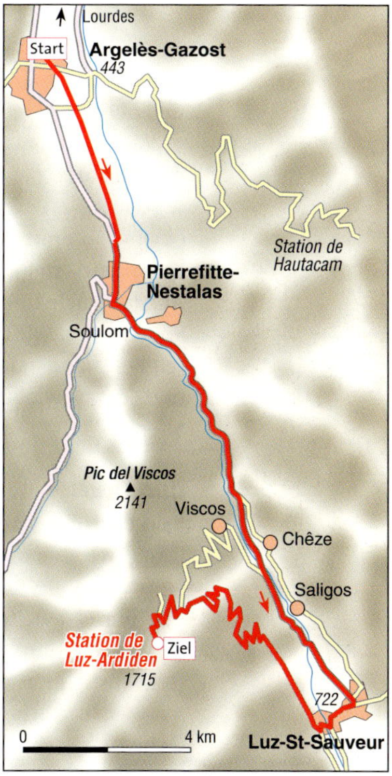

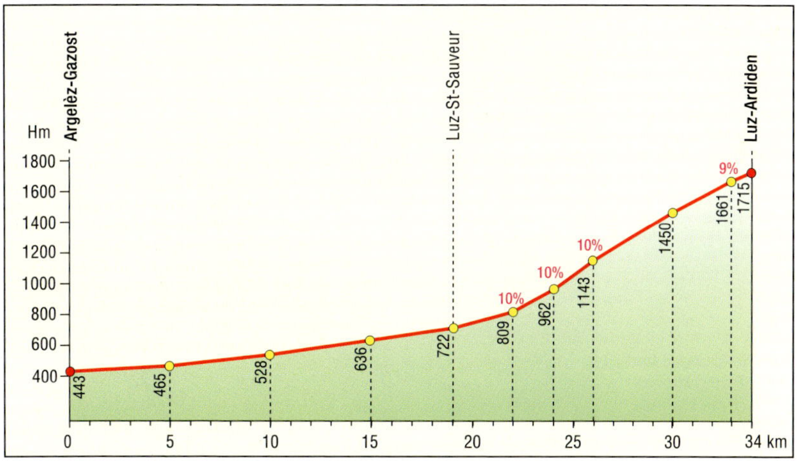

10 %. Endlich knackt es in den Muskeln und der Höhenmeter brummt.

Wir befinden uns jetzt rund 8 km vor dem Ziel und die Steigung erreicht immer wieder bis zu 10 %. Die Sonne knallt an einem Sommertag ungeschützt in den Hang und steigert die Aufstiegsqualen. Auf den nächsten 4 km gibt es kaum Erholungsstücke. Wir fahren kurz im bewaldeten Berghang in lang gezogenen Geraden und dann wieder engen Kurven nach oben.

Endspurt

Bald darauf geht die Steigung zurück und lässt uns locker dahintreten. Es folgen zwei Serpentinen mit verblassten Schriftzügen der Tour. Der weitere Wegverlauf liegt jetzt sichtbar in Serpentinen vor uns. Auf weiten Grashängen weiden viele Schafe, die manchmal auch mitten auf der Straße stehen.

In lang gezogenen Kurven bei etwa 10 % geht es weiter bergauf. Der Blick schweift nach rechts zu einer Lawinenverbauung; unser heutiges Etappenziel liegt links davon, beim oberen Lift. Wir fahren an einem kleinen Ortsschild vorbei und erreichen eine Weggabelung. Hier stehen wir erst einmal vor einem Rätsel, doch es geht links ausgeschildert Richtung Skischule und Auleans. Über ein Weidegitter spurten wir auf die letzten steilen Serpentinen zu.

Urplötzlich – und deutlich schneller als erwartet – stehen wir vor einer Liftstation und auf einem riesengroßen Parkplatz. Man glaubt es kaum, aber wir sind wirklich am Ziel – und wohl deutlich erholter als die meisten Profis. »Ich glaube nicht, dass schon viele Menschen an dieser Grenze waren, wo jeder Tritt schmerzt, und du glaubst, die Milchsäure spritzt dir gleich aus den Ohren«, beschrieb Jan Ullrich einmal plastisch das Leiden am Berg. So extrem haben wir uns am Anstieg in der Tat nicht gequält.

Die Straße ist in einem sehr guten Zustand, was auf der Abfahrt richtige Freude bereitet. Lediglich bei der Durchfahrt durch die Ortschaften befinden sich einige Löcher im Asphalt.

Bei Steigungen bis zu 10% kommt auch der kleinste Gang endlich einmal zum Einsatz.

Willkommen im Nationalpark

Erst wenn man die Landkarte ganz genau studiert, wird einem deutlich, dass man soeben den Parc National des Pyrénées betreten bzw. befahren hat. Es mutet zwar etwas sonderbar an, dass die Skilifte dieses geschützte Reservat berühren, doch es handelt sich ja nur um die nördliche Grenze des Parks. Insgesamt 100 km führt der französische Pyrenäen-Nationalpark entlang der spanischen Grenze und deckt dabei eine Fläche von 457 km^2 ab.

Kennzeichen des Nationalparks sind die vielen Seen, und vor allem die Gebiete um die Bergkessel Troumousse und Gavarnie locken die Wanderer in Scharen. 1,5 Millionen Naturliebhaber besuchen den Park jedes Jahr. Damit ist er zu einem wichtigen Wirtschaftsfaktor geworden und an die Proteste gegen seine Errichtung will sich so recht keiner mehr erinnern. In den 1960er-Jahren war das Verständnis für den Schutz der Natur noch nicht groß, es kostete die Beteiligten viel Überzeugungsarbeit, bis der Park 1967 eingeweiht werden konnte.

Um den Widerstand abzuschwächen, erlaubte man den Bauern, in gewissen Bereichen weiter Landwirtschaft zu betreiben.

Natur pur

Die Flora und Fauna des Parks sind sehr abwechslungsreich. Kennzeichen des Nationalparks ist der Kopf einer Gämse, der in rotweißer Farbe auf den Grenzsteinen des Parks aufgemalt ist. Über 4000 Gämsen leben inzwischen wieder im Nationalpark, noch vor wenigen Jahrzehnten galt der Tierbestand als stark gefährdet. Auch Murmeltiere, Schneehühner und Königsadler fühlen sich im Park wohl, auch

Kurz vor Luz-Ardiden zeigt der Blick zurück den Verlauf der Straße.

wenn die Chance, sie zu Gesicht zu bekommen, nicht zu hoch ist. Buchen, Tannen und verschiedene Kiefernarten bilden den Großteil des Baumbestandes.

Zu den Besonderheiten gehören seltene Orchideenarten wie die Pyrenäen-Akelei, die farbenfrohe Tupfer in der Landschaft bilden.

Fahrradverbot im Park

Vom Fahrradverbot im Park ist man nicht betroffen, außer man hat tatsächlich neben dem Rennrad noch ein Mountainbike dabei. Doch das ist gar nicht nötig, denn 350 km Wanderhütten stehen im Park zur Verfügung, darunter auch der Fernwanderweg GR 10.

Auch was die Übernachtungsmöglichkeiten angeht, so zeigt sich der Nationalpark sehr flexibel: Zelten über mehrere Tage ist verboten, aber Biwakieren für eine Nacht erlaubt. Es gibt außerdem zahlreiche Schutzhütten, die auch mehrtägige Wanderungen ermöglichen. Zu den bekanntesten Ausgangsorten für Ausflüge in den Park gehören Gavarnie und Cautarets. Beide Orte befinden sich in der Nähe unserer heutigen Radtour und so können wir auf der Rückfahrt schon einmal nach den Straßenschildern Ausschau halten.

Die Straße nach Cautaret zweigt direkt in Pierrefitte-Nestalas von unserer Straße nach Argelès-Gazost ab. Cautarets ist etwas ruhiger als Gavarnie und man kann hier direkt in den GR 10 einsteigen. Wer keine Scheu vor Massenwanderungen hat, kann in Luz-Saint-Sauveur Richtung Süden nach Gavarnie fahren. Der Ort ist stark besucht und extrem touristisch. Einsam ist man hier selbst bei Regen nicht, sodass man sich wie ein Teilnehmer der Tour de France fühlen könnte – für Amateure, versteht sich. Von Gavarnie geht es perfekt ausgeschildert zum Cirque de Gavarnie, einem gigantischen Felskessel, der zu den landschaftlichen Höhepunkten der Pyrenäen gehört. Ein einmaliges Erlebnis, für das man seinem Rennrad gerne einmal einen Tag Pause gönnt!

Oben: Knapp 1000 Hm am Stück sind auch bergab ein Spaß.

Rechts: Der 2400 m hohe Soum de Nere auf der anderen Talseite sitzt inmitten eines imposanten Gebirgsstocks.

Als Armstrong zum Toursieg stürzte

Die Tour de France 2003 gehört sicher zu den spannendsten Rundfahrten seit vielen Jahren. Ganz Deutschland fieberte mit Jan Ullrich, der aus den Ruinen seiner Karriere wieder auferstanden war und plötzlich Chancen auf den Toursieg hatte. Nach den aufregenden Duellen am Pailherès, dem Aspet und dem Peyresourde lag alles offen. Wir erinnern uns:

Immer noch liegt Ulle nur 15 Sekunden hinter Armstrong. Es herrscht Hochspannung auf der 15. Etappe, die über den Col d'Aspin und den Tourmalet nach Luz-Ardiden führt. Die schwere Pyrenäenetappe ist perfekt geeignet, die Tour zu entscheiden. Schon auf dem Tourmalet startet Ullrich in seinem celestefarbenen Bianchi-Trikot mehrere Attacken, doch Armstrong behält den Anschluss. Am Anstieg nach Luz-Ardiden legt Ullrich lange Zeit das Tempo vor und fährt an der Spitze. Doch auf einmal attackiert Armstrong. Er fährt mit kräftigen Tritten voran, hinter ihm Iban Mayo und dann Jan Ullrich.

Plötzlich bleibt Armstrong mit dem Lenker in einer gelben Tasche eines Zuschauers hängen und stürzt. Mayo fliegt ebenfalls auf den Asphalt. Nur Ullrich kann ausweichen und liegt auf einmal in Führung. Der Rostocker nutzt diesen Zwischenfall nicht aus, schaut sich immer wieder um und wartet auf Armstrong. Dieser rappelt sich auf und eilt mit schnellen Tritten zurück ans Feld. Fast stürzt er wenige Meter später erneut, als er aus den Pedalen rutscht. Der Adrenalinpegel des Texaners ist jetzt am Anschlag. Mit einer Riesenwut im Bauch steigert er seine Trittfrequenz und jagt den Berg hinauf. Bald hat er die Gruppe um Ullrich erreicht. Nur kurz fährt er neben ihm, dann explodiert er förmlich, zieht vorbei und kennt kein Halten mehr. Jan wird von dem Angriff völlig überrascht und kann nicht mithalten. Armstrong fährt auf den letzten 6 km wie entfesselt. Er überholt den Ausreißer Sylvain Chavanel, gibt ihm kurz einen Klaps auf den Rücken und zieht vorbei.

Im Ziel ist Ullrichs Abstand zu Lance deutlich gewachsen. Jetzt fehlt ihm über eine Minute und die wird er bis Paris nicht mehr aufholen – die Chance auf den Sieg ist damit vertan. Selten hat ein kleiner Sturz eine so große Wirkung gehabt!

Endlich ist Radsport auch in den USA populär; Lance bringt das Zweirad ganz nach vorne.

Auch 2003 war der Tourminator nicht zu stoppen – in Luz-Ardiden flog er trotz Zwischenlandung in Rekordzeit nach oben.

3 Pilgerfreuden der anderen Art
HAUTACAM

Hautacam – ein sportlicher Geheimtipp für die Rennradgemeinde

HC ***

HÖHE MAX.: 1529 m
HÖHENUNTERSCHIED: 1050 Hm
LÄNGE: 16 km
STEIGUNG MAX.: 11 %
STEIGUNG DURCHSCHNITT: 6,6 %

AUSGANGSORT
Argelès-Gazost (3400 Ew.), Département Hautes-Pyrénées (65)

ANFAHRT
N 21 von Lourdes kommend, Ausfahrt Argelès-Gazost

PARKEN
Am Kreisverkehr bei Champion-Supermarkt weiter geradeaus und nach einer Total-Tankstelle rechts Richtung Hautacam; Parken in der Straße vor dem Casino.

STRASSENZUSTAND
Gut

PASSÖFFNUNGSZEITEN
Ganzjährig geöffnet

Still und einsam geht es auf dem Anstieg nach Hautacam zu, hat man erst einmal die Hauptstraße verlassen. Denn dann bewegt man sich in der ländlichen Stille einer dünn besiedelten Berglandschaft. Nur im Winter herrscht hier geschäftiges Treiben, verfügt Hautacam doch über ein dichtes Netz an Langlaufloipen und Skipisten.

Pilgerfahrt am Berg

Der Ort wird manchmal als Lourdes-Hautacam angegeben, auch wenn das bekannte und geschäftige Pilgerzentrum einige Kilometer entfernt ist. Bis in die Mitte des 19. Jahrhunderts war Lourdes nur eine unbekannte Kleinstadt in der Provinz. Doch Bernadette Soubirous, ein kleines Bauernmädchen, hatte am 11. Februar 1958 eine Erscheinung. Beim Holzsammeln sah sie eine in Weiß gekleidete Frau: Maria, wie sie später erfuhr. Aus den anfänglich Hunderten, die den Ort der Erscheinung besuchten, wurden bald Tausende. Heute sind es über fünf Millionen Besucher jährlich, die aus allen Teilen der Welt nach Lourdes reisen. Sie erhoffen sich häufig die Heilung von schweren Krankheiten, denn der Quelle von Lourdes werden wundersame Kräfte zugeschrieben. Ein Besuch der Quelle ist daher das erste Ziel aller Pilger, die Teilnahme an einer Prozession ist ebenso selbstverständlich. Natürlich ist ganz Lourdes auf die Besucherströme ausgerichtet. Die Stadt bietet unzählige Souvenirgeschäfte, Hotels und Restaurants. Das Geschäft mit billigem Kitsch und zweifelhaften religiösen Souvenirs brummt, der schlechte Geschmack kennt hier keine Grenzen. Die beiden Kinos im Ort zeigen seit Jahren religiöse Spielfilme über die Marienerscheinung in Lourdes.

In der Einsamkeit des Gipfelplateaus trägt der Bewuchs fast nordische Züge.

Treffpunkt der Welt

Die Radtour hinauf nach Hautacam lässt sich natürlich mit einem Besuch in Lourdes verbinden. Vielleicht sollte man den Ausflug aber doch lieber mit dem Auto unternehmen, denn der Verkehr ist stressig und die Ausschilderung nicht immer einfach. Neben der »Grotte de Massabielle« zählt die »Basilika der unbefleckten Empfängnis« zu den bekanntesten Besuchsobjekten. Der wichtigste Besuchsgrund ist die Atmosphäre, die durch die Pilger aus aller Welt entsteht. Selten trifft man auf so engem Raum so viele Menschen unterschiedlicher Nationen.

Bartallis Pilgerziel

Der zweifache Toursieger Gino Bartalli hat sich von den Besuchermassen nicht abschrecken lassen und verband jede Tour de France mit einer Wallfahrt nach Lourdes, selbst wenn die Etappenorte weit entfernt lagen. Kein anderer Sportler ist wohl öfter vom Papst empfangen worden als Gino, »der Göttliche«. Selbstverständlich hatte er daher auch eine besondere Motivation, als die Tour 1948 von Biarritz nach Lourdes führte. Der gläubige Katholik ließ sich von keinem den Sieg nehmen und fuhr als strahlender Sieger in Lourdes über den Zielstrich. Dabei ist es gar nicht einfach, den Pilgertourismus in Lourdes einzuengen, um Platz für die Tour zu machen. Erst zweimal war deshalb Lourdes bei der Tour Etappenort der Großen Schleife.

Der Fluch des Regensteins

Vom Trubel des geschäftigen Wunderzentrums ist in Lourdes-Hautacam allerdings recht wenig zu spüren. Stattdessen bietet diese Tour eine verkehrsarme Landstraße entlang von kleinen Dörfern.

Am Kreisverkehr vor dem Casino ist Hautacam bereits ausgeschildert. Zunächst geht es leicht bergab durch den Ort. Wir kommen hier auch an dem Fahrradweg aus Lourdes vorbei, der auf einem ehemaligen Eisenbahngleis angelegt wurde. Es geht geradeaus über einen Fluss, wo wir nach 1,5 km auf die D 100 (beschildert) abbiegen. Wir fahren flach dahin und erreichen Ayros-Arbouix, wo es etwas verwinkelt links und dann gleich wieder rechts nach Hautacam weitergeht. Wir radeln jetzt bergauf, die Straße windet sich eng zwischen den Häusern hindurch und die erste steile Rampe erwartet uns.

An weidenden Schafen vorbei schrauben wir uns auf einer schmalen Straße nach oben. Rechts ergibt sich ein schöner Blick ins Tal – vorausgesetzt, das Wetter spielt mit. Bei dem viel häufigeren Waschküchen-Wetter reicht die Sicht gerade mal

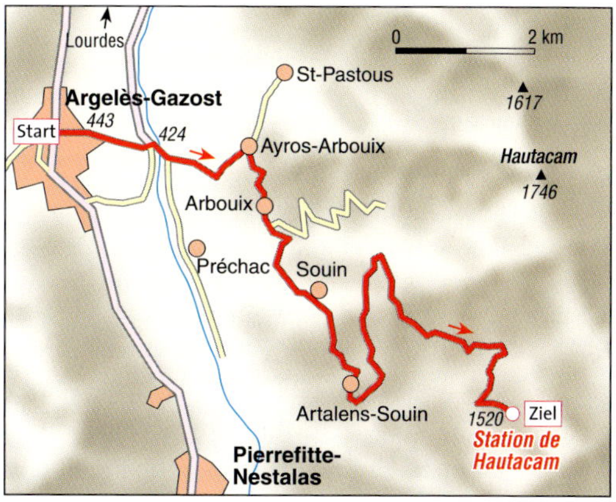

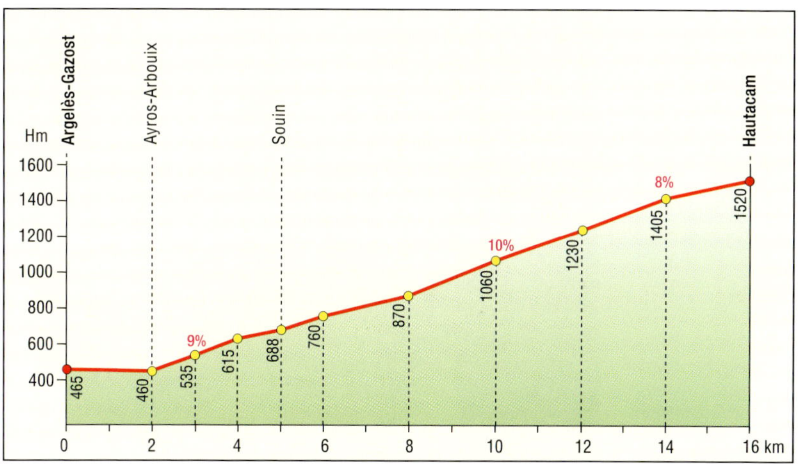

bis zur nächsten Kurve. Was vielleicht kein Zufall ist, denn in der Kirche von Arbouix liegt ein ganz besonderer Stein, von dem im 17. Jahrhundert weithin bekannt war, dass er die Fähigkeit besaß, Regen zu bringen.

Steil ins Ziel

Die Straße führt durch Arbouix, ein nettes kleines Bergdorf mit einem Trinkwasserbrunnen. Entlang von Wiesenhängen und Laubbäumen schlängelt sich die ruhige Straße nach oben. Wir durchfahren mehrere kleine Orte, die mit ihren Steinhäusern alle recht gemütlich wirken. An einem einladenden Restaurant vorbei klettern wir gleich wieder bergauf. Nach einem kurzen Flachstück erwartet uns ein steileres Stück. Bei rund 10 % Steigung geht es kräftezehrend weiter, in Souil können wir uns bei rund 6 % wieder eine Erholung gönnen. Links sieht man schön die bewaldeten steilen Hänge hinauf. Abhängig von der Tageszeit fährt man entweder in der prallen Sonne oder profitiert vom Schatten spendenden Hang.

Es folgen mehrere kleine Orte mit schönen Steinhäusern. Nach rund 10 km zieht die Steigung wieder deutlich an. Bald nimmt der Bewuchs ab und es folgen die ersten Serpentinen. Nach rund 16 km wartet mit einer Steigung von 11% eine letzte Kraftprobe auf uns. Die Landschaft hat sich jetzt deutlich verändert: Viele Farne und karge Büsche prägen das urwüchsige Bild.

Vorbei an weidenden Schafen geht es kurvig dem Ziel entgegen. In Hautacam angekommen ist außer Schafen nicht viel geboten. Der Blick ist bei schönem Wetter aber grandios.

Berechtigt oder nicht? Doping-Vorwürfe begleiten die Tour de France Jahr für Jahr.

Mensch – Maschine – Doping?

Das Jahrhunderttalent Jan Ullrich zeigte sich in den Jahren nach seinem Toursieg vor allem bei der Vorbereitung allzu menschlich. So gab er im Jahr 2000 öffentlich zu, dass er viel zu spät mit dem Training begonnen habe. Lance Armstrong lachte sich ins Fäustchen und konnte bereits auf der ersten Pyrenäen-Etappe alles klar machen. Den Etappensieg ergatterte Javier Oxtoa, der bereits zu Beginn der Etappe ausgerissen war. Doch der Höhepunkt des Rennens war der Kampf um den zweiten Platz, den sich die Favoriten im Gesamtklassement lieferten.

Wenige Kilometer vor dem Ziel kämpften Alex Zülle und Marco Pantani an der Spitze. Doch von hinten kam Lance Armstrong und zündete seinen Turbo. Mit einem unmenschlichen Tempo versetzte er die beiden und flog den Berg hinauf. Bei Regen und Kälte nahm er Ullrich über drei Minuten ab. »Je schlechter das Wetter, umso besser für mich«, triumphierte der Texaner. In der Pressekonferenz erklärte Armstrong, dass er mit 115 Pedalumdrehungen die Minute gefahren sei. In Hautacam ergatterte er das gelbe Trikot – und natürlich gab es der Texaner nicht mehr her. Doch die überirdische Leistung in Hautacam nährte in der Öffentlichkeit den üblichen Verdacht: Wurde hier gedopt?

Ein französisches Fernsehteam von France 3 beschattete daraufhin das Team und dokumentierte, wie ein in Deutschland zugelassenes Fahrzeug auf dem US-Postal-Parkplatz hielt. Zwei Personen, die nicht zum üblichen Personal gehörten, schleppten große Mülltüten aus dem US-Postal-Quartier. Sie fuhren zunächst auf der Autobahn, dann auf der Landstraße zu einem öffentlichen Parkplatz, wo sie den Müll entsorgten. Als die Reporter den Müll untersuchten, entdecken sie Ampullen. Kollegen des »Canard enchainé« fanden heraus, dass es sich um das Medikament Actovegin handelte, eine Arznei gegen niedrigen Blutdruck, die aus Kälberblut gewonnen wird. Auf der Doping-Liste steht das Mittel allerdings nicht.

Nachdem auch noch eine anonyme Anzeige auf Doping eingegangen war, schaltete sich die französische Staatsanwaltschaft ein. Nach mehreren Monaten wurden schließlich die eingefrorenen Blutproben der Tour 2000 untersucht. Doch gefunden wurde nichts und die Anzeige verlief im Sande. Erst im Jahr 2005 stand Armstrong erneut im Rampenlicht. Unter merkwürdigen Umständen wurde die Anonymität der eingefrorenen Blutproben aufgehoben. Nach den Untersuchungen eines anerkannten Labors waren mehrere seiner Proben aus dem Jahr 1999 positiv. Mit einem neuen Urintest konnte EPO nachgewiesen werden. „Zum ersten Mal hat mir jemand gezeigt, dass Armstrong 1999 eine verbotene Substanz namens EPO in seinem Körper hatte. Wir alle sind getäuscht worden", erklärte Tourdirektor Jean-Marie Leblanc. Verschwiegen hat er dabei, dass nur ein Teil der positiven Proben aus dem Jahr 1999 von Armstrong stammen. 1998 wurde in sage und schreibe 40 anonymen Proben EPO gefunden. Armstrong widersprach öffentlich den Doping-Vorwürfen und zweifelte die Glaubwürdigkeit des Tests an. Rechtliche Konsequenzen hatte die Entdeckung aber nicht, da keine B-Probe mehr möglich war.

Ein halbes Jahr später ruderten alle Beteiligten öffentlich zurück. Der Rad-Weltverband UCI hatte den siebenmaligen Toursieger Lance Armstrong nach einer Prüfung für unschuldig erklärt. Der vom Verband beauftragte 132 Seiten starke Bericht enthalte keinerlei Beweis dafür, dass der Amerikaner beim Gewinn der Frankreich-Rundfahrt 1999 gegen die Antidoping-Regeln verstoßen habe, hieß es in einer UCI-Stellungnahme. Der Welt-Antidoping-Agentur WADA wurden von der UCI »Unregelmäßigkeiten« vorgeworfen.

4 König aller Tourpässe
TOURMALET

Gemütliches Einrollen auf dem Weg nach Luz-Saint-Sauveur, das eng im Tal eingeschlossen ist.

HC *****

HÖHE MAX.: 2115 m
HÖHENUNTERSCHIED: 1385 Hm
LÄNGE: 18 km
STEIGUNG MAX.: 11 %
STEIGUNG DURCHSCHNITT: 7,7 %
AUSGANGSORT
Luz-Saint-Sauveur (1120 Ew.), Département Hautes-Pyrénées (65)
ANFAHRT
Von Lourdes auf der N 21 und dann D 921 nach Luz-Saint-Sauveur
PARKEN
Parkplatz vor dem Fremdenverkehrsamt in Luz-Saint-Sauveur
STRASSENZUSTAND
Überwiegend gut, im Scheitelbereich etwas schlechter
PASSÖFFNUNGSZEITEN
Ende Juni bis Oktober

Keine Frage: Der Tourmalet ist der legendäre Tourberg schlechthin, 70 Mal stand er bereits im Programm der Rundfahrt. So bringt man dem Berg gewaltigen Respekt entgegen, obwohl er keineswegs unbezwingbar ist: Der Mythos ist größer als der Pass, die Schwierigkeiten sind keineswegs außergewöhnlich. Weder Höhenunterschied noch die Steigung sprengen den üblichen Rahmen der anderen großen Tourberge. Lediglich das Wetter sollte mitspielen, auch im Sommer kann es hier sehr ungemütlich werden.

Dicke Kirchenmauern

So sicher wie in der Kirche von Luz-Saint-Sauveur waren die Betenden nirgends aufgehoben. Die befestigte Église Saint-André ist besonders gut geschützt: Eine dicke Mauer, Schießscharten und ein Wachturm erinnern eher an eine Burg. Das schöne Bauwerk aus dem 12. Jahrhundert ist aber keineswegs das einzige Schmuckstück der Altstadt. Der Wohlstand, der durch die Besucher des Thermalbades entstand, spiegelt sich in sorgsam verzierten Häuserfassaden wider. Für Gaumenfreuden sorgen die Spezialitätengeschäfte, die Wurst und Käse aus der einheimischen Produktion verkaufen.

Der Traum vom Tourmalet

Selten startet man so euphorisch in den Tag. Den großen Tourmalet zu bezwingen – welcher Rennradler träumt nicht davon? So starten wir voller Energie vom Parkplatz aus links, hier fahren wir auf ausgeschilderter Strecke bergauf. Zunächst geht es zwischen Häusern entlang, und auf den nächsten Kilometern führt die Straße an vielen Campingplätzen vorbei. Im ersten Teil der Strecke ist leider viel Verkehr; neben der Straße befinden sich die gewohnten Radfahrerhinweise zu Stei-

gung und Entfernung. Links blicken wir auf einen schönen Hang, an dem nach Regenfällen ein Bach hinunterstürzt. Wir sind in einem kleinen Tal, das sich langsam weitet.

Vorbei geht es an einem Werbeplakat für Ponyreiten. Sollten die Kräfte wirklich versagen, gibt es also in 10 km ein alternatives Fortbewegungsmittel. Nach 4 km erfreuen uns die ersten zwei Serpentinen und erweitern den Blick auf die Berge links von uns. Wir fahren immer noch mit Begleitung des Baches, der sich links hinter den Bäumen versteckt. Nach den Serpentinen verändert sich vor uns das Landschaftsbild. Links weicht jetzt der nahe, sanfte Hang einer rauen, felsigen Bergflanke des 2328 m hohen Capets. Die Steigung ist auf erträgliche 4 % zurückgegangen und das Vallée de Barèges ist jetzt landschaftlich deutlich schöner als am Anfang.

Goldmünzen zur Belohnung

Nach 6 km bekommen wir links erstmals den Bach zu Gesicht, der sich seinen Weg über Felsen zwischen den Bäumen bahnt. Wir erreichen Barèges, einen Ort, der bereits Wintersportatmosphäre ausstrahlt, und dazu gehört natürlich auch ein echter Night-Club. Die Steigung nimmt am Ortsende auf 9 % zu und das Tal öffnet sich. Wir genießen einen weiten Blick über die steilen Hänge zu unserer Linken. Die felsigen Gipfel gehen in lange grasbewachsene Hänge über. Nach 9 km erreichen wir das erste flache Erholungsstück, bevor es bei fast 10% weitergeht. Landschaftlich ist die Strecke ab hier ein einziger Hochgenuss.

Nun geht es rechts zum Ponyreiten weg – die letzte Chance, sich vor den bevorstehenden Strapazen zu drücken! Unser Weg zweigt kurz darauf rechts ausgeschildert ab. An ei-

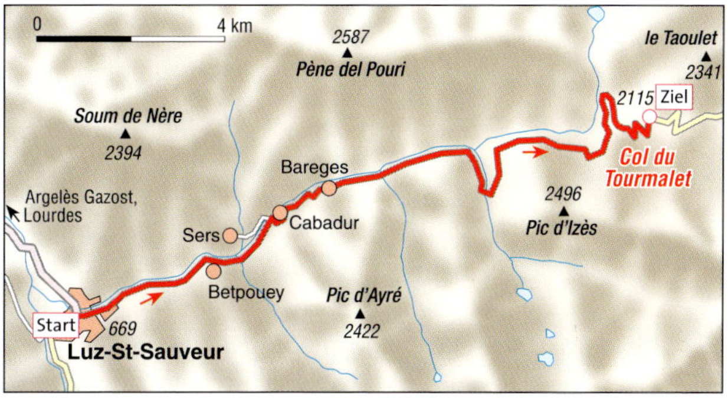

Von 1936 bis 1986 war Jacques Goddet Direktor der Tour de France. Goddet erlaubte die Verwendung der Gangschaltung und führte das Grüne und das Bergtrikot ein.

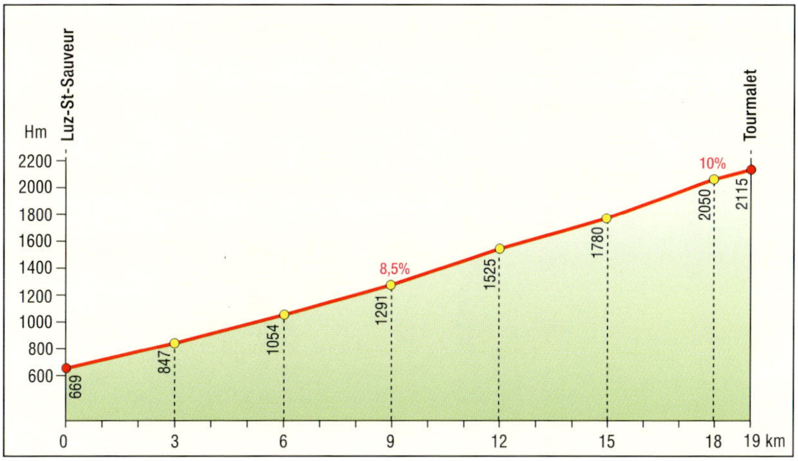

nem bewaldeten Hang entlang geht es stetig nach oben. Wir fahren mit Blick auf einen Hang, in dem sich bereits der weitere Verlauf der Straße abzeichnet. In einer lang gezogenen Linkskurve zieht sich dort die Straße bergauf um den 2500 m hohen Pic de la Caoubère herum. Vorher passieren wir jedoch noch ein Restaurant, bevor es unter einem Skilift hindurchgeht. Links haben wir jetzt einen weiten Blick über unzählige Pyrenäengipfel, die alle etwa 2500 m erreichen. Geradeaus vor uns befindet sich eine karge Bergkette und wir sind umgeben von traumhaft schönen Berghängen, auf denen nur wenige Wanderer unterwegs sind. Hier und auf dem letzten Hang bläst oft ein unangenehmer Wind. In weiter Ferne zeichnet sich die Passhöhe ab und bei Schwächeanzeichen sollte man sich an heroische Tourzeiten erinnern: Eine Goldmünze gab es damals als Belohnung für denjenigen Fahrer, der den Tourmalet erklomm, ohne abzusteigen.

Auf der Höhe

Die Straße ist weiterhin in einem sehr guten Zustand, nur liegt oft Geröll herum. Unter einem Skilift hindurch haben wir geradeaus einen wunderschönen Blick auf ein zerklüftetes Felsmassiv. Weithin sichtbar ist das Observatorium des 2876 m hohen Pic du Midi Bigorre. Wir sind umgeben von moosbewachsenen, grünen Felsen und Hängen voller Schutt und Geröll. 2005 querte sogar eine Herde Lamas die Straße!

Es folgen nun die letzten Serpentinen, die zum großen Finale das steilste Stück der Strecke bieten. Auf dem Pass befinden sich das Restaurant Col du Tourmalet, ein Souvenirshop und das Denkmal für den Tourvater Jacques Goddet und vielleicht auch die bekannte Radfahrskulptur. Sie wird allerdings schon früh im Herbst abgebaut, damit ihr das Wetter nicht zu sehr zusetzt.

Der Blick von der Passhöhe ist gewaltig und der Stolz über den »Gipfelsieg« mehr als berechtigt. Nach Überquerung des Passes durchfährt man bei der Abfahrt ins Tal mehrere Galerien, die zwar nicht dunkel, aber zum Teil unangenehm nass sind.

Gedränge am Col

Der Tourmalet genießt neben Alpe d'Huez und Galibier eine besondere Verehrung

Im Herbst ist es am Col du Tourmalet empfindlich kalt. Das Radfahrdenkmal ist deshalb schon abgebaut.

durch die Radsportgemeinde. Bereits seit der ersten Befahrung durch die Tour stehen die wahren Fans treu am Straßenrand. Denn dabei haben sie selber schwere Strapazen auf sich genommen, um hier hoch zu kommen.

Zu Fuß oder mit dem Fahrrad zieht es die Zuschauer seit 1910 zur Passhöhe. Im Laufe der Jahre hat der Tourmalet eine fast mythische Bedeutung erlangt. Es ist daher schon eine Menge Enthusiasmus notwendig, um an diesem Fleck die Tour de France mit eigenen Augen zu verfolgen.

Wer nicht zwei Tage vorher seinen Platz reserviert hat, ist meistens schon zu spät dran. Etwas besser stehen die Chancen in La Mongie, wo auch noch Platz für parkende Autos ist.

Ostanstieg über La Mongie

Doch Zuschauen ist eine Sache, selber zu klettern die andere, weitaus reizvollere. Der Tourmalet lässt sich auch von Osten über La Mongie erklimmen. Diese Strecke durch das Vallée du Campan ist landschaftlich nicht ganz so reizvoll. La Mongie ist ein großer Skiort, der bereits mehrmals als Etappenziel diente. Aus sportlicher Sicht lässt auch die östliche Anfahrt zum Tourmalet keine Wünsche offen. Von Sainte-Marie-de-Campan aus sind es 17 km bis zur Passhöhe. Bei einer durchschnittlichen Steigung von 8 % kann man die Qualen der Fahrer in den frühen Tourjahren gut nachvollziehen. Mit einer starren Nabe gab es für sie keine Möglichkeit der Erholung – außer die Fahrer stiegen ab.

Die kargen Wiesen der Pyrenäen sind Sommer für Sommer Heimat der Schafherden und speziell am Tourmalet auch der Lamas.

Der Vater aller Tourpässe

Als »Vater aller Pässe« hat der Radsportjournalist Peter Leissl den Tourmalet bezeichnet und damit treffend die Bedeutung dieses Berges beschrieben. Die Tour de France ohne den Tourmalet ist fast undenkbar. Kein anderer Anstieg wurde seit 1910 so oft von den Fahrern bezwungen. Der Tourmalet ist aber nicht nur den Zahlen nach ein Superlativ. Er vereint vielmehr all das, was den Mythos der Tour de France ausmacht: eine Hand voll abenteuerlicher Legenden, tragischer Niederlagen und heroischer Siege. Legendär ist der Gabelbruch von Eugène Christophe aus dem Jahr 1913. Er nutzte den Tourmalet zu einem Angriff auf die Gesamtführung und lag mit 18 Minuten in Führung, als ihm plötzlich die Vorderradgabel entzweibrach. Es gibt noch keine Materialwagen oder Ersatzräder und das Reglement schreibt vor, dass jeder Fahrer seine Reparaturen ohne fremde Hilfe durchführen muss. Nach 14 km Fußmarsch erreichte er Sainte-Marie-de-Campan. Da das Reglement fremde Hilfe verbietet, begann er, in der dortigen Dorfschmiede sich eine neue Gabel zu basteln. Nach Stunden der Arbeit und am Rande des körperlichen Zusammenbruchs gelangt er schließlich ins Ziel. Die Rennkommissare brummten ihm dennoch eine Zeitstrafe von einer Minute auf: Ein kleiner Junge hatte mit einem Blasebalg das Feuer angefacht, was als unerlaubte Hilfe gewertet wurde. Christophe erleidet noch zweimal (1919 und 1922) einen Gabelbruch – keine gute Werbung für seinen Radhersteller.

Der weite Weg ins Tal: Eugène Christophe hatte 1913 nach seiner Panne einen langen Fußmarsch vor sich.

Schon die »Entdeckung« des Tourmalets durch die Tourdirektion ist eine abenteuerliche Geschichte besonderer Qualität und ist eigentlich Alphonse Steinès, dem jungen Mitarbeiter von Tourdirektor Henri Desgrange, zu verdanken. Auf der Suche nach neuen Attraktionen für die noch junge Tour de France unterbreitete Steinès 1909 seinem Vorgesetzten einen waghalsigen Vorschlag: Warum sollte die Tour nicht durch die Pyrenäen führen? Nicht nur Desgrange hielt diese Idee für völlig abwegig. Die Pyrenäen waren zum damaligen Zeitpunkt vor allem mit schmalen Pfaden für Viehhirten und schlechten Schotterwegen für Waldarbeiten durchzogen. Außerdem wimmelte es von Bären, Wölfen und anderen wilden Tieren und es drohten Lawinen. Eine Befahrung schien also lebensgefährlich. Trotzdem schickte Desgrange seinen Mitarbeiter 1910 zu einer Erkundungsfahrt. Einen Monat vor Tourstart sollte Steinès die Lage vor Ort beurteilen. Von Sainte-Marie-de-Campan aus kämpfte sich Steinès mit einem Auto samt Chauffeur die Straße nach oben. Ein überhitzter Motor zwang zur Pause, danach verhinderte meterhoher Schnee 4 km unterhalb der Passhöhe eine Weiterfahrt. Es war inzwischen schon sieben Uhr abends und stockdunkel, doch Steinès blieb stur. Er entschloss sich, zu Fuß über den Pass zu gehen, und bat den Fahrer, ihn auf der anderen Seite wieder abzuholen. Inzwischen galt es nur mehr, sein Gesicht nach diesem waghalsigen Vorschlag zu wahren. Der eigentliche Grund, nämlich eine Bereicherung der Tour, war schon längst in den Hintergrund gerückt ...

Der Weiterweg geriet zum Fiasko: Im meterhohen Schnee war die Straße nicht mehr zu erahnen und Steinès irrte ziellos umher. Wie durch ein Wunder traf er auf einen Schäfer, der ihn zur Passhöhe begleitete. Doch der Blick auf die andere Seite war ernüchternd. Auch auf den nächsten 10 km überdeckte eine meterhohe Schneedecke den ganzen Berg. Vorsichtig wühlte er sich im tiefen Schnee abwärts. Um schneller voranzukommen, rutschte er auf dem Hosenboden bergab, verlor aber die

Kontrolle und stürzte in eine Schlucht. Am Ende landete er unsanft im Schnee und rutschte in einen eisigen Gebirgsbach. Mit letzter Kraft stolperte er weiter nach unten; es waren bereits mehrere Stunden vergangen. Währenddessen machte sich eine Suchmannschaft aus lokalen Bergführern auf seine Suche. Nachdem um Mitternacht immer noch keine Spur zu sehen war, glaubte man ihn schon verloren. Um drei Uhr morgens schließlich stolperte er erschöpft in die Arme der Gendarmen von Barèges.

Am nächsten Morgen telegrafierte Steinès wie vereinbart nach Paris. »Tourmalet-Passstraße perfekt; schneefrei und einwandfrei befahrbar«, lautete sein Text. War es die Angst vor den beruflichen Folgen eines Scheiterns oder die Gewissheit, dass der Schnee in den verbleibenden Wochen schmelzen würde? Auf jeden Fall sorgte er mit dieser Schwindelei für eine Aufnahme des Tourmalets in das Tourprogramm.

Doch bei der Premiere von Aspin, Aubisque und Tourmalet bekam der Tourdirektor Henri Desgrange plötzlich kalte Füße. Er befürchtete eine Katastrophe und hatte das Gefühl, zu weit gegangen zu sein. Aus Angst vor einem totalen Fiasko reiste er zurück nach Paris und wartete ängstlich den Ausgang des Abenteuers ab. »Das ist Mord. Diese Bastarde wollen unseren Skalp«, hatte Lucien Petit Breton im Vorfeld geschimpft. So warteten die Offiziellen ängstlich am Aubisque auf das Fahrerfeld. Stunde um Stunde verstrich und niemand war zu sehen.

Doch dann erschien ein verdreckter und völlig entkräfteter Octave Lapize. »Mörder«, schrie Lapize den Tourvertretern entgegen und schwor, aus der Tour auszusteigen. Eine Drohung, die er auf der rasanten Abfahrt schnell vergaß – schließlich lag er noch in Führung.

Weder der haarsträubende Straßenzustand noch die mangelhafte Ausrüstung konnte die »Giganten der Landstraße« aufhalten. Auch die bisher als »unbezwingbar« eingeschätzten Pyrenäen waren damit erobert.

Die Erschließung der Pyrenäen wurde durch die tiefen Täler sehr erschwert. Die mächtigen 3000er sind bis in den Sommer mit Schnee verziert.

5 Im Schatten des großen Tourmalet
COL D'ASPIN

Der Col d'Aspin ist nur ein kleiner Hügel, der einen trotzdem groß zum Schwitzen bringen kann.

1 ***

HÖHE MAX.: 1489 m
HÖHENUNTERSCHIED: 800 Hm
LÄNGE: 12 km
STEIGUNG MAX.: 10 %
STEIGUNG DURCHSCHNITT: 6,7 %
AUSGANGSORT
Arreau (845 Ew.), Département Hautes-Pyrénées (65)
ANFAHRT
Von St-Lary-Soulan auf D 929 nach Arreau
PARKEN
Parkplatz beim Office de Tourisme, vor einer Kapelle
STRASSENZUSTAND
Sehr gut
PASSÖFFNUNGSZEITEN
Februar bis November

Am liebsten würde man gleich durch Arreau bummeln, denn der kleine Ort ist auf Anhieb sympathisch. Direkt neben dem Parkplatz befindet sich die Kapelle Saint-Exupère mit einer wunderschönen romanischen Pforte. Da passt es gut, dass uns heute kein allzu strenges Programm erwartet, sodass wir ein wenig Sightseeing machen können, bevor wir die Tour starten.

Der Col d'Aspin bietet mit seinen 800 Hm kein tagesfüllendes Programm. Der Pass überzeugt durch eine perfekte Straße und auch das Profil ist keineswegs uninteressant. Mit Steigungsspitzen von 10 % kann man auch in kurzer Zeit bereits alle Register des Pässefahrens genießen.

Kleines Vorspiel

In der Geschichte der Tour de France spielt der Aspin nur eine untergeordnete Rolle. Denn im Vergleich zum 2115 m hohen Col du Tourmalet ist der Aspin (1489 m) nur ein unbedeutender Hügel und das prägt auch das Landschaftsbild. Während den Tourmalet die steinige Gebirgswelt umgibt, ist der Aspin umgeben von sanften Wiesenhängen. Dem Vergleich zu den anderen klassischen Anstiegen der Tour hält der Aspin mit seiner geringen Höhe zwar nicht stand. Dass er trotzdem fast 70 Mal im Programm der Rundfahrt stand, verdankt er der Nähe zum großen Tourmalet.

Für das Renngeschehen entscheidend ist natürlich, von welcher Richtung aus der Aspin befahren wird. Kommen die Teilnehmer von Westen, ist der Wettkampf meistens bereits voll entbrannt. Da der Tourmalet bereits überquert wurde, ist das Ergebnis der gestarteten Angriffe sichtbar. Kommt das Peleton hingegen von Osten, steht der Tourmalet erst noch bevor. In diesem Fall belauern sich die Gegner meist noch vorsichtig. Niemand möchte am Aspin angreifen, um am Tourmalet womöglich für diesen Versuch gnadenlos bestraft zu werden.

Geschafft: Das obligatorische »Gipfelfoto« ist der Beweis für das erfahrene »Gipfelglück«.

Gemächliches Einfahren

Ausgangspunkt für diese Tour ist das kleine Örtchen Arreau, das im Zentrum des Aure-Tals liegt. Wir verlassen den Ort auf der Hauptstraße Richtung Süden und biegen nach wenigen Metern links ab. Ab hier beginnt auch wieder die vorbildliche Beschilderung für Radfahrer. Bis zum Gipfel werden Entfernung und Steigung im Kilometerabstand angegeben.

Die Straße schlängelt sich zunächst im Schatten von Bäumen den Berg hinauf. Bald verlassen wir jedoch den Wald und genießen einen Blick auf den Berghang rechts. Die Passhöhe ist zunächst noch nicht zu erahnen. Wir fahren über eine Brücke und erreichen nach rund 3 km ein steileres Stück. Der Weg führt entlang von groben Steinmauern, die den Hang befestigen. Da die Straße zum Tourmalet und nach Bagnerès führt, ist am Wochenende etwas mehr Verkehr möglich.

An sanften Wiesenhängen geht es nun vorbei und es gibt nur noch wenige Bäume neben der Straße. Die Steigung nimmt wieder zu und nach 7 km steht uns das steilste Stück mit rund 10 % bevor. Bald darauf passieren wir eine Schranke und sehen jetzt bereits bis zur Passhöhe.

Den Berg hinaufgeschrien

Wir halten stets auf die Passhöhe zu, die nur aus einem unscheinbaren Einschnitt besteht. Entlang der Straße weiden Kühe und Schafe und links haben wir einen tiefen Blick ins Aure-Tal. Entlang von Hängen, die mit dichtem Farn bewachsen sind, geht es wieder steiler bergauf. In einer Kurve fahren wir an einer Snackbar vorbei, weiter in die gleiche Richtung.

Am Col d'Aspin angekommen, haben wir eine weite Rundsicht. In der Ferne zeichnen sich die gewaltigen

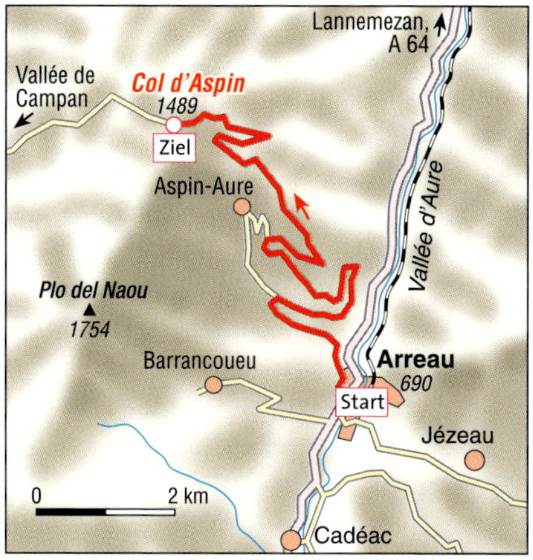

Pyrenäenriesen ab; der Pass selbst ist ohne besondere Reize. Doch Straßenbeschriftungen erinnern an vergangene Tage: »Ich weiß nicht, wie ich es geschafft habe, die Leute haben mich geradezu die Berge hoch geschrien«, schilderte Thomas Voeckler seinen kräftezehrenden Kampf am Aspin im Jahr 2004.

Stadtbummel in Arreau

Lange wird man für den Anstieg nicht brauchen und auch bergab geht es wie geschmiert. Am Ende der Abfahrt zwingen engere Kurven zum Abbremsen, doch schnell ist man wieder in Arreau. Langweilig wird es dort bestimmt nicht, denn auf jeden Fall sollte man die Gelegenheit zu einem Gang durch den Ort nutzen, der einst eine wichtige Durchgangsstation der

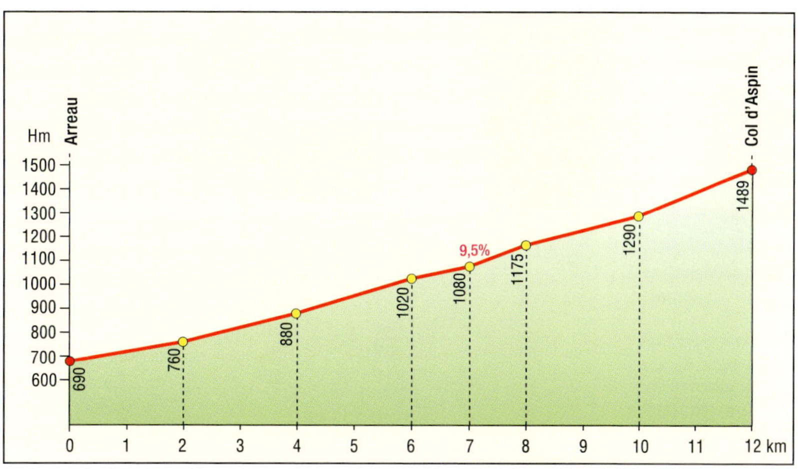

Pilger auf dem Jakobsweg darstellte. Die zentrale Lage am Treffpunkt des Aure- und des Louron-Tals bescherte Arreau nicht nur gebetene Besucher. Römische Legionen und arabische Soldaten schlugen hier bereits ihre Lager auf. Zahlreiche gut erhaltene, historische Gebäude zieren die schmucke Altstadt. Die Fachwerkhäuser aus dem 16. Jahrhundert und besonders das historische Markthaus verbreiten ein mittelalterliches Flair. Auch die schöne Lage direkt an einem kleinen Fluss erfreut das Urlauberherz.

Ein Spaziergang durch den Ort ist daher absolut lohnenswert. Am Markttag sorgen die Bauern der Region mit ihren Spezialitäten für zusätzliche Attraktionen.

Angesichts der Kürze des Anstiegs ist eine größere Rundtour nahe liegend. So bietet sich z.B. die Überfahrung des Passes und eine Weiterfahrt nach Bagnerès-de-Bigorre an. Von dort kann man entweder bis nach Tarbes fahren oder schon vorher auf der D 938 Richtung La Barthe-de-Neste fahren. Von dort führt die D 929 wieder zurück nach Arreau. Aufgrund der zahlreichen Alternativstrecken kann man mit Hilfe einer Landkarte die Länge der Tour variieren. Zwischen 80 und 120 km machen aus dem kleinen Anstieg dann doch noch eine tagesfüllende Unternehmung. Wer den Col d'Aspin von Westen in Angriff nimmt hat eine durchschnittliche Steigung von 5 % und knapp 640 Hm zu bewältigen. Von Saint-Marie-de-Campan aus sind es nur 12 km bis zur Passhöhe. Das verleitet natürlich zu einer weiteren Überlegung: Warum nicht Aspin und Tourmalet im Doppelpack mitnehmen? Wer über ein Begleitfahrzeug verfügt, kann dieser Kombination kaum widerstehen.

Oben: Die romanische Pforte der Kapelle Saint-Exupère ist das Schmuckstück von Arreau.

Rechte Seite: Genug Platz für alle: Kommt die Tour, verwandelt sich der Aspin in einen großen Campingplatz.

Unten: Buchen, Eschen und Kiefern dominieren in den niedrigeren Lagen der Pyrenäen die Landschaft.

Die Ära des Miguel Indurain

Einer der größten Radfahrer aller Zeiten hat am Aspin seine Regentschaft eingeläutet. Miguel Indurain stammt aus einem kleinen Dorf in der Nähe von Pamplona. Der Bauernsohn bekam mit elf Jahren von seinem Vater ein Rennrad überreicht und wusste das Geschenk zu nützen. Bereits bei seinem ersten Rennen landete er auf dem Siegerpodest. Den Siegen bei Provinzrennen folgte 1983 endlich der große Wurf. An seinem 19. Geburtstag machte er sich selber das schönste Geschenk, indem er die spanische Amateur-Meisterschaft gewann. Damit war sein Talent endgültig öffentlich geworden und schnell band das Reynolds-Team den jungen Fahrer mit einem Profi-Vertrag an sich. Bei seinen ersten Tour-Teilnahmen 1985 und 1986 fuhr er jeweils nur wenige Etappen, doch 1987 schaffte er es erstmals bis Paris. Ein Abmagerungsprogramm hatte ihn um zehn Kilo leichter gemacht und damit seine Chancen vervielfacht. Er war inzwischen ein wichtiger Teil seines Teams geworden und steuerte langsam auf seinen eigenen Durchbruch zu.

Am 19. Juli 1991, auf der Etappe von Jaca nach Val Louron, beginnt Miguel Indurain seine mehrjährige Tourdominanz. Es ist die zweite Pyrenäen-Etappe und Indurain steht gehörig unter Druck. Indurain nimmt bereits zum siebten Mal an der Tour teil und ganz Spanien erwartet von ihm diesmal den Toursieg. Doch der dreifache Toursieger Greg LeMond scheint auch diese Tour zu dominieren und das Publikum wird ungeduldig. Nur Indurain bleibt cool, er weiß wohl, dass seine Chance noch kommen wird. Die 13. Etappe führt über den Aubisque, den Tourmalet, den Col d'Aspin und schließlich nach Val Louron. Die Etappe ist wie geschaffen für eine Vorentscheidung, doch nicht Indurain, sondern LeMond attackiert zunächst. Am Anstieg zum Tourmalet gelingt es dem Amerikaner, kurzzeitig vorauszufahren, doch 500 m vor dem Gipfel dreht Indurain den Spieß um. Er überholt LeMond, der bereits am Limit fährt. Jetzt dreht Indurain auf und zusammen mit Claudio Chiappucci baut er unter dem Jubel seiner spanischen Fans den Abstand auf das Feld aus. LeMond ist isoliert ohne Teamkollegen und hat auch noch Pech: Ein Begleitfahrzeug fährt ihn an, das kostet wertvolle Sekunden. Trotzdem hat er am Col d'Aspin den Anschluss fast wieder hergestellt. Doch das Duo Indurain/Chiappucci ist unschlagbar und der Spanier überlässt dem Italiener Chiappucci den Etappensieg. Er selbst übernimmt das gelbe Trikot; für ihn geht damit ein Kindheitstraum in Erfüllung. Er hat einen Abstand von sieben Minuten herausgefahren und gewinnt erstmals die Tour. »Um die Tour zu gewinnen, muss man nur einmal attackieren. Aber das muss ein K.o.-Schlag sein«, lautet das Credo des Spaniers.

Mit Indurains Angriff am Tourmalet hatte eine beispiellose Ära begonnen, die erst durch Lance Armstrong übertroffen werden sollte. Indurain feierte fünf Toursiege in Folge und brachte seine Gegner damit zur Verzweiflung. Es war vor allem Indurains Zeitfahrtalent, das ihn so unbesiegbar machte. Beim Kampf gegen die Uhr lief er wie eine geölte Maschine. Legendär ist seine sensationelle Vorstellung in dieser Disziplin 1992: Das erste Zeitfahren über 65 km gewann er mit dem sagenhaften Vorsprung von drei Minuten auf den Zweitplatzierten De Las Cuevas. Beim zweiten Einzelzeitfahren der Tour 1992 erreichte er auf der 64 km langen Strecke eine Durchschnittsgeschwindigkeit von über 52 km/h.

Am Berg kletterte Indurain kraftvoll und hielt seine Gegner in Schach. Dabei hat er für die Berge einen scheinbar ungünstigen Körperpbau: Mit seiner imposanten Körpergröße von 1,88 m brachte er 80 kg auf die Waage. Die Etappen im Gebirge waren daher wirklich harte Arbeit. Zu seinen härtesten Widersachern gehörten Claudio Chiappucci und Tony Rominger. Unvergessen ist der 125 km lange Alleingang von

Chiappucci 1992 auf der Etappe von Saint Gervais nach Sestrières. Selbst dieses verzweifelte Aufbäumen brachte Indurain nicht zu Fall. Rominger wurde bei seinem Versuch, den Kaiser vom Sattel zu stoßen, immer wieder unglücklich gebremst. Mehrere Reifenpannen oder Wetterpech im Einzelzeitfahren ließen seine Angriffe immer wieder verpuffen.

Die Presse zeigte sich nicht begeistert über die Überlegenheit des »kalten« Spaniers. Als gefühllos wurde Indurain beschrieben, wie ein Roboter schien er von einem Sieg zum nächsten zu fahren. Es war wohl vor allem seine Dominanz bei der Tour, die das Bild des stahlharten Radroboters entstehen ließ. »Du willst mit, aber dieser Indurain schaltet einfach einen Gang hoch und bringt dich um«, lautete das verzweifelte Urteil von Richard Virenque über seinen Kollegen. Dass Indurain genauso leiden musste wie seine Kollegen, war aber kein Geheimnis. Er konnte es nur geschickter überdecken und sich so vor Attacken im falschen Moment schützen. Nur ein guter Stratege kann die Tour gewinnen und so ließ sich Indurain von der öffentlichen Meinung nicht unter Druck setzen. Klug hielt er den Abstand zu seinen Konkurrenten immer im Blick und ließ sich nicht durch deren Teilerfolge nervös machen. Generös verteilte er sowohl die Erfolgsprämien als auch Etappensiege an seine Mitstreiter. Kaltherzigkeit kann man dem Spanier daher nicht vorwerfen. Da er gegenüber der Presse sehr wortkarg war und keinen besonderen Sinn für Humor hatte, war sein Bild in der Öffentlichkeit nicht allzu strahlend.

Eines unterschied Indurain von den fünffachen Toursiegern Anquetil, Merckx und Hinault: Er hatte sich vor seinem ersten Triumph jahrelang als Helfer für seinen Landsmann Pedro Delgado abgerackert. Vielleicht war er deshalb der Presse gegenüber vorsichtig geworden und ließ sich auch sonst in der Öffentlichkeit nicht in die Karten schauen. Er hatte wohl gelernt, wie vergänglich der Ruhm und wie stark der Druck der Medien sein kann. Und so trat er stets bescheiden auf und hielt sich fern von Kameras und Mikrofonen.

Erst 1996 gelang es, den hünenhaften Spanier vom Sockel zu stoßen. Der Däne Bjarne Riis gewann seine erste Tour – was er zum großen Teil einem bis dato unbekannten Helfer zu verdanken hatte: Jan Ullrich.

Die französische Post ehrte Indurain zum 100jährigen Tour-Jubiläum mit einer Briefmarke.

6 Steile Wege zur Skistation
PLA D'ADET

Absolut »in«: Der Jakobsweg ist wieder in Mode und führt auch an Saint-Lary-Soulan vorbei.

HC ***

HÖHE MAX.: 1680 m

HÖHENUNTERSCHIED: 920 Hm

LÄNGE: 12 km

STEIGUNG MAX.: 12 %

STEIGUNG DURCHSCHNITT: 7,5 %

AUSGANGSORT
Saint-Lary-Soulan (1040 Ew.), Département Hautes-Pyrénées (65)

ANFAHRT
Von Arreau auf D'"929 nach Saint-Lary-Soulan

PARKEN
Geradeaus in den Ort hinein, Parkplatz direkt vor dem Office de Tourisme

STRASSENZUSTAND
Perfekt

PASSÖFFNUNGSZEITEN
Ganzjährig geöffnet

Kurz und knackig ist der Weg ins hässliche Skigebiet von Saint-Lary-Soulan. Doch keine Angst, auch wenn der Ort selbst abschreckt, der Weg dahin ist wunderschön. Bei Steigungen bis zu 12 % wird einem bestimmt nicht langweilig!

Hohe Pyrenäengipfel

Saint-Lary-Soulan ist ein typischer Pyrenäenort mit schönen alten Häusern und einer Kirche aus dem 16. Jahrhundert. Doch in den letzten Jahrzehnten hat der Ort einen rasanten Wandel durchgemacht. Im Jahr 1963 schlossen sich die Gemeinden Saint Lary und Soulan zusammen, um gemeinsam ehrgeizige und erfolgversprechende Tourismuspläne zu schmieden.

Was damals eine kühne Vision ehrgeiziger Dorfpolitiker war, hat sich heute als kluger Masterplan für den Wohlstand einer Region erwiesen. Saint-Lary-Soulan hat sich mittlerweile zu einem der wichtigsten Skizentren der französischen Pyrenäen entwickelt. Die sage und schreibe 35 Skipisten erstrecken sich auf einem Gebiet von über 500 Hektar.

Die Zahl der Besucher zeigt im Rückblick steil nach oben und inzwischen gibt es auch im Sommer keinen Leerlauf mehr. Besonders das nahe gelegene Réserve Naturelle Néouvielle und der Parc National des Pyrenées ziehen in den warmen Monaten die Naturliebhaber an. Auch ein Teil des Jakobswegs führt hier vorbei und bietet Wandervergnügen.

Kurvenspaß garantiert: Der Weg zur Skistation führt auch über Serpentinen.

Bäriges Vergnügen

Ein heißer Streit zieht sich durch die ganzen Pyrenäen: Wie gefährlich sind die Bären, die inzwischen wieder in den Pyrenäen heimisch sind? In Saint-Lary-Soulan kann man im Maison de l'Ours mehr über die Geschichte der Bären in den Pyrenäen erfahren. Eine Ausstellung mit multimedialen Elementen erweitert das Wissen über die Pyrenäenbären. Seit kurzem gibt es sogar lebende Exemplare, allerdings sorgsam im Käfig gehalten. Doch die schönste Ausstellung kann nicht vom eigentlichen Besuch ablenken: dem bärigen Radelvergnügen. Vom »Office de Tourisme« aus gesehen geht es beim Kreisverkehr schräg rechts, auf schmalen Sträßchen zwischen Häusern hindurch. Am Parking du Stade vorbei folgen wir der Ausschilderung »Saint-Lary 1700 Le Pla d'Adet«. Zunächst rollen wir an zwei Kreisverkehren vorbei flach durch den Ort in Richtung Vignec. Nach einem kleinen, gemütlichen Campingplatz steuern wir direkt auf den Berg zu. An einem bewaldeten Hang geht es jetzt kräftig nach oben. Die makellose Straße schlängelt sich den Berg entlang.

Kurz nach dem Start verrät der Blick nach links oben schon, wo wir hinmüssen. Denn in der Ferne zeichnen sich bunkerartige Hochhäuser ab und das kann natürlich nur der angestrebte Wintersportort sein. Nach 2,5 km schrauben wir uns bei über 10 % Steigung die erste Serpentine hinauf. Die Straße war bei meiner Befahrung mit Tourbeschriftungen geradezu übersät, die Nähe zum Baskenland spiegelte sich auf dem Asphalt wider. Links bietet sich ein wunderschönes Bergpanorama mit Dreitausendern entlang der spanischen Grenze. Bei guter Sicht kann man den Pic Schrader, den Pic Perdiguère oder den Pic des Crabioules erkennen.

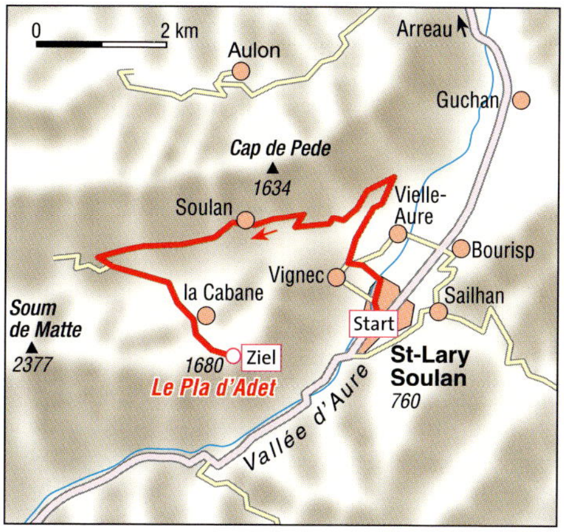

Idylle in Soulan

Wir fahren immer an einem bewaldeten Hang entlang. In steilen Serpentinen schrauben wir uns nach oben und gewinnen schnell an Höhe. Nach 6 km erreichen wir Soulan, ein kleines und gemütliches Bergdorf. Welch ein unerwarteter Kontrast zur gegenüberliegenden Betonburg! Eine kleine Kirche, ein gepflegter Steinbrunnen, Blumen – so schön kann ein Ort in den Bergen sein. Die Steigung lässt nur ein ganz kurzes Stück nach, um dann zunächst auf 7 und wenig später auf 10 % hochzuschnellen.

Links ist ein schöner, bewaldeter Hang näher gerückt und wir erblicken bereits unseren weiteren Aufstiegsweg. Noch ist dort eine wunderschöne Berglandschaft zu bewundern, dichter Bergwald be-

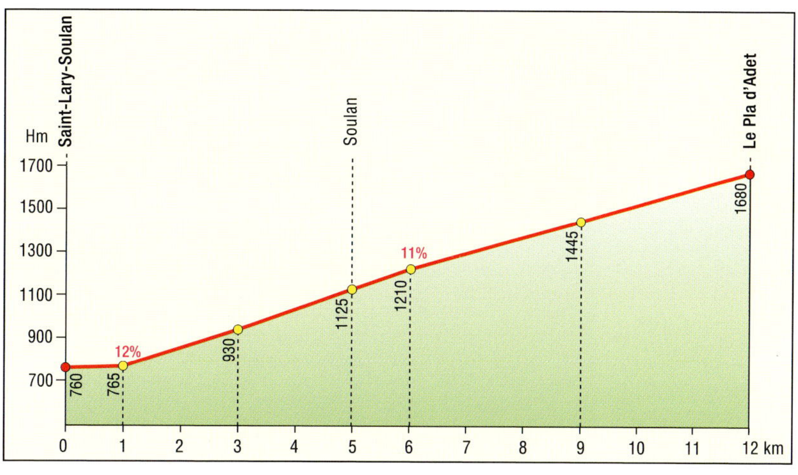

BÄRIGER RENNSPASS FÜR HOBBYFAHRER

Jährlich im Juni findet ein Jedermann-Rennen statt, das mit dem Anstieg nach Pla d'Adet endet. Organisiert wird es vom Saint-Lary Cyclo-Club und ist Teil der Serie »Challenge des Pyrénées les 4 AS«. Wer sich stark genug fühlt, entscheidet sich für den Bären (L'Ours). 2005 hatte man dafür stolze 140 km und 3400 Hm zu bewältigen. Etwas gemütlicher, aber auch nicht gerade ein Spaziergang war der kleine Bär (L'Ourson): 2400 Hm auf 82 km. Ein Verhältnis, das auch bei leichten Streckenänderungen in den Vorjahren ähnlich war, denn im Mittelpunkt stehen immer die Anstiege zum Col d'Aspin und nach Pla d'Adet. L'Ours und L'Ourson sind Teil einer Rennserie. Weitere Rennen sind La Hubert ARBES in Lourdes, Le Défi Pyrénéen in Argelès-Gazost und La Lapébie in Luchon. Für die Teilnahme ist ein aktuelles ärztliches Attest vorgeschrieben.

Info L'Ours:
Office de Tourisme
65170 Saint-Lary-Soulan
Tel: 00 33/(0)5 62/39 50 81
E-Mail: st-lary@wanadoo.fr

herrscht das Bild. Jetzt rollen wir bergab und in einer großen Linkskurve wechseln wir auf den gegenüberliegenden Hang. Dort fahren wir links (beschildert), bergauf nach Pla d'Adet. Auch hier befinden sich viele baskische Beschriftungen, leider auch immer wieder »Gora ETA« – »Es lebe die ETA«.

Skiort und Abfahrt

Nun führt eine lange gerade Rampe auf den Skiort zu. Die Steigung geht etwas zurück und nach einiger Zeit finden wir uns in einem Hang mit dichtem Birkenwald wieder.

Nach 11 km erreichen wir den Ort mit den vielen Liften und den großen Hotels. In einer sehr breiten und dicht beschrifteten Straße geht es jetzt durch Pla d'Adet. Bei rund 8 % treten wir noch einmal kräftig in die Pedale und freuen uns schon mächtig auf die Abfahrt. Denn bei dieser Straße ist das Runterrasen ein ungetrübter Genuss!

Soulan ist ein gemütliches Pyrenäendorf, das den Massentourismus im nahe gelegenen Skigebiet nicht erahnen lässt.

Es lebe die ETA?

Es ist kein sportliches Highlight, mit dem Pla d'Adet für Aufsehen gesorgt hat. Am Ende der 205 km langen Etappe war es George Hincapie, der 2005 den Etappensieg einfuhr. Das passte einigen Zuschauern nicht: Baskische Fans hatten vergeblich auf den Sieg eines Basken gehofft, jetzt randalierten sie. Eine rund 200 Mann starke Gruppe bewarf zahlreiche Begleitfahrzeuge mit Steinen. Dabei wurden mehrere Autos beschädigt. Betroffen war u.a. auch ein Fahrzeug des staatlichen spanischen Fernsehens (TVE).

Erreicht die Tour den Pla d'Adet, verwandelt sich der ganze Berg in ein orangenfarbenes Fahnenmeer. Ebenso wie an den Bergen der Umgebung ist das Rennen jetzt fest in baskischer Hand. Der Enthusiasmus der Fans ist enorm – und manchmal eben auch beängstigend. Dass die Begeisterung der Fans keine Grenzen kennt, liegt auch oft an einem hohen Alkoholisierungsgrad. »Calimoutcho«, ein Gemisch aus Wein und Cola, sorgt bei vielen für die richtige Stimmung. Die Basken feiern ihre »Euskadi« ungehemmt und jeder einzelne Fahrer wird zum nationalen Helden. Als der Euskatel-Fahrer Roberto Laiseka 2001 eine Etappe am Rande des Baskenlandes gewann, sprach er vom größten Erfolg seiner Karriere. Über die Kameras grüßte er gezielt nur die baskischen Fans; Spanien war für ihn nicht von Bedeutung.

Das Euskadi-Team tut alles, um seinem Ruf als baskische »Nationalmannschaft« gerecht zu werden. Lediglich ein Fahrer im Team kommt nicht aus dem Baskenland, sondern aus Venezuela. Ungewöhnlich ist auch die Finanzierung: Hauptsponsor ist der baskische Telekommunikationsdienstleister Euskatel, doch ein großer Teil des Geldes stammt aus einer Stiftung, die durch die Fans finanziert wird. So sehen sich viele Fans ein wenig als Besitzer der Mannschaft. Ein schönes Erfolgsrezept, das ohne die nationalistischen Zutaten auch für andere kleine Teams bestens geeignet wäre.

Angesichts dieser übersteigerten Abgrenzung bleibt ein fader Beigeschmack, denn die Tour wird hinterrücks zur politischen Bühne missbraucht. Es ist für den Außenstehenden auch schockierend, zu sehen, dass Werbung für die Terroristen der ETA ganz selbstverständlich ist.

Hunderttausendfache Begeisterung dominiert die Etappen entlang der spanischen Grenze. Die Straßen gehören dann ganz allein den Basken.

Einen Eklat gab es bei der Tour de France 2003. Die Tour machte einen Abstecher ins benachbarte Baskenland und hatte sich dabei auf zweifelhafte Partner eingelassen. Gegenüber der verbotenen baskischen Partei Herri Batasuna hatte man sich schriftlich verpflichtet, Lautsprecherdurchsagen nur auf Baskisch und Französisch zu machen. »Wir kennen das System der ETA. Entweder unterwirft man sich ihr oder man trägt das Risiko«, äußerte sich Manrique Enrique Franco, Organisator der Vuelta. Die extremistische Partei Batasuna wurde in Spanien verboten, da ihr Verbindungen zur ETA unterstellt wurden und sie z.B. Werbevideos der ETA verteilt hatte. Tourchef Jean-Marie Leblanc musste den Vertrag auf öffentlichen Druck schließlich widerrufen.

7 Sportliche Tour auf einer perfekten Straße

COL DE PEYRESOURDE

Keine Geheimnisse hat der Anstieg zum Peyresourde, die Straße ist bis zur Passhöhe sichtbar.

1 ***

HÖHE MAX.: 1493 m
HÖHENUNTERSCHIED: 919 Hm
LÄNGE: 14 km
STEIGUNG MAX.: 10 %
STEIGUNG DURCHSCHNITT: 6,8 %

AUSGANGSORT
Bagnères-de-Luchon (3040 Ew.), Département Haute-Garonne (31)

ANFAHRT
Von St. Gaudens zunächst auf D 8 nach St.-Bertrand-de-Comminges und auf D 33 und dann D 125 nach Luchon

PARKEN
In Luchon den Schildern zum Col de Peyresourde folgen und kurz vor dem Ortsende links auf einen kleinen ausgeschilderten Parkplatz abbiegen

STRASSENZUSTAND
Sehr gut

PASSÖFFNUNGSZEITEN
Juni bis Oktober

In Luchon herrscht im Sommer reger Urlaubsbetrieb. Denn der kleine Ort ist dank seiner Thermalbäder zum Anziehungspunkt der ganzen Region geworden, bis zu 30 000 Sommergäste vermeldet Luchon jährlich. Schon seit römischen Zeiten ist der Nutzen seiner Heilquellen bekannt. Direkt im Ortszentrum gelegen und von einem kleinen Park umgeben sind »Les Thermes«. Ein Besuch bietet sich natürlich an, um nach der Fahrt die geschundene Beinmuskulatur zu verwöhnen. Die Thermen bieten ein breites Angebot an, das gegen Rheumatismus ebenso wie bei Erkrankungen der Lunge helfen soll. Zu den neuesten Programmen gehört eine Raucherentwöhnungskur. Doch in Luchon kann man sich keinesfalls nur im Wasser die Zeit vertreiben. Auch ein Spaziergang im Ortszentrum ist lohnenswert. Rund um die Allées d'Étigny befinden sich viele historische Bauten und das Musée du Pays de Luchon.

Gleich tüchtig bergauf

Doch damit sich das abendliche Erholungsbad auch lohnt, müssen wir erst einmal kräftig in die Pedale treten. Wir fahren vom Parkplatz aus links auf die Straße, die uns gleich aus dem Ort herausführt. Die Steigung beginnt sofort, eine Rampe mit bis zu 7 % zieht sich nach oben. Das Tal wird immer schmaler und links rauschen wir an einem Bach vorbei. Nach rund 3 km klettern wir in steilen Serpentinen an einer kleinen Kapelle vorbei. Es geht jetzt immer an einer Steinmauer und an einem steilen Hang entlang. Der gegenüberliegende Hang ist mit dichtem Laubwald bewachsen.

Im Hochsommer brennt die Sonne in den Hang – Schatten gibt es hier nicht!

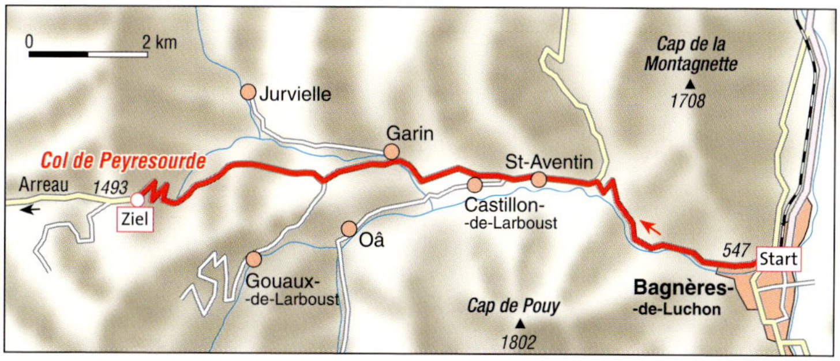

Schönes aus Stein

Der Weg führt steil durch St.-Aventin, einen kleinen Ort mit wunderschönen alten Steinhäusern und einer Kirche aus dem 12. Jahrhundert. Nachdem wir den Ort wieder verlassen haben, blicken wir auf die für die Region typischen Schieferdächer. Es folgt eine schöne Steinkirche und bald darauf erreichen wir auf der leider stark befahrenen Straße den nächsten Ort. Bei Garin haben wir schon mehr als die Hälfte der Strecke hinter uns, aber noch rund 450 Hm vor uns. Links neben der Straße befindet sich eine Steinkapelle aus dem 11. Jahrhundert, bald darauf kommen wir an zwei steinernen Viehtränken vorbei. Es geht jetzt zwischen den letzten Bäumen hindurch, dann sind wir der Sonne ausgesetzt. Der Blick hat sich jetzt geweitet und wir sehen über steile Wiesen bis zur Passhöhe. Rechts von uns ziehen sich schöne bewaldete Hänge ins Tal und wir entdecken die kleinen Häuschen in der Tiefe.

Letzte Kraftreserven

Wir fahren links an einem Hang entlang und erblicken geradeaus über uns die Passhöhe. Rechts windet sich die Straße in zwei Serpentinen nach oben. Wir genießen in den beiden folgenden Serpentinen den Blick über das Tal. Ein langes gerades Stück bringt uns zum Ziel. Auf dem Scheitel endet das Département Haute-Garonne und das Département Haute-Pyrénées beginnt. Auf den letzten Metern zum Pass gibt es noch einmal viele Tour-de-France-Beschriftungen, die uns motivieren, noch einmal Gas zu geben. So mancher Profi hat hier schon seine letzten Kraftreserven herausgeholt.

Anstrengend auch für die Profis

Mein lieber Mann: Die Sonntagsetappe war extrem hart. Das Tempo, die sechs Anstiege, die Hitze – das macht einen total fertig. Bei den ersten drei Bergen konnte ich noch dranbleiben, am vierten, dem Col de Peyresourde, musste ich abreißen lassen. Zusammen mit Sebastian Lang und Georg Totschnig bin ich dann bis ins Ziel gefahren – mit vielleicht 13 oder 14 Stundenkilometern bergauf – schneller ging nicht mehr«, verrät Fabian Wegmann seine Gedanken nach der Tagesetappe bei der Tour 2005.

Steile Kurven

Die Passhöhe ist durch eine sehr karge Landschaft geprägt. Rechts beginnt ein abgeholzter Hang, sonst sehen wir nur Wiesen und grasende Schafe. Es gibt hier keine Verpflegungsmöglichkeit! Für ausreichend Flüssigkeit und Proviant muss also im Vorhinein gesorgt werden.

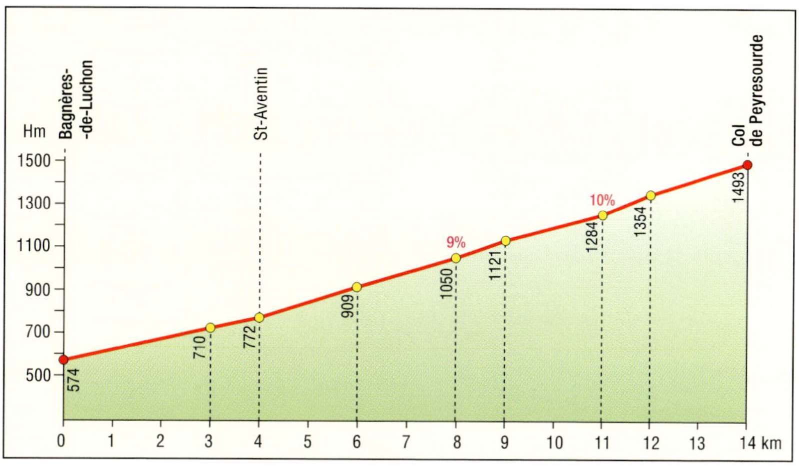

Überfährt man den Pass, begibt man sich auf eine temporeiche Abfahrt; der Zustand der Straße lässt nichts zu wünschen übrig. Man sollte sich dabei jedoch nicht Jan Ullrich zum Vorbild nehmen, der auf der Abfahrt vom rechten Weg abkam (siehe Kasten). Die Kurve, in der er in den Büschen verschwand, ist die erste steile Kurve der Abfahrt und taucht ungefähr 4 km nach der Passhöhe auf.

Unscheinbarer Tourveteran

Der Col de Peyresourde hat es trotz seiner vergleichsweise harmlosen Anstiege zu knapp 60 Tour-Auftritten gebracht. Doch die 1563 m Höhe reichten natürlich nicht aus, um entscheidende Fluchtversuche zu ermöglichen. Trotzdem sammeln sich auf dem Parkplatz des Gipfelplateaus an einem Tour-Tag die Wohnmobile, ist doch der Platz dafür wie geschaffen. Aus dem flachen Parkplatz wird am Tag des Tourbesuchs ein großer Campingplatz mit internationalem Publikum. Der spärliche Bewuchs ermöglicht einen weiten Blick über den Hang, sodass man den Fahrertross auch länger verfolgen kann. Mindestens genauso wichtig für die Fans ist natürlich der Platz zum Parken und Campieren. Die weiten Hänge und teilweise flachen Wiesen sind dafür bestens geeignet. Im Vergleich zu anderen Anstiegen ist es hier sehr einfach, bei einer Live-Etappe dabei zu sein.

Rundherum lohnend

Ähnlich wie der hier beschriebende Anstieg, liegt auch die Anfahrt von Westen im Bereich von durchschnittlich 6 % Steigung. Wer eine Rundtour plant, sollte etwas Kondition mitbringen. Denn die kürzeste Variante führt nach Arreau und durch das Aure-Tal Richtung La Barthe-de-Neste. Noch vor dem Ort geht es auf der D 938 nach Osten. Der D 33 und dann D 125 Richtung Süden folgend erreicht man nach rund 100 km wieder Bagnèrs-de-Luchon.

Reserviert! Die Wohnmobile zeigen, dass der Peyresourde heute wieder einen Rennauftritt hat.

Jan Ullrichs Ausflug in die Botanik

Drei Mal schon war Jan Ullrich bei der Tour 2001 von Lance Armstrong schwer gedemütigt worden. Mit schnellen, kraftvollen Antritten hatte der Texaner ihn am Berg stehen lassen – nicht ohne ihm vorher noch provokant in die Augen zu schauen. Die Tour schien mal wieder entschieden, doch Ulle gab sich weiter kämpferisch. So hatte er auch am 21. Juli 2001 noch Angriffspläne, doch dann sorgte er bereits zu Beginn der Etappe ungewollt und auf ganz andere Weise für Aufsehen:

Die Abfahrt vom Peyresourde ist ideal für ein schnelles Tempo. Eine perfekte Straße und nur eine steile Kurve. Genau an dieser Kurve wurde die TV-Übertragung zum Krimi. Jan Ullrich winkelte vor der Linkskurve das linke Bein bereits an. Doch statt sich jetzt in die Kurve zu legen, fuhr er geradeaus weiter, sein Rücken hüpfte beim Ritt über den Straßenrand noch kurz auf und ab, bevor er aus dem Blickfeld der Kamera verschwand. Ullrich überschlug sich und landete in einer Wiese. Das weiße Trikot des Deutschen Meisters war etwas zerrupft und mit Erde verschmiert, als er wieder aufstand. Ein Mechaniker hob sein Rad über die Leitplanke und schon eine halbe Minute später saß er wieder auf dem Rad. Was im Fernsehen dramatisch aussah, endete zum Glück ohne Verletzungen. Lance Armstrong drosselte sofort das Tempo und befolgte damit den Ehrenkodex der Tour.

Über die Ursache für den spektakulären Sturz kann man nur spekulieren. In einem Interview gab Ullrich an, seine Bremsen seien »nicht mehr ganz gut gewesen«. Um nicht in die Leitplanke zu fahren, habe er sich lieber freiwillig für die Büsche entschieden. Kurz nach dem Etappenstart erscheinen abgefahrene Bremsen aber mehr als merkwürdig. Vielleicht war es ihm zu peinlich zuzugeben, dass er einfach gepennt hatte. Denn laut Armstrong, der knapp hinter ihm fuhr, war Ullrich auf der Abfahrt gerade dabei, über sein Mikrofon Kontakt mit dem Team-Fahrzeug aufzunehmen. Doch Ullrich bewies einmal mehr sein Kämpfertalent: Unbeeindruckt attackierte er auf dem Weg nach Pla d'Adet. Allerdings wie so oft vergebens, denn Lance Armstrong war wie immer in Bestform und damit unschlagbar.

Oben: Auf der Passhöhe liegt die Grenze zwischen Hautes Pyrenées und Haute Garonne.

Links: Trikot auf und tief durchatmen – für die Fahrer ist der Col de Peyresourde meist nur eine kleine Zwischenprüfung.

8 Umgeben von 3000ern
SUPERBAGNÈRES

Dunkle Wolken an der Grenze zu Spanien – jetzt wird das Passfahren zum feuchtfröhlichen Vergnügen.

HC ****

HÖHE MAX.: 1800 m
HÖHENUNTERSCHIED: 1150 Hm
LÄNGE: 17 km
STEIGUNG MAX.: 12 %
STEIGUNG DURCHSCHNITT: 6,8 %

AUSGANGSORT
Bagnerès-de-Luchon (3040 Ew.), Département Haute-Garonne (31)

ANFAHRT
Von St. Gaudens auf D 8 nach St.-Bertrand-de-Comminges und auf D 33 und dann D 125 nach Luchon

PARKEN
In den Ort hinein zum Stadtzentrum und beim Stadtpark am Thermalbad parken

STRASSENZUSTAND
Perfekt

PASSÖFFNUNGSZEITEN
Ganzjährig geöffnet

Luchon ist ein sehr geschäftiger Ort. Am Markttag ist die ganze Region vor Ort und während der Saison kann es richtig voll werden. Zwar hat Luchon nur rund 3000 Einwohner, aber der Ruf des Thermalbads eilt durchs ganze Land. Doch auf der heutigen Strecke ist vom regen Besucherstrom nichts zu merken. Superbagnères ist den Sommergästen kein Begriff. Im Winter ist das natürlich ganz anders, denn dann kann man Superbagnères von Luchon aus direkt mit der Seilbahn erreichen.

Idyllischer Bergausflug

Während in Luchon meist viel Trubel herrscht, ist diese Radtour ein relativ einsamer Bergausflug. Am Thermalbad vorbei rollen wir auf der D 125 (ausgeschildert) nach Superbagnères. Gleich nach dem Ort geht es kräftig bergauf. Entlang einem bewaldeten Hang radeln wir bei zunächst 9 und dann 7 % das Pique-Tal entlang. Der Blick nach vorne ist ein Blick nach oben: Bei zweistelligen Steigungsprozenten geht es in Richtung Spanien. Vor uns liegt eine idyllische Berglandschaft, lauter ineinander verzahnte Täler bauen sich vor uns auf. Besonders malerisch ist es, wenn die Nebelschwaden zwischen den Berghängen ihren Durchschlupf suchen.

Durch ein kühles Tal

Rechts der Straße fließt ein kleiner Fluss. Wir befinden uns noch auf der Route de L'Hospice de France. Der Weg führt direkt nach Spanien – doch wir bleiben natürlich im Land. Nach einer kurzen Steigung biegen wir rechts auf der D 46 in ein Seitental ab. Wir fahren bergab über eine Brücke und wieder an einem Bach (Lys) entlang.

Begleitet vom Rauschen des Bachs genießen wir die Fahrt entlang bewaldeten Hängen in einem schönen und einsamen Tal. Das durch einen Gletscher entstandene Vallée du Lys schirmt die Sonne ab und ist daher auch im Hochsommer angenehm zu fahren. Bei 6 % folgt die Straße dem Bach, geradeaus vor uns baut sich ein gewaltiger Pyrenäengipfel auf.

Auf den ersten Kilometern nach Luchon rollt man das bewaldete Pique-Tal entlang.

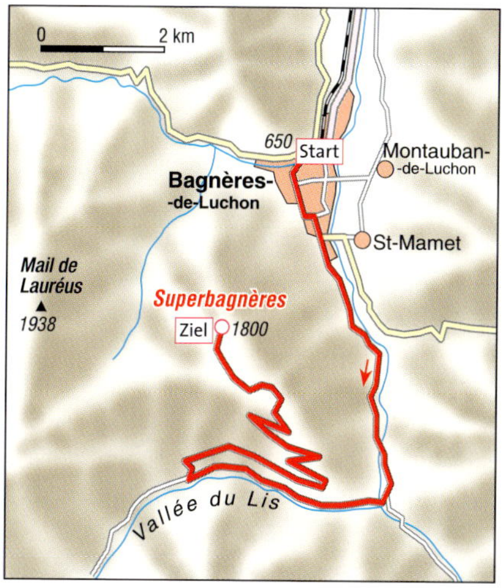

3000er-Blick

Nach 7 km steigt die Steigung auf 11 %, das Tal öffnet sich und wir haben einen weiten Blick auf ein imposantes Gebirgsmassiv rund um den Pic des Crabioules (3116 m) und den Pic de Maupas (3109 m). Kurz darauf erreichen wir L'Ourson (den kleinen Bären). Wir flüchten in die Höhe, denn unsere Straße zweigt rechts ab und startet gleich mit einer großen Serpentine den Anstieg auf der D 46. Immer wieder kommen wir an kleinen, rauschenden Bächen vorbei. Im Vergleich zu den anderen Routen der Umgebung sind hier relativ wenige Radfahrer unterwegs.

Nach 11 km geht es in einer steilen Serpentine nach links und eine lang gezogene Rampe bergauf. Nach einem Steinbruch arbeiten wir uns im Zickzack langsam den Berg hinauf. Hier befindet sich auch das steilste Stück der Strecke. Der Abstand zwischen den einzelnen Kurven beträgt dabei etwa 1 km. In den Kurven erhalten wir einen schönen Blick über das Tal, das wir bereits hinter uns gebracht haben. Mit zunehmender Höhe weitet sich der Blick und wir schauen auf die 3000er, die sich im Süden imposant entlang der Grenze aufreihen.

Was für ein Pass!

Nach 14 km sieht man die ersten Skilifte, das Ziel kann nicht mehr weit sein. Jetzt sind wir von kargen Wiesenhängen umgeben, weit und breit kein Baum mehr in Sicht. Es folgen zahlreiche Serpentinen, und mit jeder Serpentine geht ein Richtungswechsel einher, der uns wieder ein anderes Landschaftsbild präsentiert. Beide Seiten sind schön anzuschauen, das Radeln ist jetzt ein Hochgenuss. Besonders gerne blickt man natürlich auf die schneebedeckten Granitberge. Der Abstand zwischen den Serpentinen wird immer kleiner und nach einer Kurve entdecken wir ein großes Gebäude auf der Passhöhe.

In einer lang gezogenen Geraden fahren wir direkt auf das Grand Hotel zu. Rechts blicken wir in die Tiefe bis nach Luchon, das weit entfernt scheint. Im Winter sorgen 130 Schneekanonen für ungetrübte Pistenfreuden, doch mit seinen 24 Pisten gehört das Skigebiet zu den kleineren Wintersportzielen in den Pyrenäen. In Superbagnères angekommen, erwartet uns ein angenehmer kleiner Skiort – ohne die üblichen Betonburgen. Eine Snackbar, ein kleines Passschild – das war's. So genießen wir die Ruhe und freuen uns auf die Abfahrt. Superbagnères – echt super!

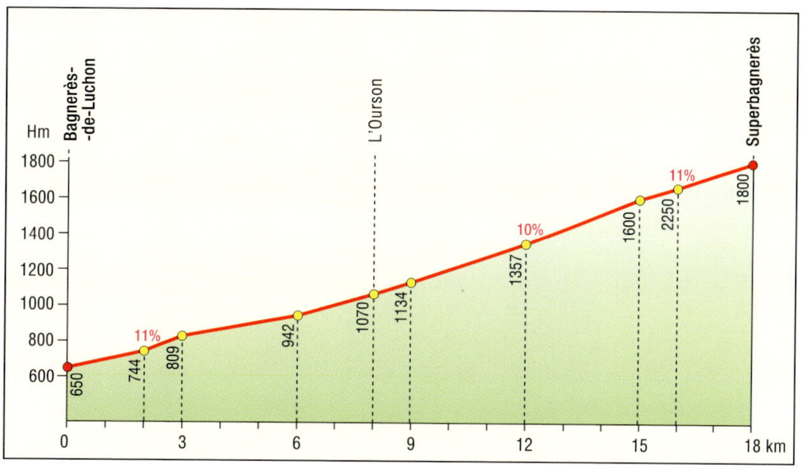

Greg LeMond besiegt den Dachs

In der Geschichte der Tour de France gehören Teamkameraden oft zu den größten Gegnern – so auch 1985 in der Mannschaft »La Vie Claire«: Zunächst sieht alles nach einem souveränen fünften Sieg des Bretonen Bernard Hinault aus. Bereits im Prolog schlüpft er ins gelbe Trikot. Doch kurz vor dem Ende der 14. Etappe stürzt er schwer und zieht sich einen Nasenbeinbruch zu. Nach minutenlanger Behandlung fährt er mit blutverschmiertem Gesicht weiter ins Ziel. Es folgen die Pyrenäen, und zu seiner Verletzung kommt jetzt auch noch ein Formtief. Sein Mannschaftskamerad Greg LeMond hingegen ist topfit und kann nur mit vielen Überredungskünsten gebremst werden. Im Gegenzug für sein Stillhalten wird ihm die volle Unterstützung Hinaults im folgenden Jahr zugesichert. Hinault verdankt seinen fünften Erfolg bei der Tour eindeutig der Hilfe LeMonds, ohne ihn wäre seine Regentschaft wohl beendet gewesen.

Doch 1986 zeigt der »Dachs« plötzlich ein schlechtes Gedächtnis, sein Versprechen der Unterstützung hat er längst vergessen. Hinault würde nur zu gerne seinen sechsten Toursieg einfahren und deshalb attackiert er seinen Mannschaftskameraden LeMond gleich am ersten Tag. Auch die folgenden Tage zeigt er keine Rücksicht und kleidet sich bald in Gelb. Sein Mannschaftskamerad LeMond scheint von Tag zu Tag schlechtere Chancen auf einen Toursieg zu haben. So warten auf der 13. Etappe von Luchon nach Superbagnères alle gebannt auf eine Vorentscheidung. Denn der Vorsprung des Bretonen beträgt bereits fünf Minuten. Gewinnt Hinault auch heute, scheint ein sechster Toursieg in greifbarer Nähe. Doch Hinault pokert hoch und zeigt erstmals Schwäche. Auf dem Peyresourde erleidet er einen Hungerast (plötzlicher Leistungseinbruch, wenn die Kohlenhydratreserven aufgebraucht sind) und LeMond sieht endlich seinen Moment gekommen. Er holt zum großen Angriff aus und erreicht mit deutlichem Vorsprung das Ziel in Superbagnères. Zwar ist Hinault immer noch im gelben Trikot, sein Vorsprung ist aber gewaltig geschrumpft. Auch wenn der

Geschichtsträchtige Straße: Auf dem Weg nach Superbagnères geriet Bernard Hinault ins Straucheln.

Psycho-Kampf der beiden Teamkollegen noch weitergeht – das Blatt hat sich eindeutig gewendet. Ab dem Col du Grandon trägt der Amerikaner das Trikot des Gesamtführenden und in Paris steht er erstmals auf dem Siegerpodest ganz oben. Selbst im Ziel in Paris kann LeMond seinen Zorn auf seinen Mannschaftskameraden Hinault nicht unterdrücken. Immer noch ist er schwer enttäuscht vom Verrat des Franzosen. »Ich habe die Tour alleine gewonnen, ohne seine Hilfe«, betont er in Interviews. Doch spätestens als er im Weißen Haus vom amerikanischen Präsidenten empfangen wird, ist sein Groll vergessen. Ronald Reagan outet sich als Radsportfan und LeMond ist begeistert, ist für die meisten Amerikaner die Tour de France bisher noch völlig unbekannt.

Ein neuer Tourfavorit scheint geboren, doch ein schrecklicher Unfall zwingt den Amerikaner in die Knie. Bei einem Jagdausflug schießt ihm sein Schwager versehentlich eine Ladung Schrot in die Lunge. Schwer verletzt wird er ins Krankenhaus gebracht, wo die Ärzte um sein Leben kämpfen. Er überlebt zwar, doch das Kapitel Sport scheint für ihn abgeschlossen. Nur wenige Wochen nach dem tragischen Unfall kündigt der Rennstall seinen Vertrag. Das niederländische PDM-Team sieht optimistischer in die Zukunft und bietet LeMond einen gut dotierten Vertrag an. 1988 versucht sich der Amerikaner an kleineren Rennen, doch er ist noch schwer angeschlagen und zu allem Unglück plagen ihn auch neue Sturzverletzungen.

Doch 1989 überrascht er tatsächlich mit einem Comeback. 36 Schrotsplitter stecken noch in seiner Lunge, als er für das belgische ADR-Team an den Start geht. Eigentlich will er nur unter den ersten 20 landen, doch es läuft von Tag zu Tag immer besser. Vorjahressieger Pedro Delgado kommt zweieinhalb Minuten zu spät zum Start und vergibt damit alle Chancen. LeMond übernimmt auf der 5. Etappe das gelbe Trikot – eine Sensation! Wie bei seinem ersten Toursieg scheint auch diesmal wieder der Anstieg nach Superbagnères eine große Rolle zu spielen. Laurent Fignon übernimmt die Gesamtführung und sieht spätestens nach seinem Kraftakt in Alpe d'Huez wie der sichere Sieger aus. Am letzten Tag der Tour ist sein Vorsprung gegenüber LeMond auf 50 Sekunden geschmolzen. Die Tour endet mit einem Zeitfahren in Paris und alle Fachleute sind sich einig, dass Fignon heute den Sieg einfahren wird. 50 Sekunden auf eine Distanz von nur 24,5 km zu verteidigen, sollte dem starken Fignon nicht schwer fallen. Doch LeMond hat noch einen Trumpf in der Tasche, denn er geht mit einem speziellen Zeitfahrrad mit Triathlonlenker an den Start. Der Lenker ist eine Neuentwicklung seines Teammechanikers und bietet einen entscheidenden aerodynamischen Vorteil. Er siegt mit 58 Sekunden Vorsprung und hat damit die Tour mit genau acht Sekunden Vorsprung gewonnen. Fachleute berechnen daraufhin, was für Zeitvorteile LeMond die aerodynamische Körperhaltung gebracht haben. Eine These lautet, dass Fignon gewonnen hätte, wenn er einen windschnittigen Helm getragen hätte. Denn der im Wind baumelnde Zopf habe wertvolle Sekunden gekostet. Völlig entkräftet und von Weinkrämpfen geschüttelt liegt Fignon im Ziel am Boden. Greg LeMond hingegen feiert seinen Sieg und man gönnt ihm, nach all den Rückschlägen der vergangenen zwei Jahre, den Erfolg von ganzem Herzen. Sein großes Verdienst ist es, dass auch in Amerika die Tour de France endlich Beachtung findet. Er legt damit den Grundstein für eine wachsende amerikanische Fangemeinde, die Jahr für Jahr zur Tour anreist.

Dank GregLeMond waren die amerikanischen Farben auf den Champs Elysées vertreten.

9 *Sportliche Herausforderung*
COL DE MENTÉ ÜBER PORTET D'ASPET

1 ****

HÖHE MAX.: 1349 m
HÖHENUNTERSCHIED:
Aspet: 580 Hm
Menté: 750 Hm
LÄNGE: 34 km
STEIGUNG MAX.:
11 % (Rückweg 17 %)
STEIGUNG DURCHSCHNITT:
Aspet: 3,5 %
Menté: 7 %
AUSGANGSORT
Audressein (100 Ew.), Département Ariège (09)
ANFAHRT
Von St. Girons auf der D 618 nach Audressein
PARKEN
Parkplatz gleich am Ortseingang rechts gegenüber einem Restaurant
STRASSENZUSTAND
Guter Zustand, am Aspet und am Menté viele Flicken
GEFAHREN
Extrem steile Abfahrt
PASSÖFFNUNGSZEITEN
Februar bis November

Steile Schieferdächer und schnörkellose Steinhäuser: Auf der Strecke dominiert der typische Baustil.

Der Ausgangsort Audressein ist zwar klein und unscheinbar, doch keineswegs unbedeutend. Die Geschichtsbücher beschreiben den Ort seit dem 11. Jahrhundert als ein wichtiges Pilgerzentrum. Die Kirche Notre-Dame-de-Tramesaygues steht sogar unter dem Schutz der UNESCO, als wichtiger Teil des Pilgerwegs nach Santiago de Compostela.

Dunkle Vergangenheit

Doch ein dunkler Schatten liegt über diesem Anstieg. Der tragische Tod des italienischen Radprofis Fabio Casartelli (siehe Kasten) ist untrennbar mit dem Portet d'Aspet verbunden. Es fällt schwer, die Gedanken an den tödlichen Sturz zu verdrängen, aber ein bisschen Nachdenklichkeit schadet ja auch nicht. Dennoch ist die Verbindung der beiden Pyrenäenpässe eine schöne Tagestour. Wenn man den beschriebenen Anstieg auch wieder zurückfährt, ist man am Ende über 1800 Hm bergauf gefahren. Dass dabei auch ein kurzes Stück mit einer Steigung von über 17 % inbegriffen ist, macht diese Tour vollends zum lohnenden Geheimtipp.

Pluspunkt für Radsportfans

Auch bei Besuchern der Tour de France stehen Portet d'Aspet und Col de Menté hoch im Kurs. Besonders die steilen Rampen des Aspet bieten bei der Befahrung von Westen eine spektakuläre Bühne. Zwangsläufig wird das Peleton hier abgebremst und der Blick auf die Akteure fällt damit etwas länger aus als gewohnt. Aber auch die steilen Serpentinen des Col de Menté bilden eine aufregende Kulisse für den Tourbesuch. Da die Parkmöglichkeiten aber sehr eingeschränkt sind, müssen sich auch die Zuschauer erst ihren Platz verdienen. Natürlich ist die Anfahrt mit dem eigenen Rennrad die naheliegendste Lösung.

Durch ein vielseitiges Tal

Die zweistelligen Steigungsprozente sind zu Beginn noch kaum vorstellbar, geht es doch zunächst sehr lange flach das Bellongue-Tal entlang. Wiesen, kleine Dörfer, schöne Kirchen und Steinhäuser am Weg vertreiben die Zeit. Ein Dorf reiht sich ans andere, alles idyllische Bergdörfer mit viel Atmosphäre und stilvollen Steinhäusern im lokalen Stil.

Nach 6,5 km fahren wir das erste Mal bergauf in dem sehr weiten Tal. Auch nach 10 km geht es eher flach dahin, aber das ändert sich jetzt: Nach einer Kuhweide geht es in einer Kurve mit 4 % bergauf. Nachdem wir fast schon das Bergauffahren verlernt haben, sind wir froh, dass sich die Straße endlich aufstellt. Die Straße führt uns in St. Lary zwischen einer kleinen Brücke, die über einen Bach führt, und einer schönen Steinkirche hindurch. Zwischen teilweise schon sehr mitgenommenen Steinhäusern nimmt die Steigung noch einmal zu.

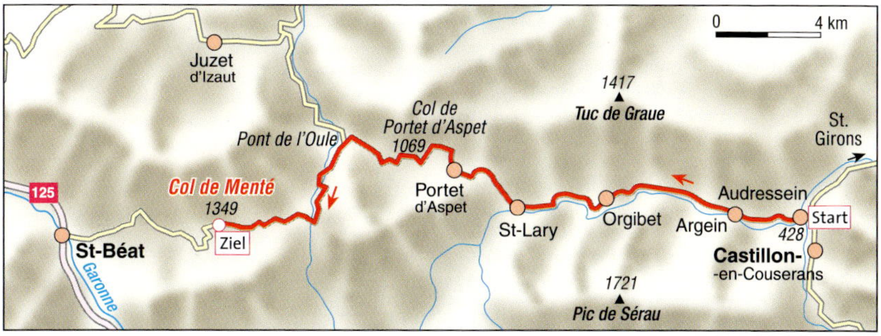

Auf die Passhöhe

Wir verlassen bei 4 % Steigung das Département de l'Ariège und erreichen das Département Haute-Garonne. Wir radeln jetzt auf einer Straße in Bestzustand konstant bergauf. Nach 15 km erreichen wir Portet d'Aspet, der Blick öffnet sich. Wir können schon den weiteren Straßenverlauf einsehen und die Passhöhe erahnen. Die Straße windet sich bei 7 % durch Portet d'Aspet.

Es folgen zwei Serpentinen und wir schauen dem gerade durchquerten Ort links unter uns bereits auf die Dächer. Bei schweißtreibenden 9 % arbeiten wir uns zügig der Passhöhe entgegen. Bei der dritten Serpentine erhalten wir rechts einen weiten Blick über das Tal, das wir bereits hinter uns gelassen haben, und erreichen nach einer Kurve unspektakulär die Passhöhe. Ein kleines Café und ein Trinkwasserbrunnen laden zur Rast.

Steil bergab

Doch natürlich war dies nur der Anfang und wir machen uns fertig zur Abfahrt zum Col de Menté. Die Abfahrt geht in schattigen, gut geteerten Schlangenlinien bergab. Die extrem steile und kurvige Straße fordert volle Aufmerksamkeit. Kurz vor dem Ende der Abfahrt erreichen wir das Denkmal für den 1995 tödlich verunglückten Fabio Casartelli. In der Kurve unterhalb des Denkmals ist ein Gedenkstein eingelassen. An dieser Stelle prallte er gegen die Begrenzung, die mittlerweile jedoch verändert worden ist. Ursprünglich standen hier spitze Betonquader wie in den Kurven zuvor.

An der folgenden Kreuzung fahren wir nicht rechts bergab, sondern gleich wieder geradeaus bergauf. 2005 fuhr mir hier der Schreck gehörig in die Glieder: Nachdem ich in Gedanken an den tödlichen Sturz sehr konzentriert bergab gefahren war, gab es im flachen Stück der Kreuzung einen lauten Knall und mein Reifen platzte.

Das war zum Glück die günstigste Stelle der ganzen Route, aber so extrem kurz nach dem Gedenkstein überfiel mich ein leichtes Gruseln. Die einfache Lösung der mysteriösen Panne: Das Felgenband

Aufgrund der geringen Höhe ist der Pass auch außerhalb der Sommermonate befahrbar.

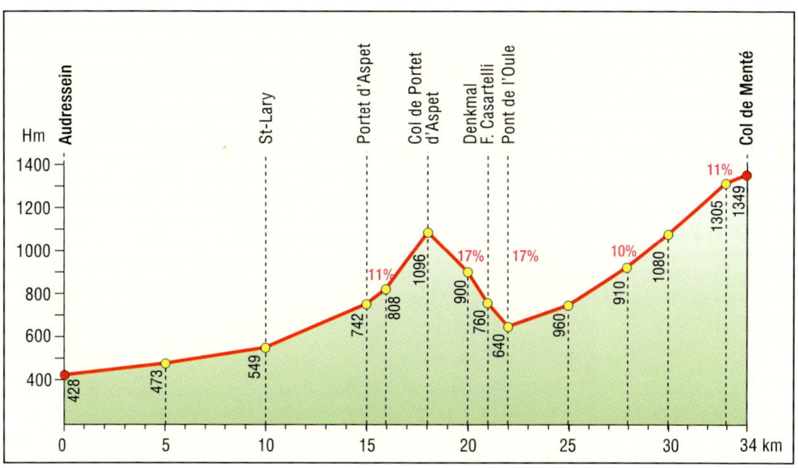

hatte sich zunächst verformt und schließlich Löcher bekommen.

Alternative Strecke

Wer das Doppelpack aus Aspet und Menté vermeiden will, kann auch an dieser Kreuzung seine Tour beginnen. Der Start ist bei »Pont de l'Oule«, der Brücke genau zwischen den beiden Bergen. Eine offizielle Parkmöglichkeit gibt es hier allerdings nicht. Es geht jetzt im schönen eingeschnittenen Ger-Tal entlang einem Bach weiter. Erst nachdem wir eine Brücke überquert haben, radeln wir wieder bergauf. Hinweisschilder warnen uns, dass wir im Land der Bären sind. Eine Begegnung wünschen sich wohl die wenigsten und so vertrauen wir darauf, dass Meister Petz unser Schnaufen schon von weitem vernimmt.

Nach »Ger de Boutx« führt der Weg konstant bei über 8 % bergauf, zunächst in lang gezogenen Geraden, dann wieder in Kurven. Auch hier herrscht sehr wenig Verkehr.

Auf den letzten Kilometern folgen mehrere Serpentinen und die Steigung klettert auf 8 %. Ein Schatten spendender Laubwald entschädigt jedoch für die wachsenden Kraftanforderungen. Zwischen den Bäumen taucht rechts ein verkarsteter Gipfel auf und man kann sich die Lage der Passhöhe bereits denken. Doch wider Erwarten ziehen sich die letzten Meter bis zur reizlosen Passhöhe in die Länge.

Auf dem Col de Menté steht ein empfehlenswertes Restaurant mit Unterkunftsmöglichkeit. Da die Passhöhe von Wald umgeben ist, müssen wir auf die Fernsicht verzichten.

Und das Ganze nochmal rückwärts

Wer die Abfahrt Richtung St-Béat nimmt, kann in steilen Kurven bergab rauschen. Doch die Erinnerung an den schmerzhaften Sturz von Luis Ocana mahnt auch hier

Oben: Die Kirche in Saint-Lary ist einen Fotostopp wert.

Unten: Nach Regenfällen ist besondere Vorsicht nötig, denn das Gefälle am Portet d'Aspet geht weit über das Übliche hinaus.

zur Vorsicht. 1971 hatte er die Sensation vollbracht und Eddy Merckx geschlagen. Kaum hatte er das gelbe Trikot erobert, stürzte er bei Regen und Gewitter und musste die Tour aufgeben.

Lohnenswert ist es auf jeden Fall, das Fahrrad umzudrehen und den gleichen Weg zurückzufahren. Besonders die steile Auffahrt zum Aspet ist ein echtes Vergnügen. Bei Steigungen bis zu 17 % geht der Puls noch mal kräftig nach oben. Selten zuvor hat man wohl die folgenden 8 % als solche Erholung empfunden.

Riesige Streckenauswahl

Wer eine oder beide Anstiege in eine Rundtour einbauen will, hat eine große Auswahl an kleinen, kaum befahrenen Landstraßen zur Auswahl. Die einfachste Möglichkeit ist sicher, wie oben beschrieben zum Col de Menté zu fahren. Jetzt überquert man den Pass und fährt 3 km auf der N 125 nach Norden, bevor man rechts auf die D 618 abbiegt, die einen über den kleinen Col des Ares (797 m) wieder zurück zum Col de Portet d'Aspet führt. Zurück in Audressein hat man dann über 100 km und Steigungen bis 17 % in den Beinen, damit kann man in der Heimat wirklich prahlen.

Wer es etwas kürzer mag, kann natürlich auch den Col de Menté alleine angehen. Dann startet man in St-Béat und folgt dann wie oben beschrieben der N 125 und D 618 bis zum »Pont de l'Oule«. Hier fährt man rechts weiter zum Col de Menté. Eine schöne Runde, die mit ihren knapp 60 km nicht überfordert.

Die Serpentinen am Colo de Menté sind ein Genuss fürs Auge und ein Fest für die Beine.

Fabio – Ende einer Radsporthoffnung

Es ist keine Hektik im Feld, als am Dienstag, dem 18. Juli 1995, der Portet d'Aspet befahren wird. Die 15. Etappe der Tour führt von Saint-Girons nach Cretes du Lys, und das Feld überquert geschlossen die Passhöhe. Am Ende des Feldes haben sich bereits die Fahrer gesammelt, die am Berg keine Glanztaten vollbringen. Gemeinsam will man die 206 km lange Etappe irgendwie hinter sich bringen, keiner hat Ambitionen auf eine besondere Tagesleistung. Der Aspet ist erst der Auftakt zu einem anstrengenden Tagesprogramm mit über 5000 Hm und deshalb dösen die sportlichen Leiter in ihren Teamfahrzeugen noch vor sich hin.

Doch ein Zwischenfall auf der steilen Abfahrt vom Portet d'Aspet ändert schlagartig die Stimmung. Eine Gruppe von Fahrern kommt in der letzten steilen Kurve der Abfahrt zu Fall. Es gibt keine Leitplanken, nur niedrige Betonquader begrenzen die Straße. Der Deutsche Dirk Baldinger bricht sich das Becken, sein italienischer Kollege Dante Rezze fliegt die Böschung hinunter. Doch einen Fahrer hat es wirklich schlimm erwischt: Fabio Casartelli liegt in gekrümmter Stellung, die Beine angezogen, auf dem Asphalt und rührt sich nicht mehr. Aus seinem Kopf fließt in großen Mengen Blut auf die Straße und er ist bereits bewusstlos. Tourarzt Dr. Gerard Porte gelingt es drei Mal, den Italiener wiederzubeleben; eine Bluttransfusion soll die Verluste ausgleichen. Mit dem Hubschrauber wird er in das Krankenhaus von Tarbes gebracht, doch sein Leben ist nicht mehr zu retten.

Die Tourdirektion reagiert wie auch beim Tod von Tom Simpson nüchtern. Die Siegerehrung am Ende der Etappe wird wie üblich durchgeführt; lediglich die beiden Hostessen werden angewiesen, den Etappensieger nicht ganz so begeistert zu küssen. Viele Fahrer erfahren erst im Ziel von dem tragischen Unfall und sind geschockt. Richard Virenque, der die Etappe gewonnen hat, freut sich zunächst ungetrübt über den Etappensieg. Am nächsten Tag würdigen die Fahrer ihren verstorbenen Kollegen. Sie fahren die ganze Etappe in der Gruppe, Fabios Mannschaftskameraden überqueren gemeinsam die Ziellinie.

Lance Armstrong, Kollege von Casartelli im Motorolla-Team, erweist wenige Tage später dem Toten seinen Respekt. Er gewinnt mit einem Kraftakt die Etappe, die sich Casartelli eigentlich für einen Ausreißversuch vornehmen wollte. Als er über den Zielstrich fährt, zeigt er in den Himmel. Eine Geste, die er auch in den folgenden Jahren oft wiederholt, um an Fabio Casartelli zu erinnern.

An der Unfallstelle wurde eine Gedenktafel in den Stein eingelassen. Wenige Meter oberhalb erinnert ein Denkmal an den hoffnungsvollen Nachwuchsfahrer, dessen Karriere mit 24 Jahren jäh beendet wurde.

Heftige Diskussionen hat der Unfall auch hinsichtlich der Helmpflicht ausgelöst. Wenige Jahre zuvor hatte der Weltradsportverband UCI die Helmpflicht eingeführt. Doch nach einem Streik der Tourfahrer 1991 nahm der Verband sie wieder zurück. So bemühte sich die Tourleitung, schnell zu erklären, dass ein Helm bei diesem Unfall nichts genützt hätte. In Statements erklärte der Tourarzt, die Verletzungen seien vor allem im Gesichtsbereich gewesen. Ein Helm hätte daher keinen verbesserten Schutz geboten.

Doch Michel Disteldorf, der französische Arzt, der den Leichnam von Casartelli im Krankenhaus untersuchte, widerspricht dieser Darstellung. Seiner Meinung nach seien keinesfalls Gesichtsverletzungen die Ursache für den Tod gewesen. Vielmehr sieht er eine Verletzung der Schädeldecke als hauptsächlichen Grund für das Ableben des jungen Radfahrers an. Er ist davon überzeugt, dass mit einem Helm »einige Verletzungen hätten vermieden werden können«.

Ein kleiner Gedenkstein markiert die Stelle, an der Fabio Casartelli zu Tode kam. Ein tragisches Unglück – ausgerechnet in der letzten Kurve der Abfahrt.

10 *Idyllische Spazierfahrt mit grandiosem Finale*
GUZET

1 ****

HÖHE MAX.: 1520 m
HÖHENUNTERSCHIED: 1005 Hm
LÄNGE: 24 km
STEIGUNG MAX.: 10 %
STEIGUNG DURCHSCHNITT: 4,2 %
AUSGANGSORT
Seix (720 Ew.), Département Ariège (09)
ANFAHRT
Von St. Girons auf D 618 nach Seix
PARKEN
Gleich nach dem Ortseingang links ausgeschildert vor dem Office de Tourisme
STRASSENZUSTAND
Sehr gut
PASSÖFFNUNGSZEITEN
Ganzjährig geöffnet

Selten ist ein Anstieg so klar in zwei Teile untergliedert. Im ersten Teil geht es fast eben dahin durch ein flaches Seitental entlang gemütlicher Pyrenäendörfer. Doch dann erwartet einen das große Finale mit einem Schlussanstieg, der sich über 10 km hinzieht.

Sinkende Einwohnerzahl

Seix verliert seit Jahren an Einwohnern, nur noch 720 Menschen leben in der Gemeinde. Das ist eine überraschende Entwicklung, ist Seix doch verkehrstechnisch ideal gelegen und gleichzeitig wunderschön. Doch weder eine gut erhaltene Altstadt noch die schöne landschaftliche Umgebung sichern ein Einkommen. Nur am Markttag merkt man nichts von den wirtschaftlichen Nöten der Bewohner, denn dann herrscht auch in Seix reger Betrieb. Die Rettung könnte wie so oft der Tourismus bringen, denn so langsam sprechen sich die Vorzüge des Örtchens herum. Besonders der Aktivtourismus hat in den letzten Jahren an Bedeutung gewonnen.

Durch den Wassersportort

Fast möchte man Seix nicht verlassen, so gemütlich wirkt der Ort mit seiner Altstadt entlang dem Fluss. Zu den Höhepunkten gehört die mittelalterliche Kirche Saint-Etienne, und auch der schmucke Ortskern wirkt einladend. Doch wir fahren entlang dem Fluss »Salat« aus Seix hinaus und werfen noch einen letzten Blick zurück. Es geht immer flach zwischen einer Felsmauer und dem Fluss entlang.

Es geht vorbei an einem Kanuverleih und kurz danach auf einer schmalen Straße zwischen Häusern hindurch. In den letzten Jahren hat sich Seix zu einem Wassersportzentrum gemausert. Kanu-, Kajak- und Raftingtouren sollen die Touristen auch im Sommer in die Gegend locken. Doch wir lehnen das Angebot vorerst dankend ab und benutzen lieber die Beine zur Weiterfahrt Richtung Pont de la Taule. Wir

Das abgeschnittene Ustou-Tal strahlt im Sommer eine idyllische Ruhe aus.

erreichen den Ort nach etwa 4,5 km und biegen dort scharf nach links.

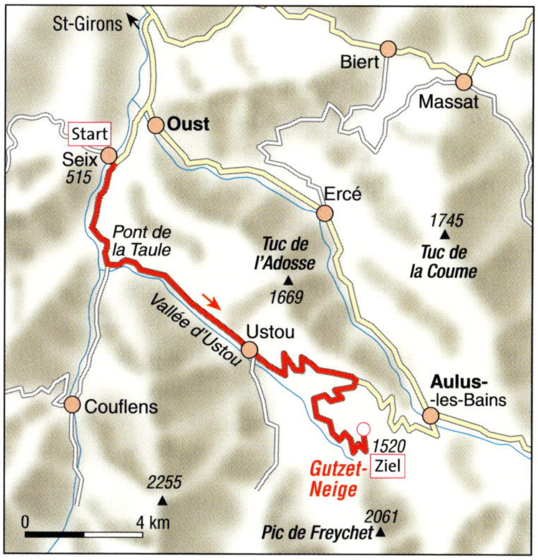

Mit Bergblick ins Pyrenäendorf

Wir wechseln jetzt ins Ustou-Tal und die Umgebung gestaltet sich immer reizvoller. Da die Straße nur sehr schwach befahren ist, kann man die Landschaft auch genießen. Entlang der Straße gibt es zunächst nur sanfte Grashänge. Wir fahren über eine Brücke; bald darauf wandeln sich die Hänge und sehen schon etwas wilder aus. Sie sind jetzt felsdurchsetzt, zerklüftet und trotzdem mit Bäumen bewachsen.

Vorbei an einem schönen Steinhaus, geht es weiter flach dahin. Nach 7 km öffnet sich der Blick und wir sehen vor uns weit entfernte hohe Berggipfel wie den Pic de Certascan (2840 m) oder den Cap de Ruhos (2618 m). Immer noch rollen wir mühelos dahin, denn die Steigung lässt weiter auf sich warten. Nach 10 km erreichen wir Le Train d'Ustou, ein kleines gemütliches Pyrenäendorf.

Schluss mit lustig

Nach Le Train d'Ustou kommen wir an eine Kreuzung, an der Guzet nicht ausgeschildert ist. Hier steht man ohne Karte etwas ratlos da. (Teilweise wird der Ort in Karten und Büchern auch als Guzet-Neige bezeichnet, aber nie auf Schildern.) Doch obwohl einem das lange flache Stück schon komisch vorkommt: Es geht weiter geradeaus und nicht rechts den Berg hinauf! Ausgeschildert ist hier nur Sérac d'Ustou. Wir erreichen den Ort auf der D 8f und die »Station de Guzet« ist hier wieder ausgeschildert. Jetzt ist Schluss mit der Bummelei, denn es geht endlich bergauf. Gleich die erste Kurve hat es in sich und die folgende Rampe lässt sich mit mehr als 6 % Steigung auch nicht lumpen.

Dem Wasser entgegen

Wir erreichen die Abzweigung zum Col de Latrape, wo wir der Ausschilderung folgend rechts weiterfahren. Jetzt schweift unser Blick in die andere Richtung über das ganze Tal, das wir abgeradelt haben. Es folgen steile Kurven, die sich nach oben winden und sich uns mit bis zu 10 % entgegenstellen. Zwischendurch tauchen wir immer wieder in den Schatten spendenden Wald ein. Entlang von Birken, Buchen und Eichen geht es wieder etwas flacher

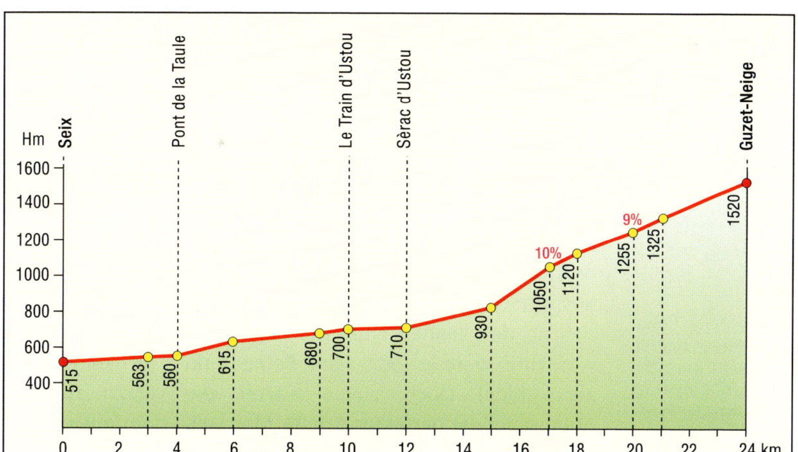

dahin. In der Ferne sind bereits die ersten Skilifte erkennbar, es kann also nicht mehr ganz so weit sein. Nach knapp 20 km erreichen wir eine große ausladende Kurve, die uns einen schönen Blick auf die umliegenden Gipfel ermöglicht. Die Steigung zieht wieder kräftig an und wir erreichen schon die Schilder »Bienvenue en Guzet«. Aber die Vorfreude sollte man sich noch etwas aufheben, denn wir sind noch nicht am Ziel. Wir stürzen uns in die Linkskurve, es geht noch einmal kräftig ansteigend nach oben. Wir fahren entlang einem mit Ferienhäusern bebauten Hang. Am »Chalet de Edelweiß« vorbei erreichen wir einen Parkplatz und sind endlich angekommen. Hier bietet sich eine wunderschöne Sicht auf steile Berggipfel in allen Richtungen und das Garbet-Tal tief unter uns. Verschwitzt und erhitzt erinnert man sich an den kleinen Fluss der Hinfahrt – wie schön wäre es jetzt, seine Beine darin abzukühlen! Doch zuvor wartet die Abfahrt auf der perfekten Straße. Man sollte aber nicht vergessen, dass nach etwa 9 km eine sehr steile Kurve kommt. Auf geht's, dem Wasser entgegen!

Die ersten Kilometer verläuft die Strecke flach dahin, ganz entspannt nähert man sich Guzet.

Rechte Seite: Trikot auf, Augen zu und durch: Auch die Profis fürchten die Anstiege der Pyrenäen – wie hier Andreas Klöden

Rundum glücklich

Ein dichtes Streckennetz ermöglicht zahlreiche Varianten auf wenig befahrenen Straßen. Die naheliegendste Möglichkeit ist eine Tour über das Vallée du Garbet zurück nach Seix. Das dauert nicht recht viel länger als die oben beschriebene Strecke und ist auch an einem halben Tag zu schaffen. In der Umgebung gibt es auch noch zwei weniger bekannte Pässe der Tour de France zu entdecken. Der Col de la Core und der Col de Port gehören zu den Urgesteinen der Rundfahrt. Zugegeben, so ganz alleine ist die Befahrung des Col de Port (1249 m) mit seinen 600 Hm und einer Länge von knapp 12 km ein sehr kurzes Vergnügen. Wer mehr als nur einen Nachmittagsausflug plant, kann den Pass aber in eine Rundtour einbauen. Dazu fährt man nach der Passhöhe des Col de Port weiter nach Tarascon und über die D 8 und D 18 zurück nach Massat. Landschaftlich lohnt sich die Gegend auf jeden Fall und für Geschichtsinteressierte ist der Pass unverzichtbar. Denn es handelt sich schließlich um den ersten Pyrenäenpass, der in die Tour de France integriert wurde. Die Umgebung von Massat eignet sich vorzüglich für reizvolle Rundtouren. Das waldreiche Gebiet wird von zahlreichen kleinen Straßen durchzogen und bietet dabei viele Möglichkeiten, Höhenmeter zu sammeln. Zwar ist man hier nicht im Hochgebirge unterwegs, aber reizvoll sind die Touren garantiert.

T-Mobile.
GIANT

Die Tour als Werbebühne

Das Département Ariège erfährt im 20. Jahrhundert grundlegende Umwälzungen. Während es 1910, zur Zeit der ersten Pyrenäen-Etappen, noch dicht besiedelt ist, verliert es Jahrzehnt für Jahrzehnt an Einwohnern. Vor allem die Berge sind immer weniger besiedelt und die Waldflächen nehmen immer stärker zu. Größtes Problem für die Region ist jedoch die Abwanderung der Industrie und der Niedergang der Landwirtschaft. Es fehlen also zunehmend die Einkommensquellen. Nur im Tourismus scheint es eine große Chance zu geben. Die Tour de France ist natürlich besonders wichtig, um die Region bekannt zu machen. Viele Gemeinden sind daher extrem bemüht, die öffentliche Bühne der Tour zu nutzen, um ihren Bekanntheitsgrad zu steigern.

Während sich die Skiorte der Alpen längst ins Bewusstsein der Urlauber eingebrannt haben, buhlen in den Pyrenäen viele kleine Orte um die Aufmerksamkeit. So ist es beispielhaft, wie sich 1984 die noch junge Skistation Guzet-Neige über die Tour de France ins Rampenlicht setzt. 3 % des gesamten Jahresbudgets werden von der Gemeinde Saint-Girons gezahlt, um als Etappenziel berücksichtigt werden. Der hohe Betrag fordert einen großen Erfolg, soll er nicht eine dramatische Finanzkrise herausfordern. Denn zeitgleich werden auch noch die Ausgaben für die Investitionen in die touristische Infrastruktur verdreifacht. Die Gemeinde und ihre Bewohner stehen daher mit vollem Engagement hinter den Vorbereitungen. Das ganze Tal stürzt sich in eine gigantische Feier und die Begleiter des Tour-Trosses werden mit einem gigantischen Menü verwöhnt. 150 m gegrillte Würstchen und 60 kg Käse werden an die Besucher verfüttert, 200 l Wein sollen auch den Letzten von den Vorzügen der

Rund 200 Wagen umfasst die »Caravane Publicitaire«. Bei den Zuschauern beliebt sind die Werbegeschenke, von denen rund15 Mio. Stück entlang der Strecke verteilt werden.

Im Zeitalter der Logos wurde selbst der Tourteufel zu einer Marke.

Region überzeugen. Ein Rezept, das offensichtlich aufgeht, denn der Bekanntheitsgrad des Skiortes und seiner Umgebung steigt über Nacht in ungeahnte Höhen.

Doch auch aus sportlicher Sicht ist der Besuch der Tour ein großer Erfolg. An der Spitze des Rennens liefern sich Robert Millar und Luis Herrera ein spannendes Rennen. Doch Millar ist nicht einzuholen und sichert sich das rot gepunktete Trikot, das er bis Paris behält.

Angestachelt vom Erfolg in Guzet-Neige und im Schatten der weltweiten medialen Begleitung der Tour gewinnt die Tour als Werbebühne zunehmend an Bedeutung. Die Schlange der Interessenten, die bereit sind, an die Tourorganisation Geld zu zahlen, damit sie im Streckenplan berücksichtigt werden, wird immer länger. Es folgen zunächst die Skiorte der Umgebung, Urlaubsorte in ganz Frankreich und schließlich in ganz Europa.

2005 hatte Karlsruhe sich den Tourbesuch eine halbe Million Euro kosten lassen. Die Tourdirektion bekommt für eine Aufnahme ins Programm als Zielort bis zu 150 000 Euro.

Doch unterm Strich soll sich die Investition für alle lohnen. So erklärte der Oberbürgermeister von Karlsruhe, der Tourbesuch in Saarbrücken 2002 habe alles in allem etwa 12 Mio. Euro eingebracht. Die Organisatoren nehmen die Zahlungen der Interessenten verständlicherweise dankend an und planen sogar Starts in Übersee.

Rund 8.000 Euro kostet ein Fahrzeug in der Werbekarawane. Dafür bekommen 15 Mio. Zuschauer entlang der Strecke die Werbung zu Gesicht. Selbst die französische Polizei ist vertreten und wirbt mit Werbefahrzeugen um Nachwuchs.

11 Stetig bergauf
PLATEAU DE BEILLE

Die Zahlen erklären, warum das Plateau de Beille auch als Alpe d'Huez der Pyrenäen bezeichnet wird.

HC ***

HÖHE MAX.: 1785 m
HÖHENUNTERSCHIED: 1226 Hm
LÄNGE: 16 km
STEIGUNG MAX.: 11 %
STEIGUNG DURCHSCHNITT: 7,7 %
AUSGANGSORT
Les Cabannes (380 Ew.), Département Ariège (09)
ANFAHRT
Von Foix auf der N 20 nach Les Cabannes
PARKEN
In Les Cabannes an der Abzweigung zum Plateau de Beille Parkmöglichkeiten gegenüber der Post und dem Rathaus
STRASSENZUSTAND
Guter Zustand, aber teils grober Straßenbelag
PASSÖFFNUNGSZEITEN
Ganzjährig geöffnet

Auf vielen Karten ist das Plateau de Beille gar nicht eingezeichnet und das ist auch gut so. Denn so teilt man die Strecke nur mit wenigen Autos und kann sich ganz auf die Umgebung konzentrieren. Erst seit dem Jahr 1998 ist die Strecke Teil der Tour, und Klettergenie Marco Pantani höchstpersönlich hat die Tourpremiere mit einem Etappensieg belohnt. Jan Ullrich erklomm den Berg damals im gelben Trikot.

Eroberte Weidegründe

Die Geschichte des Plateau de Beille hat eigentlich erst begonnen. Denn bis Anfang der 1990er-Jahre herrschte hier absolute Bergeinsamkeit. Seit Jahrhunderten gehörten nur die Viehhierten zu den Besuchern. Jahr für Jahr zogen sie mit ihren Herden über die Hochebene, Schafe und Pferde beanspruchten das Plateau für sich. Erst 1990 begann man mit der Erschließung und damit auch mit dem Bau einer Straße, die sich für Radsportler eignete. 1995 findet dann die Premiere im Rahmen eines lokalen Radrennens statt und zufällig ist auch Tourdirektor Jean-Marie Leblanc zu Besuch. Als er die Strecke bei seiner Anreise überfliegt, ist sein Interesse geweckt. Die Verantwortlichen vor Ort träumen von der Tour und haben sogar ein Bergzeitfahren im Sinn. Als es 1998 endlich so weit ist und die Tour das Plateau de Beille besucht, stehen die Einheimischen Kopf. Mit einem Etappensieg von Marco Pantani und zwei Siegen von Lance Armstrong zeigt sich gleich: Dieser Anstieg ist eine echte Herausforderung, bei der nur die Besten gewinnen können. Vielfach wird der Vergleich mit Alpe d'Huez gezogen, denn auch hier geht es nahezu ohne Flachstücke und in vielen Serpentinen bergauf. Auch hinsichtlich der zu bewältigenden Höhenmeter ist der Vergleich mit Alpe d'Huez angebracht.

Stetige Steigung

Gleich nach dem Parkplatz geht es kräftig bergauf. Die Straße trägt den Namen Rue de la Rampe und das versteht man auch ohne Französischkenntnisse. Auf der D 522 fahren wir rechts an dem imposanten

Serpentine um Serpentine schraubt man sich den bewaldeten Hang hinauf.

Chateau de Gudanes vorbei. Ein Schild neben der Straße stimmt uns auf die bevorstehenden 8 % Steigung ein. Der Straßenbelag ist teilweise sehr rau, aber ohne größere Schäden. Wir fahren lange Zeit in Kurven am gleichen Bergstock hinauf. Es gibt dabei kaum flache Zwischenpassagen; bis zum Ziel geht es ab jetzt bis auf wenige Meter immer bergauf. Die Steigung pendelt dabei zwischen 6 und 10 %, sodass man relativ konstant treten kann.

Keine Angst vor Bären

Weiter oben blicken wir immer wieder in das Tal zurück, das auf der anderen Seite durch den gewaltigen Felsstock des Pic de St-Barthélemy (2348 m) begrenzt wird. Wir fahren immer den bewaldeten Hang entlang. Links bietet sich ein schöner Ausblick auf eine kahle Gebirgskette. Immer wieder haben wir abwechselnd Schatten und Sonne – je nach Richtung und Tageszeit. Auf der Straße finden sich immer wieder Proteste gegen die Wiederansiedlung des Bären (»Ours = Danger«). Nach 4 km fahren wir eine Rampe mit bis zu 10 % hinauf. Nach einem kurzen Erholungsstück geht es entlang einem Birkenwald wieder mit 6 % bergauf. Nun geht es zwischen Birken und bald darauf im Mischwald immer kurvig den Berg hinauf. Es folgt eine Kurve nach der anderen und wir haben bereits die Hälfte der Strecke hinter uns. Ein großer, lang gezogener Bogen führt uns um den Berg herum, der rechts von uns liegt. Nach 10 km kann man geradeaus schon ahnen, wo es hingeht.

Schattenlose Weite

Man kommt bald darauf um eine Kurve und bekommt fast den Eindruck, dass man es geschafft hat, doch der Tacho widerspricht dieser Vermutung. Zirpende Grillen und brütende

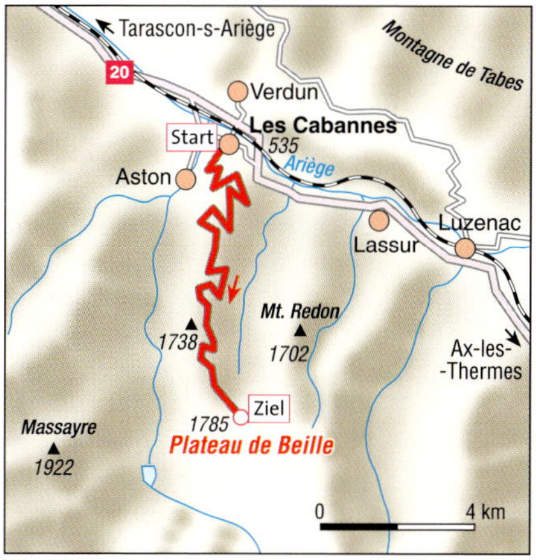

Hitze erhöhen im Hochsommer die Sehnsucht nach dem Gipfelplateau. Weit und breit gibt es keinen Schatten mehr, dafür einen sehr weiten Blick. Wir radeln über ein kleines Zwischenplateau, auf dem auch eine Gebirgshütte steht (Cabane de Pierrefitte). Es gibt jetzt kaum mehr Bäume, stattdessen viele Gebirgsblumen und Büsche. Der Straßenverlauf geradeaus ist jetzt weithin sichtbar, es geht zunächst um eine Erhebung herum, dabei haben wir rechts einen weiten Blick über die Pyrenäenkette. Dann verläuft die Straße in steilen Serpentinen bergauf.

Und – gewonnen!

Man ahnt es schon, denn es scheint keinen höheren Punkt mehr zu geben: Nachdem wir um eine relativ flache Kurve gekom-

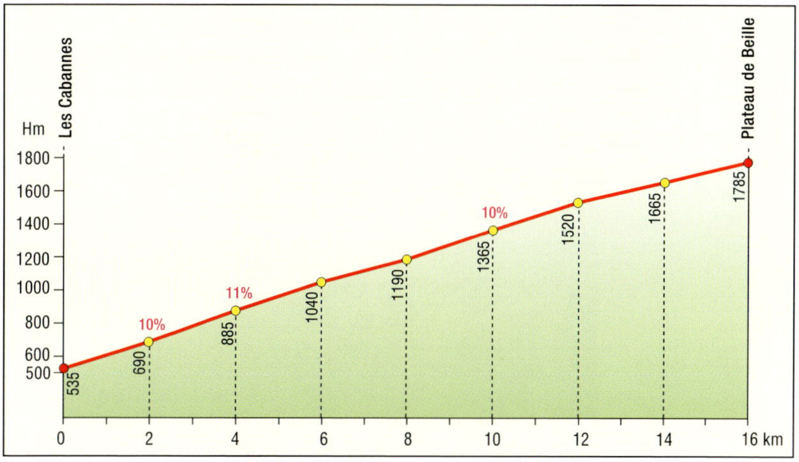

men sind, haben wir das Ziel erreicht. Um dem offiziellen Tourfinish zu folgen, fahren wir links den Parkplatz hinunter und in einem großen Kreis vor einem Restaurant rechts herum aus. Jetzt sind wir am offiziellen Ziel angekommen. 2005 war die offizielle Bemalung der Zielankunft noch schwach sichtbar. Also lächeln, Arme hochreißen, gewonnen!

Die Route der Tour de France führte bisher zwei Mal von Lannemézan und ein Mal von Luchon aus zum Plateau de Beille. 2004 hatten die Fahrer bereits 205,5 km in den Beinen, als sie über den Zielstrich am Plateau de Beille fuhren. Dabei waren sie schon über zwei Berge der ersten Kategorie und vier leichtere gefahren.

Bergabenteuer

Am liebsten hätte man jetzt Wanderschuhe dabei, aber das Plateau kann man auch so genießen: Es bietet sich eine wunderschöne Rundsicht mit einer langen Kette felsiger Berggipfel. Man kann sich bei der herrschenden Ruhe gar nicht vorstellen, dass hier im Winter die Hölle los ist. Doch das Angebot auf dem Plateau de Beille ist professionell und umfangreich. Über 70 km präparierte Langlaufpiste stehen dann zur Verfügung.

Wer sich auf zwei Brettern nicht wohl fühlt, kann auch auf Schneeschuhen seine Spuren im Schnee hinterlassen. Damit aber auch keiner verloren geht, gibt es 30 km ausgeschilderte Touren extra zum Schneeschuhgehen. Selbst die Gehfaulen müssen nicht auf Abenteuer im Schnee verzichten. Denn inzwischen gibt es eine Route, die speziell für Hundeschlitten geeignet ist.

Doch allzu intensiv sollte man nicht über die frostige Jahreszeit nachdenken. Denn bei der steilen Abfahrt ins Tal wird es auch so schon kalt genug!

Der Blick zurück fällt auf die wuchtigen Kalkfelsen des Pic de Saint-Barthélemy.

Der Teufel erobert die Tour

Es ist inzwischen ein bekanntes Bild: Wenn die Fahrer der Tour de France sich auf den letzten Metern dem Ziel einer Bergetappe nähern, sitzt ihnen der Teufel im Nacken. Doch der ist in diesem Fall ziemlich menschlich und kommt sogar aus Deutschland. Didi Senft ist mit seinem Bart, Teufelskostüm und Dreizack längst zum Maskottchen der Tour de France geworden. Didi ist nicht nur einer der größten und bekanntesten Radsportfans, sondern hat auch eigene Erfolge mit dem Rennrad vorzuweisen. Zu DDR-Zeiten gelang dem Radamateur mehrmals der Sieg in der Bezirksmeisterschaft.

Der Eigenbrötler aus Koplin fühlt sich besonders bei den Bergetappen zu Hause – und dort begann auch seine Tour-de-France-Karriere. 1992 auf der Etappe nach Andorra hatte der Teufel seinen ersten Einsatz. Schon damals verband er seine Radsportleidenschaft mit Publicity in eigener Sache. Ein Unternehmen aus der Automobilbranche spendierte ihm damals den Sprit für seine Frankreich-Tour. Mit schmalem Geldbeutel ausgestattet, stopfte er seinen VW-Bus mit Spreewaldgurken und Dosenwürstchen voll. Natürlich diente der Bus auch als Schlafplatz, und böse Zungen behaupteten damals, man hätte Didi zuerst gerochen und dann gesehen.

Bei den Fahrern und Zuschauern aber war Didi bald sehr beliebt. Nachdem er 2002 im offiziellen Programmheft der Tour Platz fand, durfte er sogar Autogramme geben. Doch ist es keineswegs so, dass »El Diablo« beim Streben nach Rekorden nur zusieht, nein er liefert selbst welche. Denn seit Jahren ist er ein zielstrebiger Fahrradbastler. Im Guinnessbuch der Rekorde ist er gleich mit mehreren seiner skurrilen Gefährte erwähnt. Auch das größte und das kleinste Fahrrad der Welt stammen von ihm.

Seine Berühmtheit hat inzwischen auch den Komfort seiner Reisen gefördert. Häufig findet sich ein Sponsor für seine Übernachtungen, auf vielen Veranstaltungen wird der bekannte Tourteufel gegen Gage gebucht. Er ist damit der einzige berufsmäßige Radsportfan der Welt.

Wo die Berge in den Himmel wachsen, ist auch der Vertreter der Unterwelt vor Ort. Didi Senft macht den Fahrern im Teufelskostüm die Hölle heiß.

Der Teufel treibt nicht nur bei der Frankreich-Rundfahrt sein Unwesen. Sondern er erscheint regelmäßig auch beim Giro d'Italia, der Tour de Suisse, der Friedensfahrt oder der Bayern-Rundfahrt. Der Familienvater ist in seiner Eigenschaft als Teufel rund 180 Tage im Jahr unterwegs. 1995 besuchte er sogar die WM in Kolumbien und 2000 die Olympischen Spiele in Sydney. Dabei hatte er nicht nur positive Erlebnisse. Bei der Friedensfahrt in Polen wurde er nachts ausgeraubt und bei der Tour de Suisse zog ihm die Polizei das Geld aus der Tasche. Als er die Straße zwischen Litzirüti und Arosa mit seinen Malereien verzierte, rückte die Kantonspolizei an. Wegen verbotener »Fremdreklame und irreführenden Markierungen« brummten sie ihm eine saftige Strafe auf. 900 Franken musste Senft sofort bezahlen, eine höhere Rechnung wurde ihm angedroht. Verzweifelt versuchte er die Farbe wieder zu entfernen, doch er mühte sich vergeblich.

In seiner Freizeit widmet sich Didi am liebsten seiner Bastelleidenschaft. Schließlich hat er sich vor wenigen Jahren seinen Lebenstraum erfüllt: ein Fahrradmuseum. Denn irgendwo müssen die mehr als 200 selbst gebastelten Kunstwerke ja auch zur Geltung kommen! Das Museum für Fahrradkuriositäten im Storkower Ortsteil Neu-Boston beherbergt auch alle 17 Räder, mit denen er im Guinnessbuch der Rekorde steht.

12 *Im Pässeparadies* COL DU CHIOULA

Ax-les-Thermes ist von namhaften Pässen umgeben, hier gehen die Routen nicht so schnell aus.

3 *****

HÖHE MAX.: 1431 m
HÖHENUNTERSCHIED: 700 Hm
LÄNGE: 10,3 km
STEIGUNG MAX.: 8,5 %
STEIGUNG DURCHSCHNITT: 6 %

AUSGANGSORT
Ax-les-Thermes (1500 Ew.), Département Ariège (09)

ANFAHRT
Auf N 20 von Foix nach Ax-les-Thermes

PARKEN
Im Stadtzentrum vor dem Kasino gebührenpflichtiger Parkplatz oder daneben Gratisparkplätze

STRASSENZUSTAND
Sehr gut

PASSÖFFNUNGSZEITEN
Ganzjährig geöffnet

Die touristische Infrastruktur ist in »Ax« perfekt und das ganze Jahr sind in dem beliebten Kurort Geschäfte und Hotels geöffnet. Der Ort liegt im Schnittpunkt der Täler Ariège, Lauze und Oriège und ist seit dem Mittelalter als Thermalbad bekannt. So finden jedes Jahr in der Hauptsaison viele Touristen hierher.

Wer den Trubel im Hochsommer vermeiden will, sucht sich eine Unterkunft in der Umgebung. Denn ein Verweilen lohnt allemal, gibt es doch mehrere lohnende Ziele rund um Ax. Eines davon ist der Col du Chioula, der auf einer breiten, guten Straße Gelegenheit zum Klettern ohne Schwierigkeiten bietet.

Gemächlicher Einstieg

Am Kreisverkehr vor der Kirche ist der Pass bereits ausgeschildert. Wenige Meter später gibt an einer Brücke ein Radschild Auskunft über die Daten des Passes. Wir durchfahren Ax-les-Thermes und bei den letzten Häusern nimmt die Steigung bereits zu.

Eine steile Kurve führt uns auf der D 613 aus dem Ort heraus. Anfangs sind noch relativ viele Autos unterwegs, die Straße ist durchgehend in einem guten Zustand. Links sprudelt ein kleiner Wasserfall und rechts erhaschen wir schon einen Blick auf das unter uns liegende Ax-les-Thermes.

In Kurven schrauben wir uns den Berg hinauf. Die dicht bewachsenen Hänge sind immer noch besiedelt. Wir fahren jetzt entlang einer Felsmauer und erreichen nach 3,7 km die Abzweigung zum Pailhères. Wir fahren jedoch links und treten bei rund 7 % etwas kräftiger in die Pedale. Die Straße führt immer noch zwischen Bäumen hindurch und die Steigung geht jetzt deutlich zurück, was uns ein wenig Erholung verschafft. Zwischendurch passieren wir kleine Wiesen, auf denen häufig Schafe grasen.

Gleich am Ortsausgang von Ax-les Thermes beginnt die Straße anzusteigen.

Auf die Mauer

Der Asphalt wird jetzt spürbar rauer und rechts der Straße befindet sich zerklüfteter rotbraun gefärbter Fels. Wir erreichen ein flaches Erholungsstück und fahren entlang sanften, bewaldeten Hänge in einem schmalen Tal.

Nach 7,5 km taucht vor uns ein Hang wie eine Mauer auf, der sich uns in den Weg zu stellen scheint. Führt der Weg wohl links oder rechts um die Mauer herum? Nach 1 km wissen wir mehr: Es geht direkt die »Mauer« hinauf! Der steile Hang wird in einigen Rampen bezwungen und ist aus der Nähe nicht mehr annähernd so Furcht erregend.

Entlang von Buchenwäldern schrauben wir uns eine Kurve nach der anderen nach oben. Wir haben die »Mauer« ohne größere Steigungsspitzen überquert und erreichen eine Hochebene mit weidenden Kühen und vielen Farnen. Das Ende des Anstiegs ist in Reichweite. Ein Restaurant in einem modernen Betongebäude ist alles, was uns auf der Passhöhe erwartet.

Große weite Welt

Das Panorama auf dem Col ist in der ganzen Gegend bekannt, denn es ist absolut konkurrenzlos. In der Ferne reihen sich die Gipfel Andorras und des Départements Ariège auf.

Direkt gegenüber liegen das Plateau de Beille und das Plateau de Bonascre. Wer etwas Zeit mitbringt, kann auf einer Schotterpiste zum »Signal de Chioula« gehen. Rund 20 Gehminuten entfernt von der Passhöhe erhalten die Besucher hier eine geografische Lehrstunde. Auf einer Tafel sind alle Gipfel der Umgebung aufgezeichnet und benannt.

Nicht nur den Blick auf die Pyrenäen sollte man genießen, auch das nahe gelegene

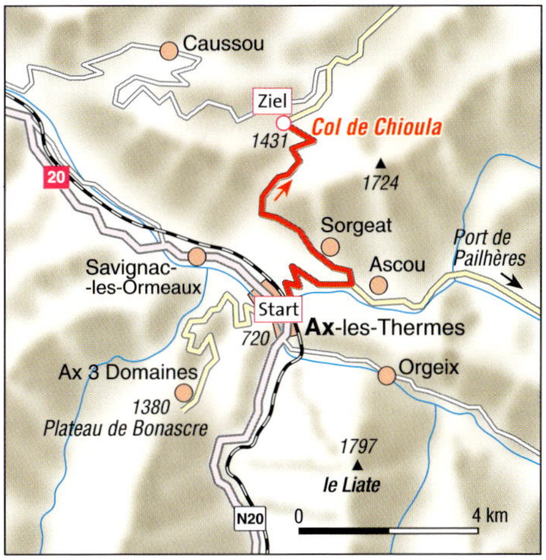

»Massif d'Aston« ist schön zu überblicken. Es lohnt sich also in der Tat, hier ein wenig zu verweilen.

Seltener Baustein im Tourplan

Der Col de Chioula ist ein selten benutzter Baustein im Streckenplan. Vier Mal ist er bisher überquert worden und jedes Mal von einem anderen Startpunkt aus. 1955 startete die Etappe in Narbonne, 1965 in Bagnères-de-Bigorre, 1997 in Andorra und 2001 in Perpignan.

Bei der letzten Befahrung standen der Col de Jau, der Col des Sept Frères vorher auf dem Programm. Das Ziel war nach 166 km in Ax-3-Domaines. Die Fahrer haben die Fahrt wohl als Erholungstag angesehen, denn am nächsten Tag ging es richtig

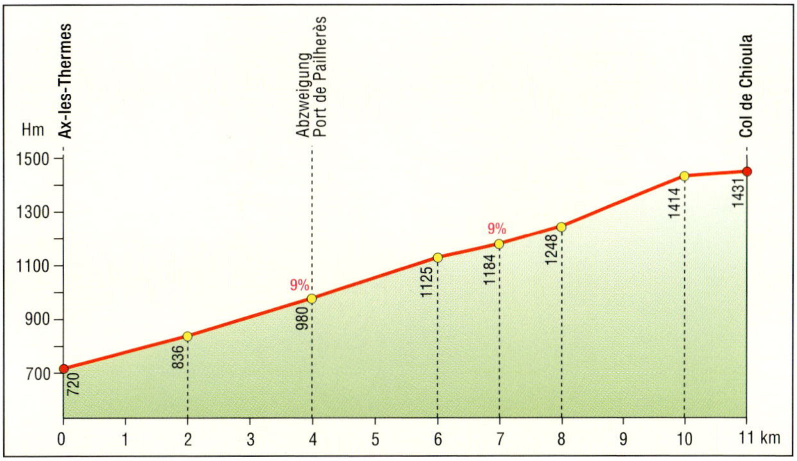

zur Sache. Die 222 km lange Etappe führte über Col de Port, Portet d'Aspet, Col de Menté, Col du Portillion und Col de Peyresourde.

Aber damit nicht genug lag das Etappenziel in Pla d'Adet. Ein hammerhartes Programm und so überrascht nicht, wer diese Etappe als Sieger beendete: Lance Armstrong, dem wie immer kein Berg zu steil war.

Ausklang im Thermalbad

Wer will, kann den Chioula in eine tagesfüllende und auch sehr sportliche Rundtour zum Pailhèrs integrieren. Dazu überquert man auf der D613 den Col du Chioula und fährt an Belcaire vorbei nach Espezel.

Wer Kilometer sammeln will, wählt jetzt die einfach zu findende Straße nach Axat. Kürzer ist jedoch die Variante über die D 29 und dann D 20 über Aunat zur D 118. Die Straßen werden immer kleiner und selbst mit Karte ist man immer wieder am Schauen. Dafür ist das Landschaftserlebnis einmalig, man bewegt sich in einer fast menschenleeren Gegend und teilweise auf abenteuerlich schmalen Straßen. Die Straße ist im nicht immer in gutem Zustand und die Ausschilderung sehr kompliziert; eine Landkarte sollte auf jeden Fall in der Rückentasche Platz finden! Die spektakuläre Landschaft ist aber eine ausreichende Belohnung für die komplizierte Routenfindung der Rundtour. Am Abend lohnt ein Besuch des Thermalbads in Ax. Im »Bassin des Ladres« fließt bereits seit 1260 das Heilwasser – die Beine werden sich über dieses Eintauchen in die Geschichte sicher freuen.

Sanfte Wiesen am Col du Chioula, während sich im Hintergrund die felsigen Riesen der Pyrenäenkette abzeichnen.

Jan Ullrich auf dem Weg zum Toursieg

Nach zwei harten Pyrenäenetappen ging es auf der 11. Etappe der Tour 1997 etwas ruhiger zu. Es war der Tag, an dem bei annehmbarem Höhenprofil die Teams wieder das Tempo bestimmten und versuchten, sich in Szene zu setzen. Am Ende der Etappe kam es zu einem Massensprint und das Feld erreichte mit 18 Sekunden Rückstand das Ziel. Eine ganz normale Etappe also? Nicht ganz, denn als das Hauptfeld am 16. Juli 1997 über den Col du Chioula fuhr, trug Jan Ullrich das gelbe Trikot. Sein erster Tag als Gesamtführender war eher unspektakulär, doch das dürfte ihm nach den Strapazen der letzten 24 Stunden mehr als recht gewesen sein.

Die ganze Welt wurde am Vortag Zeuge, wie sich ein neues Radsportgenie an die Spitze der Tour de France setzte. Noch wenige Kilometer vor dem Ende der Etappe von Luchon nach Andorra war die Rangordnung im Team klar. Jan Ullrich war der Helfer und musste daher auf Bjarne Riis, Kapitän im Team Telekom, warten, als dieser wieder schwächelte. Doch 13 km vor dem Ziel hob Teamchef Walter Godefroot mit den Worten »Probier's, Jan, fahr los« die Teamorder auf und gab Ullrich grünes Licht zum Durchstarten. Das ließ sich der damals 23-jährige Rostocker nicht zweimal sagen. Er flog förmlich den Berg hinauf und Richard Virenque, sein wichtigster Konkurrent, sah sich immer wieder Hilfe suchend zu Marco Pantani um. Doch sie hatten trotz gegenseitiger Unterstützung keine Chance. »Als ich beschleunigte, konnten mir nur wenige folgen, dann noch weniger, und am Schluss war ich alleine«, beschreibt Ullrich seinen Kraftakt.

3 km vor dem Ziel lagen Virenque und Pantani bereits eine Minute zurück und schafften es nicht mehr, aufzuholen. Im weißen Trikot des Deutschen Meisters schraubte sich Ullrich Serpentine für Serpentine nach oben, mit kraftvollen Tritten im Sitzen fahrend. Mit konzentriertem Gesichtsausdruck hielt er den Abstand zu seinen Verfolgern und im Ziel spürten alle, dass sie mehr als nur einen Etappensieg beobachtet hatten. Und das, obwohl die Startnummer eins, Bjarne Riis, eine verzweifelte Aufholjagd startete und die letzten Kilometer mit dem großen Kettenblatt fuhr. Doch für ihn war die Tour mit fast fünf Minuten Rückstand im Gesamtklassement endgültig verloren.

Der Toursieg von 1997 macht sich auch heute noch bezahlt – geschätzte 2,5 Mio. Euro überweist T-Mobile jährlich an Ullrich.

Selbst die Reporter des französischen Fernsehens sprachen nach der beeindruckenden Vorstellung Jan Ullrichs von einem neuen Kapitel in der Geschichte des Radsports. Aus den Händen der Radsportlegende Bernard Hinault empfing Jan Ullrich sein erstes »maillot jaune«. Jan Ullrich gab sich im Ziel bescheiden und freute sich, dass »sein Traum in Erfüllung gegangen« war.

Jan Ullrich brachte das gelbe Trikot nicht nur sicher über den Col de Chioula, sondern trug es auch als Sieger nach Paris. Der erste deutsche Toursieg der Geschichte war damit besiegelt und in Deutschland begann eine beispiellose Radsportbegeisterung. Nur die Zukunftsprognosen waren etwas voreilig: Spanische Medien verglichen ihn mit Indurain, andere mit Merckx und prophezeiten eine langweilige Zukunft. Ullrich werde eine Tour nach der anderen gewinnen, es werde kaum spannend werden.

Ins gleiche Horn blies auch Lance Armstrong, doch in den folgenden Jahren gelang es ihm, seine eigene Prognose durch harte Arbeit selbst zu widerlegen.

13 *Der vielleicht schönste Pass der Tour*
COL DU PAILHÈRES

Mein absoluter Lieblingsberg: Die Serpentinen am Pailhères sind ein einziger Traum!

HC *****

HÖHE MAX.: 2001 m
HÖHENUNTERSCHIED: 1216 Hm
LÄNGE: 15,5 km
STEIGUNG MAX.: 12 %
STEIGUNG DURCHSCHNITT: 7,8 %

AUSGANGSORT
Ussons les Bains bei Rouze (90 Ew.), Département Ariège (09)

ANFAHRT
Von Carcassone auf D 118 über Axat und dann D 16 bis Ussons les Bains

PARKEN
Durch Ussons les Bains (so klein, dass kaum als Ort erkennbar) durchfahren, rechts abbiegen Richtung Rouze (D 16) und nach 500 m links zum Wanderparkplatz

STRASSENZUSTAND
Gut

PASSÖFFNUNGSZEITEN
Juni bis Oktober

Auch wenn diese Etappe bisher nur zweimal auf dem Programm der Tourplaner stand, sollte man sie keinesfalls auslassen. Denn was dem Pass an historischer Bedeutung fehlt, macht er mit einer imposanten und verkehrsarmen Straße wett. Unbedingt sollte man ihn jedoch von Osten her fahren, denn hier befindet sich eindeutig die schönere Seite. Da lohnt es auch, die etwas umständliche Anfahrt in Kauf zu nehmen.

Höhepunkt des Ariège

Der Port oder Col de Pailhères bildet die direkte Verbindung zwischen dem Ariège und Cerdagne. Trotzdem wird er kaum befahren, denn die schmale Straße eignet sich zum Glück nicht für eine Hauptstraße. Außerdem handelt es sich um die höchste Passstraße des Ariège, damit ist die Straße viele Monate lang nicht befahrbar. Die abwechslungsreiche Landschaft ist einmalig und das Höhenprofil beeindruckend.

Mit voller Kraft voraus

Der Auftakt ist ein Paukenschlag: Gleich nach dem Parkplatz stehen die härtesten Kilometer des Tages auf dem Programm. Hier hat schon so mancher mit voller Kraft an seinem Lenker gezogen, andere arbeiten sich in Schlangenlinien nach oben. Mit kalten Muskeln gleich bis zu 10 % zu bewältigen, ist nicht jedermanns Sache.

Entlang relativ flachen, bewaldeten Berghügeln und mit Blick auf die imposante Ruine einer Burg geht es nun an einem Fluss entlang. Wir erreichen nach 2 km Rouze, fahren über eine Brücke und in einer Linkskurve wieder aus dem kleinen Ort heraus. Jetzt geht es kurzzeitig etwas flacher und wir können wieder etwas durchschnaufen. An der nächsten Straßenkreuzung ist die Ausschilderung zunächst verwirrend. Der Col de Pailhèrs ist noch nicht ausgeschildert, wir müssen rechts auf der D 116 Richtung »Ax les T«. Hinter dieser wilden Abkür-

Je näher die Passhöhe rückt, desto schmaler wird die Straße. Autos kommen hier kaum aneinander vorbei.

zung verbirgt sich Ax-les-Thermes – offensichtlich wurden hier die langen Schilder eingespart.

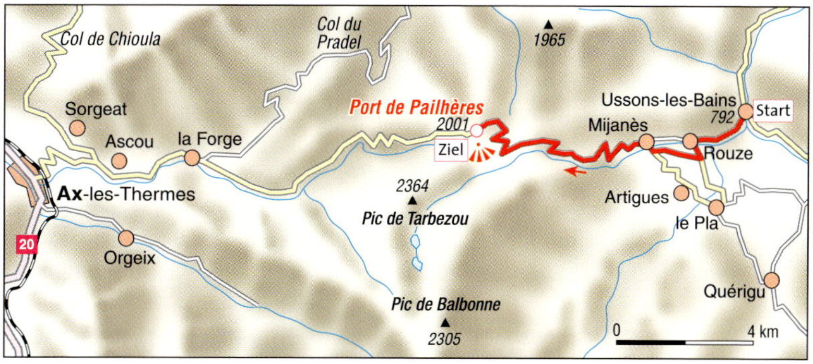

Hügelige Berglandschaft

Auf rauem Asphalt radeln wir bergauf, rechts sind Häuser in Stufen am Hang aufgereiht. Hier geht es ausgeschildert rechts auf der D 25 zum Col de Pailhères und wieder nach »T. in Ax«. Überall im Ort und auf der Straße treffen wir auf ein buntes Ahornblatt, das offizielle Logo der Region. Geschickt wird Werbung in eigener Sache gemacht: Was die Radsportfans machen, kann auch für uns nicht verkehrt sein, hat sich der einheimische Fremdenverkehrsverband gedacht und sein eigenes Markenzeichen auf die Straße gemalt.

Wir fahren an den letzten Häusern vorbei, die Straße ist jetzt in perfektem Zustand. Vor uns breitet sich eine schöne Berglandschaft aus: bewaldete Hügel so weit das Auge reicht. Es folgt eine steile Kurve nach der anderen den bewaldeten Hang hinauf. Weit und breit sieht man keine Häuser, nur unbebaute Bergidylle. Wir haben einen weiten Blick auf bewaldete Hügel und grasbewachsene, mit Felsen durchsetzte Hänge. Nach etwa 8,5 km öffnet sich das Tal und eine kleine Hochebene, auf der Pferde weiden, erscheint. An den Hütten der Viehhirten vorbei geht es rechts weiter Richtung Ax-les-Thermes.

Gutes Herz-Kreislauf-Training

Die Straße verengt sich jetzt deutlich und ist nur noch 3 m breit. Das ist recht ungemütlich fürs Peloton und auch für die zahlreichen Zuschauer. Bei der Tour 2005 bewiesen die Fans jedoch eine beeindruckende Kreativität bei der Nutzung der verbleibenden Zentimeter. Selbst an den schmalsten Stellen schafften es erfahrene Tourveteranen noch, ihr Auto schräg an den Hang zu pressen.

Doch wir können den Trubel der Tour jetzt nur erahnen, ist doch alles von einer einsamen Stille geprägt. Es geht im Schatten unter Bäumen hindurch und flach ist es auch. Dieser Abschnitt ist also eine reine Wellness-Kur, Herz-Kreislauf-Training inklusive – dafür müsste es doch eigentlich eine Unterstützung der Krankenkasse geben! Doch nach wenigen Metern erübrigen sich die Träumereien, denn wir verlassen das Erholungsstück und klettern wieder nach oben, direkt an rauen Felsen vorbei.

Kurven über Kurven

Vor uns uns liegen elf abwechslungsreiche Kilometer, klettertechnische Schmankerl

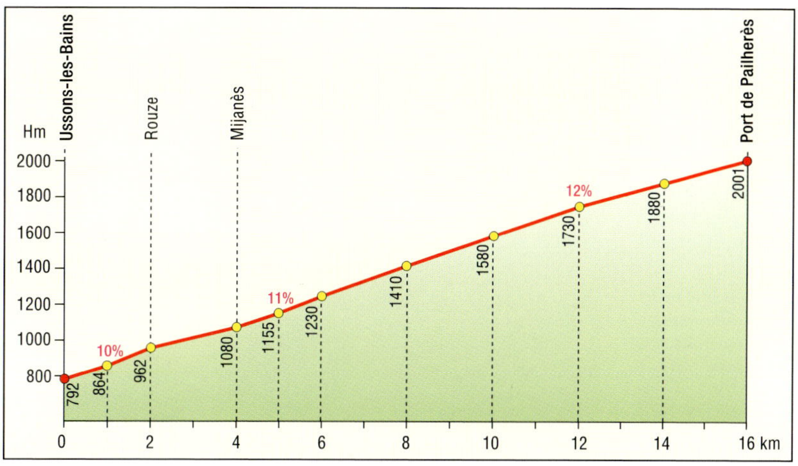

der absoluten Spitzenklasse. Wir schrauben uns auf dicht aneinander gepressten, kurzen Serpentinen den Berg hinauf.

Der ganze Hang ist mit kleinen Schlangenlinien durchzogen und der Blick nach unten auf die bewältigten Kurven ist überragend. Es ist zweifelhaft, ob es irgendwo noch einmal auf so engem Raum ein so schönes Gewirr an Serpentinen gibt wie hier. Teilweise sind die Strecken zwischen den Kurven nur noch 10 m lang und schon folgt die nächste Serpentine. Ein Bild für die Radsportgötter und bei diesem Augenschmaus gehen auch die 10 % Steigung locker dahin.

Endlose Weite

Fast ist man enttäuscht, wenn man den »Serpentinengarten« hinter sich gelassen hat und sich in größeren Kurven dem Pass entgegenarbeitet. Die Landschaft ist jetzt hochalpin, es gibt kaum mehr Bewuchs, sondern nur weite Wiesenflächen. Wir scheinen dem höchsten Punkt weit und breit entgegenzustreben und haben daher einen umfassenden Blick in alle Richtungen. Nach einer Kurve ist der weitere Straßenverlauf sichtbar. So viel Raum sind wir gar nicht mehr gewöhnt, den die Landschaft uns nun präsentiert: Der Hang stürzt rechts von uns steil bergab in die Leere und das Ende des Anstiegs scheint in greifbarer Nähe.

Doch der Eindruck trügt: Es geht noch eine Kurve bergauf und danach bergab, direkt auf die Passhöhe zu. Am Col de Pailhères angekommen, bietet sich ein weiter Blick ins Ariège-Tal. Wer den Pass überquert und nach Ax-les-Thermes weiterfährt, tut das auf einer guten und breiten Straße. Einziges Manko der Abfahrt ist stellenweise der sehr raue Asphalt. Doch im Vergleich zur östlichen Seite ist man fast enttäuscht. Hier ist es zwar schön, auf der anderen Seite aber ist es ein einziger Traum!

Wer den Pass trotzdem von Westen befahren will, muss von Ax-les-Thermes in 18,6 km rund 1281 Hm bewältigen. Mit einer Durchschnittssteigung von knapp 7 % ist der westliche Anstieg etwas leichter.

Die Spuren der Tourbefahrung sind auf der Straße zum Pailhères nicht zu übersehen. Mit der Nähe zur Passhöhe steigt die Dichte der Bemalung.

Ulle kommt zurück

Der manchmal auch als Port de Pailhères bezeichnete Pass blickt erst auf eine sehr junge Geschichte zurück. Im Jahr des hundertsten Geburtstags der Tour gibt er sein Debüt und das entwickelt sich gleich zu einem Drama allererster Güte. Auf der Etappe von Toulouse nach Ax-3-Domaines erlebt die Radsportwelt einen Krimi, der von Etappe zu Etappe an Dramatik zunimmt. Erst am Vortag hat Ullrich sich im Einzelzeitfahren mit einem Paukenschlag zurückgemeldet. Mit einem Vorsprung von 1:35 Minuten deklassiert er Lance Armstrong. Es kommt einer Wiederauferstehung gleich, was die Radsportwelt da erlebt.

2002 ist Ullrich auf dem absoluten Tiefpunkt seiner Karriere angelangt. In diesem Jahr hat er extrem früh mit der Vorbereitung angefangen, sein Gewicht ist bereits im Frühjahr auf Tourniveau und dann versagt sein Knie. Immer wieder plagen ihn Knieschmerzen, eine ungewöhnliche »Reizreaktion« macht ihm zu schaffen. Statt Trainingsfahrten abzuspulen, regeneriert er sich beim Aquajogging. Der Frust ist groß und seine Dummheit noch größer: Betrunken fährt er mit seinem Porsche einen Fahrradständer zu Schrott und begeht Fahrerflucht. Die Sache fliegt auf und Ullrich ist in Schwierigkeiten.

Es folgt eine Knieoperation und dann der zweite Tiefschlag: Ullrich wird positiv auf Amphetamine getestet. Laut eigener Aussage hat er eine Partydroge genommen. Der Dopingverstoß bringt die Kündigung seines Vertrags beim Team Telekom mit sich. Ulle ist jetzt ganz unten. Im Dezember 2002 scheint sich dann ein neuer Sponsor aufzutun. Ein privater Finanzier will mit Ullrich das Team Coast aufbauen. Doch das Unternehmen gerät zu einem Fiasko. Zahlungen fließen nicht und im März entzieht der Weltradsportverband dem Team die Lizenz. Trotz der ständigen Querelen trainiert Ullrich zusammen mit seinem Kollegen Tobias Steinhauser und ist gut in Form. Bei der Sarthe-Rundfahrt ist er nach 14 Monaten erstmals wieder am Start, aber noch am Morgen steht alles auf der Kippe. Der bisherige Sponsor hat kein Geld zur Verfügung, und erst im allerletzten Moment gelingt es ihm, Bianchi als neuen Sponsor zu gewinnen.

Jetzt sind die Unsicherheiten vorerst beendet, ein Tourstart von Ullrich ist möglich. Die Tour 2003 sieht er nur als Übungsfahrt, um sich wieder an den Radsport zu gewöhnen. Doch es läuft viel besser, als er selbst und die Fachwelt erwartet haben. Ulle ist ungewöhnlich gut in Form. Es ist ein echtes Wunder, als Jan Ullrich mit einem neuen Sponsor doch noch starten kann und sogar den Prolog gewinnt. Aus dem krassen Außenseiter ist über Nacht ein ernsthafter Konkurrent für Lance Armstrong geworden.

Auf den folgenden Etappen entbrennt ein heißes Duell und trotz einer Magen-Darm-Infektion kann Ullrich seinen Zeitverlust auch in den Alpen in Grenzen halten. Als er beim Zeitfahren am 18. Juli 2003 bei extremer Hitze dem Texaner 1 Minute und 36 Sekunden abnimmt, ist die Tour zum Thriller geworden. Jeder fragt sich: »Schafft Ulle endlich seinen zweiten Tourerfolg nach 1997?«

Am 19. Juli 2003 ist die Spannung kaum mehr zu steigern. Ullrich liegt nur noch 34 Sekunden hinter Armstrong. Am Pailhères beäugen sich Ullrich und Armstrong kritisch. Sie fahren an der Spitze einer kleinen Gruppe und Armstrong sind die Anstrengungen deutlich anzusehen. Am Ende der Etappe gelingt es Ullrich sogar, Armstrong davonzufahren. Er fährt einen kleinen Abstand heraus und liegt nur noch 15 Sekunden hinter dem Texaner. Auch wenn es am Ende wieder nicht gereicht hat und Ullrich Armstrong nicht bezwingen konnte – so spannend war die Tour schon lange nicht mehr!

14 Die sportliche Herausforderung
AX 3 DOMAINES

Knackige Rampen führen von Ax-les-Thermes nach Ax 3 Domaines.

1 ***

HÖHE MAX.: 1375 m
HÖHENUNTERSCHIED: 670 Hm
LÄNGE: 8,35 km
STEIGUNG MAX.: 11 %
STEIGUNG DURCHSCHNITT: 8,2 %

AUSGANGSORT
Ax-les-Thermes (1500 Ew.), Département Ariège (09)

ANFAHRT
Auf N 20 von Foix nach Ax-les-Thermes

PARKEN
Gleich nach dem Ortseingang links Abfahrt Richtung Plateau de Bonascre/Ax 3 Domaines, nach einer Brücke Parkmöglichkeit

STRASSENZUSTAND
Sehr gut

PASSÖFFNUNGSZEITEN
Ganzjährig geöffnet

Radsportfreunde sind hier zunächst verwirrt: Aus der Berichterstattung ist der Anstieg nach Ax 3 Domaines wohl bekannt, doch der Ort ist meist als Plateau de Bonascre ausgeschildert und so auch in den Karten eingezeichnet. Doch das ist keineswegs alles an kreativen Namensoptionen, denn die dritte Variante ist die Schreibweise Ax-3-Domaines mit zwei Bindestrichen.

Das ist aber auch das einzige Verwirrende an diesem Anstieg, denn das Höhenprofil ist sehr klar: Auf dieser Strecke geht es entweder steil bergauf oder sehr steil bergauf. Auch wenn insgesamt nur 670 Hm zu bewältigen sind, gibt die hohe Durchschnittssteigung den Charakter des Anstiegs wieder.

Magnet der Region

Der Ausgangspunkt Ax-les-Thermes ist der größte Besuchermagnet der Umgebung. Die etwa 80 heißen Quellen ziehen ganzjährig Touristen aller Altersgruppen an. Keineswegs handelt es sich aber um einen verschlafenen Kurort, auch bei der jungen Generation ist der Ort beliebt. Es versteht sich daher von selbst, dass sich auch das abendliche Ausgehprogramm sehen lassen kann. Zur breiten Beliebtheit beigetragen haben die vielfältigen sportlichen Angebote. Wandern, Mountainbiken, Canyoning oder Klettern – die Touristen haben die Qual der Wahl.

Ax-les-Thermes liegt am Zusammenfluss von Ariège, Oriège und Lauze und ist in allen Richtungen von Bergen umgeben. Wo heute in erster Linie Geld ausgegeben wird, stand früher der Traum vom großen Reichtum im Vordergrund. Das nahe gelegene Vallée d'Orlu verdankt seinen Namen dem französischen Wort or = Gold. In dem kleinen Flüsschen Oriège suchten Goldwäscher jahrzehntelang nach dem glitzernden Edelmetall. Heute lohnt sich ein Besuch wegen der schönen Landschaft. Im Réserve Nationale d'Orlu sagen sich Gämsen, Geier und andere Bergbewohner gute Nacht. Zahlreiche anspruchsvolle Wanderungen lohnen einen Tagesausflug ohne Fahrrad.

Steile Rampen

Doch vor diesem attraktiven Nachmittagsprogramm steht natürlich erst ein knackiger Kletterausflug. Wir radeln zunächst den Fluss entlang und nach 300 m rechts ausgeschildert auf der D 820 den Hausberg hinauf. Die Straße windet sich in steilen Kurven aus dem Ort heraus. Von Anfang an sind viele Straßenbeschriftungen vorhanden. Wir fahren entlang einer Felswand bergauf und gewinnen zügig an Höhe. Bereits nach wenigen Kurven sind wir hoch über Ax-les-Thermes und haben einen Überblick über den Ort. Entlang bewaldeten Hängen geht es ohne Erholungsstücke ständig bergauf. Die Steigung zieht zwischendurch ziemlich an, schöne ausladende Kurven ermöglichen immer wieder Blicke in die Tiefe.

Es folgt eine Kehre nach der anderen und dazwischen zwischen 8 und 9% steile Rampen. Der Hang wird zunehmend felsiger und die Steigung geht leicht zurück. Nach 4 km erwartet uns mit 10,5 % das steilste Stück der Strecke. Nach einer weiten Kurve bewältigen wir die Steigung auf einer steilen Rampe.

Steil ins Ziel

Die Straße führt ansteigend zwischen Bäumen hindurch und erst nach 6,5 km haben wir ein kurzes Erholungsstück. Doch sofort zieht die Steigung wieder an und wir fahren bald darauf unter den ersten Skiliften hindurch. Entlang einem mit Birken bewachsenen Hang geht es nach oben und man kann das Ziel bereits erahnen. Um den Gipfelsieg so richtig schmackhaft zu machen, überwindet die Steigung noch einmal die 10 %-Marke und die ersten Hotels geraten ins Blickfeld. Mal wieder handelt es sich um einen kühl geplanten Retortenort, in dem die maximale Anzahl der Betten über architektonische Kreativität gesiegt hat. In Ax 3 Domaines gibt es daher nicht viel zu sehen und so können wir geradeaus beim Kreisverkehr eine Ehrenrunde drehen, bevor wir zurückfahren und uns in die Tiefe stürzen.

Dreck am Trikot

Auch Ax-les-Thermes selber besitzt eine Tour-de-France-Geschichte, die weit zurück reicht. Bereits 1933 war der Ort das erste Mal Etappenort, die Lokalzeitung »La Dépêche« widmete dem Ereignis jedoch nur wenige Zeilen. Wichtiger erschien den Journalisten ein lokales Radrennen. Besonders beeindruckt haben den Lokalreporter die glänzenden Aluminiumfelgen des Spitzenreiters. Er kann sich jedoch einen Seitenhieb auf sein völlig verschwitztes und verdrecktes Trikot nicht verkneifen. Bereits 1933 zog die Tour die ersten Fans an. Der Zeitungsbericht bemerkt die vielen Autos aus Spanien, die den Auftritt ihres Landsmanns Vicente

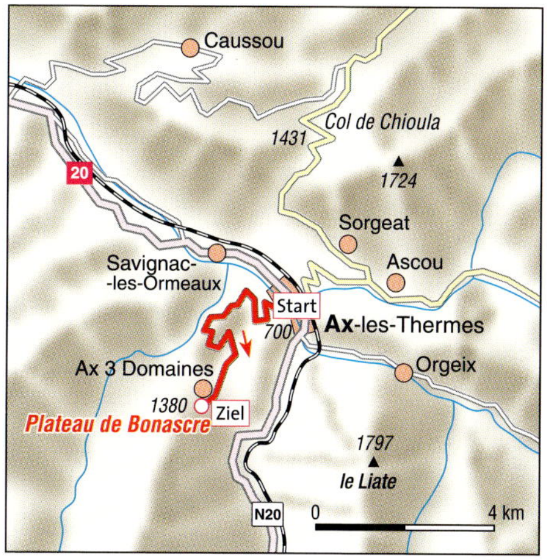

Trueba verfolgen. Nach der Premiere 1933 kam die Tour 1934, 1937, 1955, 1957 und 1965 zurück. Doch seitdem ist das Peleton stets mit hohem Tempo durch Ax-les-Thermes hindurchgefahren. Ziel war dann in Ax 3 Domaines oder die Strecke führte über einen der zahlreichen Pässe der Umgebung.

2001 als es in Ax 3 Domaines zur Tour Premiere kam, konnte sich der Kolumbianer Felix Rafael Cardenas den Etappensieg sichern. Nach 100 Jahren Tour de France brachte es das südamerikanische Land auf zwölf Etappensiege und drei Bergtrikots. Die meisten der Etappensiege fuhren sie in den Bergen heraus, nicht ohne Grund haften den Kolumbianern das Image der Kletterkünstler an.

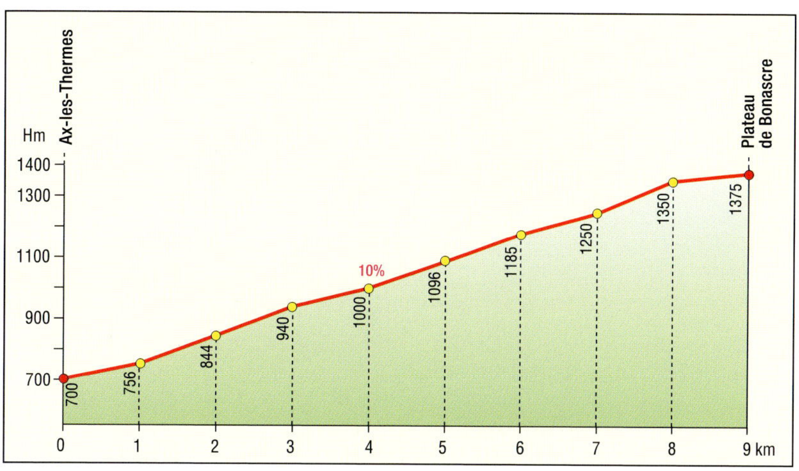

Ein Tiroler im Freudenrausch

Georg Totschnig schrieb bei der Tour de France 2005 österreichische Sportgeschichte. Als zweitem Österreicher gelang ihm ein Etappensieg bei der Großen Schleife. Das wurde aber nach 74 Jahren auch wirklich Zeit! Zuletzt hatte 1931 der kämpferische Max Bulla sich bei der Tour mit drei rot-weiß-roten Etappensiegen verewigt. Für einen Tag hatte Bulla damals sogar die Gesamtführung inne.

Doch der Weg zum Etappensieg von Georg Totschnig in Ax 3 Domaines war ein hartes Stück Arbeit. In seinem 13. Profijahr verfügte der sympathische Zillertaler über genügend Erfahrung, um den richtigen Moment für den entscheidenden Angriff zu planen. In der Vorbereitung hatte er die wichtigen Pyrenäen-Etappen abgefahren, um mögliche Ausreißversuche zu planen. Bereits 7 km nach dem Start der 14. Etappe setzte der Gerolsteiner Kapitän den ersten Angriff. In einer kleinen Gruppe von zehn Fahrern gelang es ihm, bis zu zehn Minuten Abstand auf das Peloton herauszufahren. Doch am Port de Pailhères setzte Totschnig alles auf eine Karte und sprengte mit einer Tempoverschärfung die Gruppe. Jetzt fuhr nur noch der Italiener Stefano Garzelli mit und nach wenigen Kilometern konnte auch dieser das mörderische Tempo nicht mehr mithalten.

»Ich bin am Limit gefahren, war am Ende schon vollkommen leer«, beschreibt Totschnig den Schlussanstieg nach Ax 3 Domaines. Er ist bereits so überanstrengt, dass er seinen Teamchef nicht mehr hört. »Ich hatte keine Ahnung, ob ich zehn Sekunden oder eine Minute vorne war.« Doch das Glück war mit dem Tüchtigen und so konnte auch Lance Armstrong den Etappensieg nicht mehr gefährden. Hinter der Ziellinie lag er erschöpft am Boden und

Ein Tiroler fliegt dem Himmel entgegen! Doch was so leicht aussieht, hat sich der Tiroler in jahrelangem, harten Training erarbeitet.

konnte sein Glück gar nicht fassen. Von Weinkrämpfen geschüttelt, wurde er von einem Betreuer gestützt, und auch bei der Siegerehrung war er noch vollkommen überwältigt. »Wahnsinn, Wahnsinn, einfach Wahnsinn«, jubelte der überglückliche Totschnig. Ein ergreifender Moment, und die Freude wurde auch von den Zuschauern geteilt, denn die Belohnung für die 200 km lange Flucht war mehr als verdient.

So war die Begeisterung nicht nur beim 34-jährigen Gerolsteiner Profi groß. Radkollege und Landsmann Bernhard Eisel schlug sogar vor, am 16. Juli zu Ehren des Etappensiegers »einen nationalen Feiertag, einen Tag des Sports« einzuführen. Dass die Leistung auch in der Heimat anerkannt wurde, zeigte sich bei der Wahl zum Sportler des Jahres.

Die österreichischen Sportjournalisten wählten Totschnig zum Sieger – und das war im Land der Skirennläufer eine Sensation! Nicht alle wollten sich aber mit dieser Brüskierung der Skistars anfreunden und so gab es bissige Kommentare vom ÖSV-Präsidenten. Dabei wäre auch der Zillertaler fast beim Wintersport gelandet. In jungen Jahren war er begeisterter Skirennläufer und besuchte die Skihauptschule in Neustift. Von seinem Vater bekam Georg auch sein erstes richtiges Rennrad, und die ersten gemeinsamen Trainingsfahrten konnten beginnen. Denn der war ein begeisterter Amateuerradrennfahrer und das weckte bei seinem Sohn schnell die Lust auf Wettkämpfe.

Nach nur einem Trainingsjahr war der Wunsch, an Wettkämpfen teilzunehmen, so groß, dass er 1987 an den ersten Rennen in der Jugendklasse teilnahm. Bereits sein allererstes Rennen beendete Georg als Sechster! Nach der Schule stieg er als Amateurradfahrer etwas ernster ins Training ein. Bei seiner Ausbildung zum Zeitsoldaten wurde ihm erstmals ein professionelles Training ermöglicht. 1993 – am Ende seiner erfolgreichsten Amateursaison – wurde Georg vom Team Polti ein Profi-Vertrag angeboten. Bereits bei seinem ersten Auftritt auf der internationalen Bühne ließ er es gehörig krachen: 1994 belegte er beim Giro d´Italia den 13. Gesamtrang.

Zum Nationalfeiertag hat es zwar nicht gereicht, doch ein Nationalheld ist Totschnig sicher.

Seinen Bezug zum Schnee hat Totschnig aber nicht verloren. Und so geht er noch heute regelmäßig auf Skitouren. Doch ein Tiroler ist natürlich zum Klettern geboren und. Deshalb spielt Totschnig vor allem in den Bergen seine Stärke aus.

Während Jan Ullrich eisern auf Trennkost setzt, genießt Totschnig überzeugt die Familienküche: »Schnitzel mit Erdäpfelsalat«.

Alpen Süd

15 Höhepunkt aller Tour-de-France-Strecken
MONT VENTOUX VON BÉDOIN

Wo vor Jahrhunderten abgeholzt wurde, wächst auch heute kein Gras mehr.

HC ****

HÖHE MAX: 1909 m
HÖHENUNTERSCHIED: 1560 Hm
LÄNGE: 22 km
STEIGUNG MAX: 10,5 %
STEIGUNG DURCHSCHNITT: 7 %

AUSGANGSORT
Bédoin (2660 Ew.), Département Vaucluse (84)

ANFAHRT
Von Orange auf D 950 nach Carpentras und D 974 nach Bédoin

PARKEN
Allee nach der Ortseinfahrt

STRASSENZUSTAND
Perfekt

BESONDERHEIT
Velodateur beim Office de Tourisme

GEFAHREN
Enge Kurven im Mittelteil der Abfahrt

PASSÖFFNUNGSZEITEN
Mitte April bis November

Vorangehende Doppelseite: Ein Rennradfahrer unterwegs in den französischen Alpen

Jetzt geht's los! Hinter dieser Kurve wartet der berühmteste Blick, den die Berichterstattung von der Tour de France zu bieten hat.

Der Traum aller Rennradfahrer liegt in der Provence, denn neben Alpe d'Huez gehört der Ventoux zum absoluten Pflichtprogramm eines Radfahrerlebens. Am schönsten ist der Ventoux ganz sicher von dieser Seite. Denn der Anstieg folgt der klassischen Richtung der Tour de France und erfüllt die Erwartungen, die aus Fernsehberichterstattung und Tourfotografien genährt werden.

Im Schweiße des Angesichts

Schwitzende Radfahrer im Vordergrund, flimmernde Hitze, die schwer über einem kalkweißen Geröllfeld liegt, und dahinter einsam das weiße Observatorium mit seiner Antenne. Das ist das bekannte Gesicht des Ventoux und jeder hat diese Bilder schon einmal gesehen. Betrachtet man Fotos vom Ventoux, so meint man, der Berg bestehe nur aus dem südlichen Gipfelhang. Hier konzentrieren sich landschaftliche Besonderheit und historische Tragik. Die glühende Hitze in der Steinwüste des Mont Ventoux ist der Nährstoff für den Mythos Tour de France. Nirgendwo lässt sich der schmerzvolle Kampf der Radprofis so deutlich beobachten und im Bild festhalten. Der Mont Ventoux ist also zur Pilgerstätte für die Radsportgemeinde geworden und Rennradler aus der ganzen Welt blasen zum Sturm auf den Gipfel. Nicht unwesentlich hat der Tod des britischen Radsportlers Tom Simpson zur traurigen Bekanntheit des Berges beigetragen. Etappensiege von Charly Gaul, Raymond Poulidor, Eddy Merckx oder Marco Pantani formten den Ventoux vollends zum lebenden Mythos.

Windiger Berg

Doch etwas Besonderes war der Berg schon immer und das verrät auch sein Name. »Vent« steht für den Wind, der den Gipfel regelmäßig umstreift. Ein laues Lüftchen ist ein Segen und sorgt für Erfrischung, doch wehe, wenn am Tag der Befahrung der Mistral zuschlägt. Der gemessene Rekord des aus dem Norden einströmenden Windes liegt bei 250 km/h und macht auch am Tag danach noch das Radfahrerleben schwer. Nach einer windigen Nacht sind die Straßen oft übersät

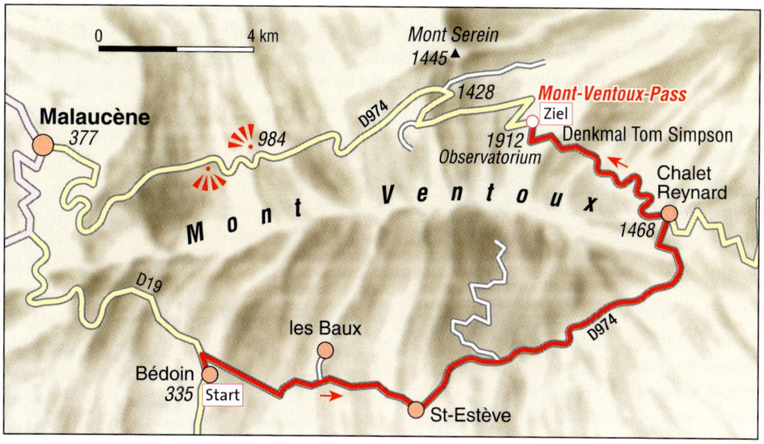

mit Steinen. Schnell kann es am Ventoux ungemütlich kalt und neblig werden, während es im Tal noch kuschelig ist.

Langsames Einrollen

Landschaftlich ist dieser Berg auf jeden Fall ein Erlebnis von besonderer Qualität. Schon das kleine Bédoin mit seiner schattigen Allee versprüht den typischen Charme der Provence. Bereits kurz nach dem Ortseingang zweigt links im Kreisverkehr die D 974 zum Ventoux ab. Entlang an Weingütern mit ausgedehnten Feldern und wenigen Ziegelbauten geht es sanft bergauf. Das ist die Besonderheit dieses Anstieges: Man kann auf den ersten Kilometern ganz locker einrollen. Der Einladung zur Weinprobe rechts sollte man jetzt auf jeden Fall widerstehen, ein echter »Côtes du Mont Ventoux« als Souvenir ist aber sicher nicht verkehrt.

Enge Kurven

Nach rund 3 km fahren wir durch Sainte Colombe, einen schönen gemütlichen Ort mit vielen Cafés. Bald darauf geht es durch Les Drous, den letzten Ort der Strecke. Es geht jetzt deutlich steiler bergauf und wir tauchen in einen mit Pinien bewaldeten Hang ein. Auf den folgenden Kilometern wird dies auch so bleiben. Dicke Leitplanken sichern die Straße und die engen Kurven winden sich zwischen Felsen hindurch. Bereits seit 1902 wird der Mont Ventoux für Autorennen genutzt, auch in jüngster Zeit fanden noch Rennen statt. In der Abfahrt ist es an den engen Kurven im unteren Teil des Anstiegs sehr gefährlich, wenn entgegenkommende Autos oder Motorräder die Kurven schneiden.

Entlang der Straße finden wir die Angaben zu Entfernung und Steigung und so kann die stetige Steigungszunahme nachvollzogen werden. Wir sind zunächst bei 8, dann bei 9 und schließlich bei über 10 %. Steil geht es nach oben und als trainierter Rennradler wird man an manch schwer keuchendem Kollegen vorbeiziehen. Rund 8 km am Stück mit etwa 9 % Steigung lassen keine Zeit zum Kräfteschonen.

Zunächst fahren wir immer entlang an dichtem Bergwald – später werden wir uns nach diesem Schatten spendenden Teil noch zurücksehnen. Nach rund 10 km lichtet sich der Eichenwald und die Straße ist jetzt wieder breiter. Doch die Steigung hält

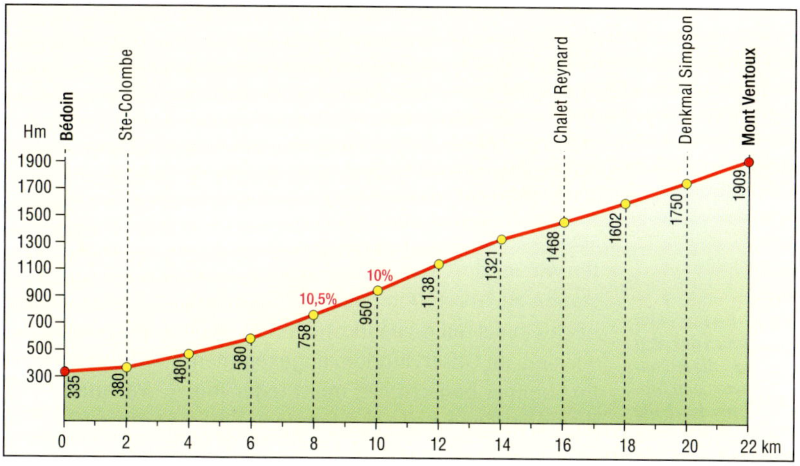

weiter an. Erst beim Chalet Reynard bietet sich uns in einer großen Kurve ein kurzes Erholungsstück. Von hier sind es 500 Hm zum Gipfel, die besonders im Hochsommer Schwerstarbeit bedeuten. Wer Glück hat, erwischt einen leichten Wind, der hier oft weht und für Abkühlung sorgt. Wer jedoch Pech hat, bekommt hier zusätzlich zur steilen Straße auch noch einen unangenehmen Gegenwind geboten.

Am Mond

Wir fahren entlang einer Geröllmauer und nach einer Kurve kommen endlich das Observatorium und die riesige Antenne vor der Mondlandschaft des steinigen Gipfelbereichs ins Blickfeld. Nur wenige Hobbyfahrer werden jetzt noch die Kraft haben, einen größeren Gang zu fahren. Wer sich an die Fernsehaufzeichnungen der letzten Jahre erinnert, kann die Geschwindigkeiten der Profis nur als außerirdisch bezeichnen. Den Etappensieg von Lance Armstrong kommentierte Joseba Beloki 2002 mit den Worten: »Heute sind wir auf dem Mond gelandet und haben den Astronauten gesehen«.

Tom Simpsons Denkmal

Die letzten Kilometer machen angetrieben durch diesen landschaftlichen Genuss doppelt so viel Spaß. Wir sollten vor lauter Enthusiasmus jedoch nicht einen Stopp am Denkmal von Tom Simpson vergessen, denn inmitten des Gesteins übersieht man im Kletterrausch schnell den Gedenkstein rechts der Straße (nach rund 20 km).

Nach dem Gedenkstein geht es noch eine lange Kurve links den Hang entlang bis zu einem Restaurant und dort eine sehr steile Kurve rechts bergauf. Am besten halten wir uns dort links, um gleich zur Gipfelstation zu fahren. Jetzt geht die Steigung noch einmal auf quälende 10 % hoch und wir sind am Observatorium angekommen. Im Sommer herrscht hier meist reger Touristenbetrieb und die ehrfürchtigen Blicke der Bustouristen sind Balsam auf die Radfahrerseele. Wie immer sollte man seine Zeit nicht mit den Profis vergleichen. In nur 55 Minuten flog Iban Mayo auf den Ventoux und hält damit den Rekord. Wer es unter zwei Stunden schafft, sollte zufrieden sein, eineinhalb Stunden sind bereits eine hart erkämpfte Meisterleistung.

Rechte Seite: Endlich auf dem Mond – die letzten Kilometer zum Gipfel führen durch die berühmte Steinwüste des Ventoux.

Dauphiné Libéré

Während die Tour in den letzten Jahren den Ventoux sträflich vernachlässigt hat, steuert die Dauphiné Libéré den Berg regelmäßig an. Bereits mehrmals wurde sogar ein Zeitfahren auf den Ventoux veranstaltet. Das Rennen gilt traditionell als Generalprobe für die Tour de France, kein Wunder, dass Lance Armstrong die Rundfahrt mehrmals gewann. Doch ein Sieg am Ventoux blieb dem Texaner verwehrt. Beim Bergzeitfahren über 21,6 km zwischen Bédoin und dem Mont Ventoux fuhr Iban Mayo 2004 mit einer neuen Rekordzeit auf den ersten Platz. 2005 war Alexander Vinokourov als Erster am Gipfel des Mont Ventoux, Armstrong konnte beide Male das Tempo nicht halten. »Hier zu gewinnen, ist sicher noch einmal etwas ganz Besonderes: Das passiert einem nicht alle Tage«, freute sich Vinokourov.

Rundtour

Wer zwei Fliegen mit einer Klappe schlagen will, fährt jetzt über Malaucène zurück zum Ausgangspunkt. Diese Seite mit der breiten Straße ist eindeutig die bessere Abfahrt. Außerdem hat man noch ein schönes Stück durch die provenzalische Hügellandschaft als Dreingabe. In Malaucène biegen wir links ab und rollen Richtung Carpentras. Nach rund 3 km macht die Hauptstraße am Ende einer kleinen Abfahrt eine Rechtskurve und wir steuern geradeaus auf der D 19 Richtung Bédoin. Zwischen Pinien führt uns eine schmale Straße zurück zum Ausgangspunkt. Diese Variante ergibt eine schöne Rundtour von etwa 57 km und bietet alle Höhepunkte des Ventoux und seiner Umgebung.

Schwarzer Freitag am Ventoux

Der Mont Ventoux ist untrennbar mit dem tragischen Tod des britischen Radprofis Tom Simpson verbunden. Bis heute wird dabei auch kontrovers über die Schuldfrage gestritten. Viele sehen Simpson als skrupellosen Betrüger, der mit illegalen Mitteln einen Sieg erzwingen wollte. Andere sehen in ihm das Opfer eines Systems. Denn dass er nicht der einzige Fahrer war, der zu Hilfsmitteln gegriffen hat, ist ein offenes Geheimnis. Der Fall steht damit symbolhaft für eine Diskussion, die im Grunde bis heute nichts an Aktualität verloren hat.

Simpson war der erste erfolgreiche Radfahrer Großbritanniens. Der jüngste Sohn einer Bergarbeiterfamilie begann seine Karriere als Bahnradfahrer. 1959 wagte er den Sprung in den professionellen Straßenradsport, wo er schnell beeindruckende Plätze belegte. 1962 fuhr er bei der Tour de France mehrere Tage lang im gelben Trikot, in den folgenden Jahren siegte er bei Mailand–San Remo, wurde Straßenweltmeister und gewann Paris–Nizza. Er war also 1967 beileibe kein Unbekannter und malte sich sogar Chancen auf den Toursieg aus.

Es war die 13. Etappe und das ausgerechnet am Freitag, dem 13. Juli 1967. Wer abergläubisch ist, wird angesichts dieser Zahlenkombination stutzig werden. Versucht man das Drama nachzuvollziehen, zählen Eingeweihte gleich eine ganze Reihe von Gründen auf, die ins Verderben führten. Tom Simpson startete aufgrund von Magenproblemen bereits geschwächt ins Rennen. Schon am Morgen war außerdem klar, dass dies ein ganz besonders harter Renntag werden würde. Das Thermometer zeigte am Start in Marseille bereits über 30 Grad und sollte im Tagesverlauf noch auf 40 Grad ansteigen. Simpson wusste also, dass er heute alles geben musste, wollte er noch aufs Treppchen kommen. Bereits vor dem Anstieg nahm er einen Cocktail aus Alkohol und Amphetaminen zu sich. Zeugen berichten, dass Simpson am Fuße des Ventoux zusammen mit dem Franzosen Jean-Pierre Genet in eine Bar eingekehrt war. Den ganzen Aufstieg merkte man dem 29-Jährigen bereits seinen verzweifelten Kampf an. Hatte er zu Beginn noch kraftvoll angegriffen, musste er sich bald zurückfallen lassen. Doch erst 3 km vor dem Ziel wurde offensichtlich, dass etwas nicht in Ordnung war. Simpson konnte nicht mehr gerade fahren. In Zickzacklinien und mit glasigem, irrem Blick schob er sich von einer Straßenseite zur anderen. Schließlich fiel er um und bekam dabei nicht mal mehr seine Füße aus den Pedalen. Zuschauer halfen ihm auf und setzten ihn wieder aufs Rad. Doch bereits wenige Meter später fiel er erneut um und wurde von Zuschauern aufgefangen.

»Der schmächtige Mann im britischen Trikot ist ganz offensichtlich nicht mehr Herr seiner Sinne und Muskeln. Er braucht die ganze Breite der Straße, und seine Zickzackkurven erinnern fatal an die eines Betrunkenen. Noch vielleicht hundert Meter kommt er voran. Dann scheint er auf der Stelle zu treten, ehe er sich ganz langsam, wie in einem Zeitlupenfilm, nach rechts neigt«, beschrieb ein Zuschauer am Straßenrand die Szene.

Diesmal war es deutlich ernst und ein Polizist rief verzweifelt den Tourarzt Dr. Dumas herbei. Der fand den Briten am Straßenrand liegend und erkannte sofort den Ernst der Situation. Tom Simpson war bereits tot; über 40 Minuten dauerten die verzweifelten Wiederbelebungsversuche. Schließlich wurde er mit dem Hubschrauber ins Krankenhaus nach Avignon geflogen, doch längst kam jede Hilfe zu spät. Der häufig zitierte Spruch »setzt mich wieder auf mein Fahrrad«, scheint demnach nie aus dem Mund von Simpson gekommen zu sein. Er ist vielmehr eine Erfindung eines britischen Radsportjournalisten.

Dr. Dumas, Arzt der Tour de France, fand in der Rückentasche von Simpsons Trikot drei kleine Fläschchen mit Amphetaminen. Die Stoffe schwächten die Signale der körperlichen Entkräftung und setzten damit alle Warnsignale außer Kraft. Simpson starb an einem Herzinfarkt aufgrund von Dehydrierung und Erschöpfung. Die Autopsie ergab, dass sich Alkohol und Amphetamine im Körper des Athleten befanden. Der Mischung von Amphetaminen mit Alkohol wurde damals unter Radprofis eine besonders hohe Wirkung zugesprochen.

Das Drama am Ventoux hatte sich aber bereits lange zuvor abgezeichnet. 1955 verfiel der Schweizer Ferdi Kübler am Ventoux plötzlich in einen Zickzackkurs und schrie wirres Zeug. Noch schlimmer sah es bei Jean Malléjac aus. 10 km vor dem Gipfel fiel er bewusstlos vom Rad. Dr. Dumas gelang es zwar, seinen Zustand mit künstlicher Beatmung wieder zu stabilisieren, doch auch der Tourarzt hatte begriffen und nutzte den Vorfall zu einer Warnung vor Dopingmitteln.

Es ist unbestritten, dass Doping damals von sehr vielen Fahrern betrieben wurde. 1962 wurden bei einer unangekündigten Kontrolle bei den Amateurradmeisterschaften bei fast der Hälfte der Fahrer Amphetamine festgestellt.

Frankreich erhielt 1965 sein erstes Anti-Doping-Gesetz und ein Jahr später gab es auch vom Weltradsportverband die ersten Anti-Doping-Bestimmungen. Die ersten Kontrollen sorgten bei den Fahrern jedoch für Unmut und führten 1966 sogar zu einem Bummelstreik. Es war also auch für die Öffentlichkeit schon vor dem Tod von Tom Simpson ersichtlich, dass Doping ein brennendes Thema im Radsport war. Fünf Jahre zuvor hatte Simpson das Thema offen angesprochen und in einem Interview zum Thema Doping bekannt: »Nur ein Superathlet kann die Strapazen des Radsports ohne chemische Mittel ertragen. Ich kann das nicht.«

Der Kult an seiner Grabstätte trägt bisweilen bizarre Züge. So stand bei meinem Besuch 2005 neben Fahrradschläuchen und Trinkflaschen auch ein Gläschen mit Pillen am Gedenkstein. Eine Verehrung, die nachdenklich stimmen sollte: Denn als Kultstätte des Dopings ist der Platz sicher nicht gedacht.

Heldenverehrung: Das Grabmahl für Tom Simpson ist übersät mit Fahrradflaschen, Trikots, Fotos und anderen Erinnerungsstücken. Die Mystifizierung des Berges wird hier besonders deutlich.

16 Erholsam auf den mythischen Berg
MONT VENTOUX VON MALAUCÈNE

Auch Lance Armstrong hatte vor dem Ventoux gehörigen Respekt.

HC ***

HÖHE MAX.: 1909 m
HÖHENUNTERSCHIED: 1569 Hm
LÄNGE: 21 km
STEIGUNG MAX.: 11 %
STEIGUNG DURCHSCHNITT: 7,3 %
AUSGANGSORT
Malaucène (2600 Ew.), Département Vaucluse (84)
ANFAHRT
Von Orange auf D 950 nach Carpentras und auf D 938 nach Malaucène
PARKEN
Gleich nach der Abzweigung zum Mont Ventoux
STRASSENZUSTAND
Durchgehend perfekt
BESONDERHEIT
Velodateur beim Office de Tourisme
PASSÖFFNUNGSZEITEN
Mitte April bis November

Wer zum ersten Mal auf den Mont Ventoux fährt, sollte dies von Bédoin aus machen, um die klassische Fahrt durch die Geröllwüste zu erleben. Doch auch der Anstieg von Malaucène aus ist ein Erlebnis, das sich lohnt. Am besten knöpft man sich daher beide Anstiege vor! Hinsichtlich der Gesamtsteigung und den Höhenmetern sind sich beide Seiten sehr ähnlich. Doch beim Anstieg über die Westseite von Malaucène aus gibt es immer wieder Strecken mit geringer Steigung und vor allem strahlt die Sonne nicht so erbarmungslos auf die Straße. Es ist im Hochsommer daher auf jeden Fall die leichtere Seite, doch was heißt schon leicht bei einem Höhenunterschied von über 1500 m!

Provence pur!

Der Ausgangspunkt Malaucène ist ein typischet provenzalischer Ort, wie man ihn sich als Tourist wünscht. Die Hauptstraße wird von einer schönen Platanenallee begrenzt, alte Brunnen und Häuser aus dem 16. und 17. Jahrhunderts verzieren das Zentrum. Im Mittelpunkt des Ortes bietet der Schlossberg einen schönen Überblick über die verwinkelten Gassen. Wer mehr über die Ortsgeschichte erfahren will, kann an einem Geschichtstrundgang teilnehmen, der vom Fremdenverkehrsamt angeboten wird. Doch aus unserer Sicht das wichtigste historische Datum liegt weit zurück: Im April 1336 wurde der Mont Ventoux von Francesco Petrarca erstmals erklommen.

Durch exotischen Bewuchs

Auf jeden Fall wird auf dieser Seite nicht lange gefackelt. Hier geht es vom ersten Meter an bergauf. Wir fahren bei rund 4 % Steigung an einer Kapelle aus dem 13. Jahrhundert und kurz danach an einem Restaurant und Picknickplatz vorbei. Gleich nach der Kurve geht es etwas

Von der Westseite bietet sich erst auf dem letzten Kilometer ein Blick auf den felsigen Gipfel.

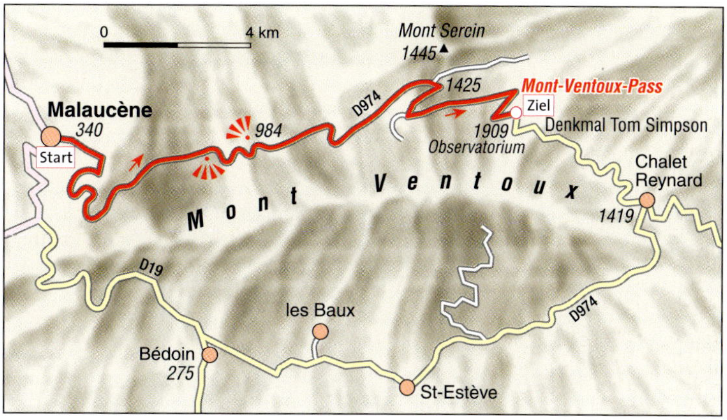

steiler bergauf und ab jetzt immer entlang unbewohnter, bewaldeter Hänge. Die Straße verläuft jetzt entlang einer Felsmauer und die 7 % Steigung geben bereits einen kleinen Vorgeschmack auf das Tagesprogramm. Entlang der Straße sorgen die ständigen Prozentangaben für Motivation, nicht immer spürt man die ansteigenden Ziffern auch in den Beinen. Bei lichtem Kiefernbewuchs kurbeln wir in lang gezogenen Kurven bergauf. Nach 5 km geht die Steigung kurz zurück und bietet Zeit, zu verschnaufen. Immer wieder kommen wir an Wanderparkplätzen vorbei. Große Informationstafeln machen hier auf die Besonderheiten der Vegetation aufmerksam. Nirgendwo sonst in Frankreich finden sich auf dichtem Raum so viele besondere und unterschiedliche Pflanzen. Darunter sind neben Zedern, Tannen und Pinien auch exotische Gewächse, die sonst nur in Grönland zu finden sind.

Auf der Panoramastrecke

Wir fahren jetzt drei wunderschöne »Panoramakurven«, die uns jeweils einen weiten Blick über das Tal links und rechts der Straße eröffnen. Das ist ein weiterer Unterschied zum Anstieg von Bédoin. An vielen Stellen bieten sich Blicke ins Tal. Während auf der anderen Seite sich enge Kurven durch den Laubwald schlängeln, ist es hier meist sehr licht, nur wenige Nadelbäume befinden sich neben der Straße und die Gedanken können ungetrübt in die Ferne schweifen, vorausgesetzt das Wetter spielt mit. Denn keineswegs ist der Ventoux ein Schönwettergarant.

Während es im Tal nur leicht bewölkt ist, kann es auf dem Ventoux ungemütlich werden. Dichter Nebel, ein kalter Wind – auch das ist am Ventoux keine Seltenheit.

Nach der letzten weit ausladenden Kurve haben wir nach 10 km und rund 600 Hm einen schönen Blick auf den Hang rechts. Die Straße führt uns zu dieser nördlichen Flanke des Ventoux, der wir ab jetzt bis zum Gipfel folgen. Spätestens jetzt ist klar, dass auch von dieser Seite der Anstieg keine Sonntagsspazierfahrt ist. Vor uns liegt das steilste Stück der Strecke, das mit bis zu 10,9 % nach oben zieht. Die breite Straße ist in einem einwandfreien Zustand und so wird auch die Bergabfahrt zu einem ungetrübten Genuss.

Zur Geröllwüste

Doch so weit sind wir noch lange nicht. Zunächst kommen wir unvermutet an

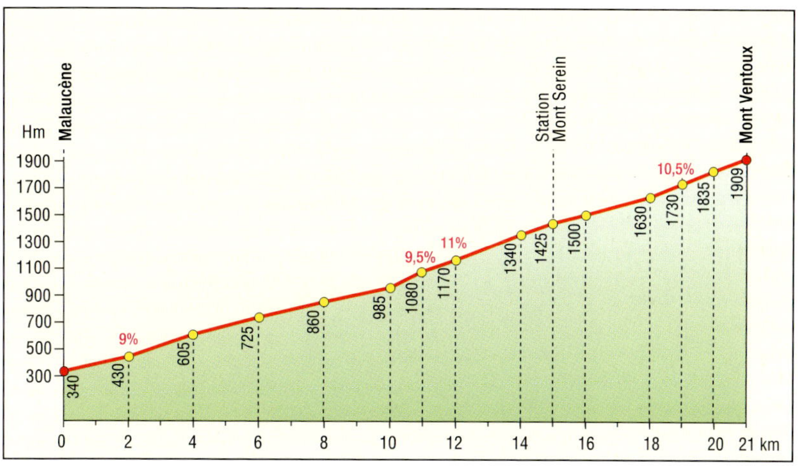

RADRENNEN AM VENTOUX

Anfang Juni findet am Ventoux jedes Jahr das Radrennen »La Ventoux Beaumes de Venise« statt. Es werden verschiedene Distanzen angeboten; die Auswahl reicht von 21 km über 102 km bis zu 170 km. Die Teilnehmer der langen Runde erklimmen gleich zu Beginn den Ventoux und fahren danach noch bis zum Chalet Reynard, insgesamt umfasst diese Runde stolze 3500 Hm. Aber wie am Ventoux üblich sind es weder die Höhenmeter noch die Kilometer, die eine Herausforderung darstellen. Eine mörderische Hitze war in den letzten Jahren das größte Problem der Teilnehmer. Manch Radfahrer kämpfte sich mit letzten Kräften zur nächsten Verpflegungsstation. Wer zu langsam ist, wird von der Polizei entweder in den Besenwagen verfrachtet oder überzeugt, zur kleineren Runde abzubiegen.Weitere Informationen unter www.sport-communication.com.

einen Kreisverkehr, an dem wir rechts abbiegen. Wir radeln in einer großen Kurve an einem Restaurant vorbei und gleich danach eine Rampe bergauf. Die nächste Kurve sollte man sich gut merken, denn – Vorsicht! – in der Abfahrt ist sie überraschend steil!

Zwischen Kiefern hindurch klettern wir immer den Hang entlang nach oben. Während es zunächst noch bei gemütlichen 6 % hinaufgeht, nimmt die Steigung stetig zu. Zwei Kurven mit langen einsehbaren Rampen läuten den Schlussanstieg auf der nördlichen Seite ein. Wer zum ersten Mal hier ist, wird verwirrt sein, da der Gipfel so gar nicht dem bekannten Bild entspricht. Doch wer die letzten sehr steilen Meter bei über 10 % bewältigt, wird das Rätsel bald entschlüsseln.

In einer Kurve geht es um den Berg herum und die Landschaft verändert sich schlagartig. Vor uns liegt die hellbraune Geröllwüste, über der die flimmernde Hitze liegt. Rechts sind es nur noch wenige Höhenmeter bis zur Gipfelstation und jetzt heißt es zum letzten Mal Gas geben.

Oben angekommen, genießt man den weiten Panoramablick – und natürlich auch die respektvollen Blicke der Autotouristen.

Harte Philosophie

Auch wer sich noch nie für Philosophie interessiert hat, wird sich die Worte des französischen Philosophen Roland Barthes gerne auf der Zunge zergehen lassen: »Der Mont Ventoux ist der König der Schmerzen, dem man sich unterwerfen muss. Ein despotischer Dämon der Radfahrer, der nichts verzeiht und dem die Schwächsten einen schweren Tribut an Schmerzen bezahlen müssen.«

Eine flimmernde Hitze umgibt den Riesen der Provence, unterhalb des Gipfels bietet ein Café Erfrischungen mit Panoramablick.

Qualvolle Reise zum Mond

Spitznamen hat der Ventoux viele und »der Außerirdische« umschreibt treffend den Eindruck, den der Gipfelhang vermittelt. Die »Landung auf dem Mond« wurde für viele Athleten jedoch zur Bruchlandung, hatten sie doch den Anstieg unterschätzt. Es gibt kaum einen anderen Berg, der so sehr für die Seite der Leiden und Schmerzen der Radler steht, wie der Ventoux. Das liegt natürlich nicht nur an den nackten Zahlen von Steigungsprozenten und Höhenmetern. Es gibt auch Dinge, die man nicht in Zahlen fassen kann, wie die teilweise wüstenähnlichen klimatischen Bedingungen oder unbarmherzige Windböen. Die Wetterbedingungen sind daher neben der Kondition entscheidend für die Zeit, in der man die Strecke bewältigt.

Begonnen hat die Tourkarriere des weithin sichtbaren Kalkberges 1951 über die westliche Auffahrt von Malaucène, die in den folgenden Jahren eher selten gewählt wurde. Insgesamt wurde der Berg sechs Mal überquert und diente sieben Mal als Etappenziel.

Legendär ist das Gespräch zwischen Ferdi Kübler und Raphaél Géminiani 1955. Als Kübler hinter Bédoin mit hohem Tempo einen Ausreißversuch startete, warnte ihn Géminiani: »Pass auf Ferdi, der Ventoux ist kein gewöhnlicher Berg.« Worauf Kübler antwortete: »Ferdi ist auch kein gewöhnlicher Radfahrer. Ferdi ist ein großer Meister.« Ein vorlauter Spruch, den er schon wenige Kilometer später bitter bereute. Verstärkt durch die Einnahme von Dopingmitteln, glaubte er sich unbesiegbar, stattdessen verlor er die Kontrolle über seinen Körper. Bereits wenige Kilometer unterhalb des Gipfels hatte er Mühe, geradeaus zu fahren, und konnte sich kaum mehr auf dem Rad halten. Als sein Sportlicher Direktor Alex Burtin ihm zur Hilfe eilte, verstand ihn Kübler nicht und war schon nicht mehr ansprechbar. Bei der Abfahrt nach Malaucène bekam er Sehstörungen und schrie wirres Zeug. Am Ende der Abfahrt schüttete er in einer Kneipe Bier in sich hinein, schwang sich voller Energie wieder aufs Rad. Doch leider fuhr er in die falsche Richtung. Laut schrie er durch die Gegend: »Ferdi ist verrückt geworden, Ferdi wird explodieren.« Am nächsten Morgen erklärte er seinen Ausstieg aus dem Rennen und seinen Rücktritt vom Radsport.

Der Tod von Tom Simpson erhöht die Angst der Fahrer vor dem Ventoux; trotzdem wird der Berg immer wieder Bühne für packende Angriffe. 1970 blies Eddy Merckx auf dem Anstieg zum Angriff. Er war umgeben von großen Namen seiner Zeit. Raymond Poulidor, Joop Zoetemelk, Lucien Van Impe und Joaquim Agostinho mussten Merckx schließlich ziehen lassen. Auf den letzten 4 km kämpfte er einen einsamen Kampf. Die Schmerzen hatten ihn überwältigt, sein Gesicht war zu einer Grimasse verzerrt. Er gewann mit einem letzten Aufbäumen die Etappe, doch wenige Minuten später brach er zusammen. Er bekam eine Sauerstoffmaske und wurde im Krankenwagen wegtransportiert.

Bei der Tour 2000 fand am Ventoux ein packendes Finale zwischen Lance Armstrong und Marco Pantani statt. Etwa 5 km vor dem Gipfel startete Marco Pantani einen Ausreißversuch. Die Spitzengruppe flog auseinander, Jan Ullrich, Joseba Beloki, Roberto Heras und Richard Virenque konnten nicht mehr mithalten. Nur Lance Armstrong startete einen Sprint und konnte wieder zu Pantani aufschließen. Bei der weiteren Führungsarbeit wechselten sie sich ab und hatten schnell 30 Sekunden auf die Verfolger herausgefahren. Sie hielten den Vorsprung bis zum Schluss und Armstrong überließ Pantani den Etappensieg.

Warum der Ventoux in den Streckenplanungen der letzten Jahre so oft übergangen wurde, ist ein Rätsel. Die Fans vergöttern den Ventoux, die Tourdirektion ignoriert ihn.

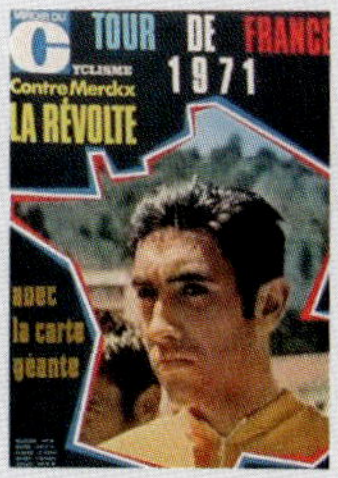

Selbst Eddy Merckx brachte der Mont Ventoux ins Straucheln.

17 *Landschaftlicher Genuss* COL D'ALLOS

Der Anstieg zum Col d'Allos verläuft fast durchgehend auf einer verkehrsarmen Straße.

1 ****

HÖHE MAX.: 2247 m
HÖHENUNTERSCHIED: 1108 Hm
LÄNGE: 19,5 km
STEIGUNG MAX.: 10 %
STEIGUNG DURCHSCHNITT: 5,6 %

AUSGANGSORT
Barcelonnette (3310 Ew.), Département Alpes-de-Haute-Provence (04)

ANFAHRT
Von Gap auf D 900 nach Barcelonnette

PARKEN
»Parking Centre Ville« in Barcelonnette

STRASSENZUSTAND
Sehr gut

GEFAHREN
Teilweise schmale Straße (Abfahrt!)

PASSÖFFNUNGSZEITEN
Mitte Mai bis November

Der Col d'Allos bietet mit seiner mäßigen Steigung keine Superlative, doch gerade deshalb kann man die wilde und abwechslungsreiche Landschaft voll genießen. Die ersten 4 km sind identisch mit der Strecke zur Bergankunft in Pra-Loup. Während dort der Weg rechts abzweigt, fahren wir weiter geradeaus. Die nächsten 16 km geht es gleichmäßig bergauf. Zwar gibt es einige ganz kurze Steigungsspitzen, doch sonst findet man bei 5 bis 7 % leicht seinen Rhythmus.

Durch alpine Landschaft

Die meist sehr schmale Straße schlängelt sich um einen felsigen Berghang, oft fahren wir direkt an einer Felsmauer entlang. Die Landschaft ist gekennzeichnet durch die südliche Lage, an einem heißen Sommertag brutzelt man schattenlos in der Sonne. Denn die vielen Kiefern und Laubbäume verzieren zwar die Hänge, sind jedoch zu licht, um Schatten zu spenden. Links sehen wir den imposanten Felsgipfel des Pain de Sucre (2560 m), der uns fast den ganzen Weg begleiten wird. Wir genießen die alpine Umgebung links der Straße. Rechts öffnet sich hin und wieder die Felswand, und ein kleiner Bach bahnt sich seinen Weg in die Tiefe. Auf einer schönen Brücke fahren wir weiter nach oben. Gleichmäßig ansteigend bei etwa 5 % geht es ganz lange geradeaus das Tal entlang.

Dolomitenartige Bergkulisse

Die Steigung nimmt auf bis zu 10 % zu und in einer Rechtskurve biegen wir in ein Seitental ein. Jetzt breitet sich ein imposantes Bergpanorama vor uns aus. Direkt vor uns zeichnet sich der gewaltige Felsstock der Grande-Séolane ab, der an die Dolomiten erinnert.

Wir können jetzt den weiteren Verlauf der Straße einsehen, denn es geht geradeaus und dann in einem großen Linksbogen auf dem

gegenüberliegenden Hang nach oben. Zu unserer Linken geht es ohne Straßenbegrenzung fast senkrecht in die Tiefe, tief unten schlängelt sich der Weg zum Col de Cayolle durch das Tal. Rechts über uns thront eine kleine Kapelle am Hang und wir fahren an einem Lift vorbei.

Kurz darauf tauchen wir in den Schatten spendenden Lärchenwald ein, wo es entlang kleiner Bäche bergauf geht. Die Steigung klettert in den kleinen Serpentinen auf 7 %. Hier gibt es weit und breit keine Häuser, sondern nur einen idyllischen Berghang. Zwischen den Laubbäumen hindurch haben wir links einen wunderbaren Blick auf den gegenüberliegenden Hang. Wie eine graue Schlange zeichnet sich dort tief unter uns unsere Auffahrtsroute ab.

Die Straße windet sich jetzt in einem Rechtsbogen um den Berg herum. Wohin man auch schaut, bietet sich eine gewaltige Bergkulisse und wir erkennen, dass wir den steilen Felszacken des »Zuckerbrotes« bereits hinter uns gelassen haben.

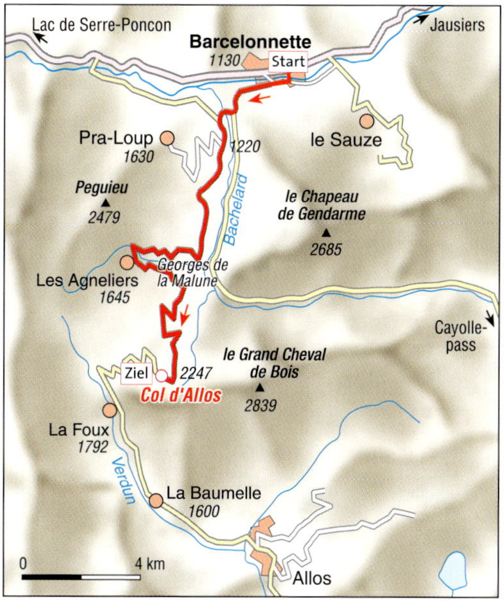

Belohnung am Pass

Die Steigung ist jetzt wieder auf rund 4 % zurückgegangen und die Straße geht wieder gerade nach oben. Der Bewuchs wird deutlich spärlicher, und während sich die Straße konstant ansteigend nach oben schlängelt, sind wir jetzt wieder der Sonne ausgesetzt. An einem grasbewachsenen Hang geht es in Serpentinen bergauf. Bis zur Passhöhe sind es nur noch rund 200 Hm und in schönen großen Kurven klettern wir bei 7 % nach oben.

Wir radeln jetzt an der mit Lärchen bewaldeten Bergflanke entlang bergauf. Die Steigung ist auf 3 % gesunken. Immer wieder kommen kleine Bäche von der Seite herunter. Wir erreichen jetzt rechts das Refuge du Col d'Allos und noch rätselt man, wo es wohl weiter zur Passhöhe geht. Doch bereits kurz darauf sind wir an der Passhöhe des Col d'Allos angekommen. Sehr versteckt liegt diesmal links hinter der Passhöhe ein kleines unscheinbares Passschild.

Die Passhöhe selbst ist lediglich ein kleiner Parkplatz, umgeben von Wiesen, doch der Rundblick bietet uns dafür eine grandiose Entschädigung: Eine ganze Kette stolzer, geröllbedeckter Zweitausender reiht sich vor unseren Augen aneinander.

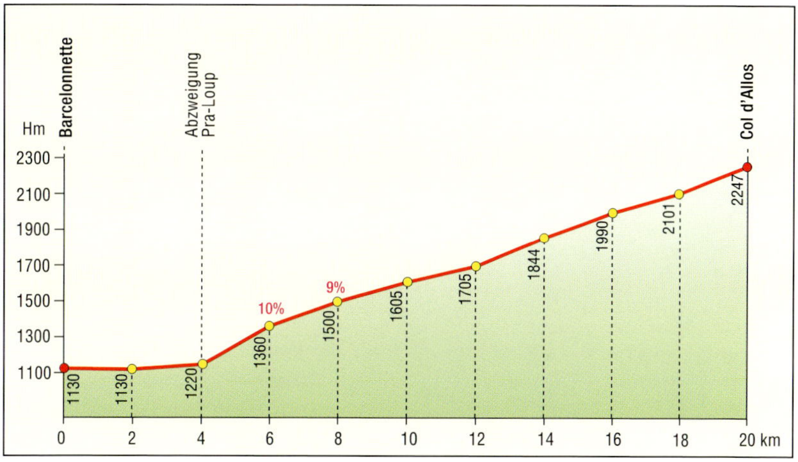

Das Ende der Ära Merckx

Eddy Merckx wird bis heute als der erfolgreichste Fahrer der Radsportgeschichte verehrt. Bei seinem ersten Toursieg 1969 hatte er einen Vorsprung von 17 Minuten zu dem Zweitplatzierten Pingeon. Zu keiner anderen Zeit gab es einen Fahrer, der so dominant den Radsport beherrschte. Denn im Unterschied zu Lance Armstrong gab sich Merckx nicht mit der Tour zufrieden. So gewann er vom Giro d'Italia über die Vuelta bis zur Tour de Suisse die wichtigsten Etappenrennen und hatte trotzdem noch die Energie für Siege bei den Eintagesrennen. Er stellte den Stundenweltrekord auf und beherrschte die Sechstagerennen. Eine unheimliche Regentschaft, die erst nach fünf Toursiegen zu Ende ging.

Dabei scheint auch 1975 wieder alles nach Plan zu laufen. Eddy Merckx wirkt nach den ersten zwei Wochen wie immer souverän und fährt natürlich im gelben Trikot. Er hat bereits beide Zeitfahren gewonnen und keiner zweifelt am sechsten Toursieg des Belgiers. Doch sein Niedergang beginnt mit einem der unsportlichsten Zwischenfälle der Tour-Geschichte. Auf der 14. Etappe zum Puy de Dôme schlägt ihm ein französischer Fan mit der Faust in die Nieren. Von Schmerzen gepeinigt und nervlich angekratzt schleppt sich Merckx ins Ziel. Doch der Rennverlauf auf der 15. Etappe entspricht zunächst voll den Erwartungen des Belgiers. Sein schärfster Konkurrent ist der Franzose Bernard Thévenet, der jedoch noch eine Minute Rückstand auf ihn hat. Die Etappe führt über sechs Anstiege, und in der Abfahrt vom Col de Champs verliert Thévenet aufgrund einer Reifenpanne sogar den Anschluss. Am Anstieg zum Col d'Allos hat er die Spitzengruppe um Merckx wieder eingeholt. Der »Kannibale« macht seinem Namen wieder alle Ehre und klettert mit einem Höllentempo nach oben. Er liegt am Col d'Allos an der Spitze und auf der Abfahrt reißt er sogar aus. Mit vollem Risiko stürzt er sich in die engen Kurven und legt dabei eine Geschwindigkeit an den Tag, dass die Begleitfahrzeuge kaum mehr mitkommen. Thévenet, Gimondi und Zoetemelk begeben sich auf die Verfolgung und sind

Brücke zum Erfolg: Für Thévenet wurde die Etappe über den Coll d'Allos zur Fahrt aufs Siegerpodest.

Eddy Merckx war weltweit der bekannteste Radsportler seiner Zeit. Wer hinter ihm auf Platz zwei landete, konnte dies als Erfolg verbuchen.

gezwungen, alles zu riskieren, doch trotzdem kommen sie nicht hinterher. Die schmale Straße schmiegt sich an die Felsen, rechts geht es mehrere hundert Meter senkrecht ins Tal. Doch Eddy hat nur noch seinen sechsten Toursieg im Kopf und kennt keine Furcht. Selbst die Begleitfahrzeuge müssen bei diesem Höllentempo schauen, dass sie nicht den Anschluss verlieren. Mit quietschenden Reifen nehmen sie die Verfolgung des Belgiers auf, als das Unglück passiert: Der Mannschaftswagen des italienischen Bianchi-Teams bricht aus der Kurve aus und stürzt 100 m in die Tiefe. Schon Sekunden später überträgt der Hubschrauber die Bilder des abgestürzten Autos und die Sorge ist groß. Doch es grenzt an ein Wunder, dass Giancarlo Ferretti, der sportliche Leiter, und ein Mechaniker mit leichten Verletzungen davongekommen sind.

Thévenet hat die Tour zu diesem Zeitpunkt scheinbar schon verloren. Er fährt die Abfahrt vorsichtig und konzentriert, was ihm auf wenigen Kilometern einen Rückstand von eineinhalb Minuten einbringt. Doch als die Straße links nach Pra-Loup abbiegt, stürzt er sich wild entschlossen in den Anstieg. Bereits nach wenigen Minuten sieht er vor sich überraschend Merckx auftauchen, der einen ernsthaften Schwächeanfall hat. Diese Chance lässt sich Thévenet nicht entgehen. Er überholt Merckx, kämpft sich nach oben und holt auch noch den Italiener Giomondi ein, der ebenfalls an Merckx vorbeigezogen war. Thévenet erreicht schließlich fast zwei Minuten vor dem Belgier das Etappenziel. Am Vorabend zum französischen Nationalfeiertag liefert er Frankreich einen Grund zum Feiern. Er hat das gelbe Trikot gewonnen und zeigt gleich am nächsten Tag, das ihm das gute Stück am Herzen liegt. Die Etappe führt über den Col d'Izoard und Thévenet gelingt es erneut zwei Minuten vor der belgischen Radsportlegende ins Ziel zu kommen.

Gegen Ende der Tour hat Eddy auch noch großes Pech: Auf dem Weg zum Startplatz stürzt er unglücklich und bricht sich den Oberkiefer und das Jochbein. Der Rat des Arztes ist eindeutig: Mit dieser Verletzung bleibt nur ein Ausstieg aus dem Rennen. Doch so leicht gibt der Radsportkönig nicht sein Zepter ab. Mit blutendem Gesicht geht er an den Start und versucht den Sieg Thévenets doch noch zu verhindern. Trotz seiner schweren Gesichtsverletzung attackiert er am Col de la Madelaine und am Col de la Colombiére. Ein wirklich tapferes Aufbäumen, das Thévenet nur mit starker Unterstützung anderer Fahrer abwehren kann. So kann Thévenet das Gelbe Trikot bis zum Ende der Tour behalten und fährt unter dem Jubel der Franzosen als Sieger über die Champs Elysées.

18 Schöne Straße zu verbautem Skiort
PRA-LOUP

Alles was ein Radler braucht: Höhen-, Entfernungs- und Steigungsangaben

2 **

HÖHE MAX.: 1630 m
HÖHENUNTERSCHIED: 500 Hm
LÄNGE: 10,5 km
STEIGUNG MAX.: 10 %
STEIGUNG DURCHSCHNITT: 4,8 %
AUSGANGSORT
Barcelonnette (3310 Ew.), Département Alpes-de-Haute-Provence (04)
ANFAHRT
Von Gap auf D 900 nach Barcelonnette
PARKEN
»Parking Centre Ville« in Barcelonnette
STRASSENZUSTAND
Zwischendurch viele Flicken
PASSÖFFNUNGSZEITEN
Ganzjährig geöffnet

Pra-Loup ist einer dieser kleinen Anstiege, den man fast im Vorbeifahren mitnehmen kann. Ein netter Abstecher von der Hauptstraße, der sich ideal mit dem Col d'Allos verbinden lässt. Auch die Tour 1975 hat beim legendären Kampf zwischen Merckx und Thévenet die Verbindung aus Allos und Pra-Loup geboten.

Die Berge vor Augen

Start ist in Barcelonnette, das seinen Namen einem Einwanderer aus Barcelona verdankt. Der Ort liegt im Ubaye-Tal und wurde im 13. Jahrhundert auf dem Reißbrett entworfen. Bereits in historischen Dokumenten werden der beeindruckende Aufbau des Ortes und die schönen Gebäude erwähnt. Noch heute sind die rechtwinkligen Straßen erkennbar, auch wenn von den Befestigungsanlagen nichts mehr vorhanden ist. Ebenfalls eine historische Besonderheit sind die engen Bindungen an Mexiko. Über Jahrzehnte spielte Mexiko eine große Rolle als Auswanderungsland und Anfang des 20. Jahrhunderts als Geschäftspartner der lokalen Textilindustrie. Noch heute ist die mexikanische Kultur gegenwärtig: Regelmäßig finden mexikanische Feste und Konzerte statt, außerdem ist Barcelonnette eine Städtepartnerschaft mit einer mexikanischen Stadt eingegangen.

Von Beginn an ist die Ausschilderung perfekt, wir fahren Richtung Westen über zwei Stolperschwellen und dann links über eine Brücke. Wir befinden uns jetzt auf der D 908 und verlassen auf einem langen geraden, aber noch flachen Stück Barcelonnette. Zunächst geht es an Häusern entlang flach dahin. Vor uns baut sich bereits die Bergkette auf und der Skiort ist hoch über uns sichtbar. Das ist natürlich motivierend, denn es schaut gar nicht weit aus. Die ersten Kilometer fahren wir die Straße zum Col d'Allos und sehen in dieser Richtung bereits imposante Felsgipfel. Doch nach rund 4 km trennen sich die Wege. Während es geradeaus weiter zum Col d'Allos geht, zweigt ausgeschildert rechts der Weg nach Pra-Loup ab.

Die Vegetation trägt stark südliche Züge, ganz anders als am nahe gelegenen Galibier.

Weg mit Steigungsangaben

Wir wechseln jetzt auf die D 109, eine kleine Landstraße mit geringem Verkehrsaufkommen. Gleich nach der Abzweigung strampeln wir Richtung Norden und erhalten so völlig neue Landschaftseindrücke. Jetzt fällt der Blick auf die gegenüberliegende Bergkette, die bisher in unserem Rücken lag.

Am Straßenrand befinden sich Kilometersteine mit perfekten Höhen-, Entfernungs- und extra für uns Radler auch Steigungsangaben. Zu Beginn hält sich die Steigung noch in Grenzen. Doch nach der ersten Kurve nimmt sie auf über 8 % zu. Rechts erhalten wir einen Blick über das verbaute Tal, das von oben nicht gerade schön ausschaut. Der Hang ist mit Lärchen, Kiefern und Laubbäumen bewaldet, aber diese geben kaum Schatten. Im Hochsommer knallt die Sonne kräftig in den Hang.

Stippvisite in Pra-Loup

Wir haben jetzt ein kurzes Erholungsstück und bald tauchen rechts die ersten Häuser auf. Den eigentlichen Ort haben wir aber noch nicht erreicht. Zwischendurch geht es sogar ein kurzes Stück bergab, bevor wir nach rund 8 km Pra-Loup erreichen. Durch den Ort geradeaus hindurch fahren wir jetzt auf einer besseren Straße. Nach der Kurve müssen wir tief durchatmen, denn die üblichen Bausünden eines französischen Skiorts rauben einem den Atem. Hier wird alles geboten, was die Skifahrer benötigen: Hotels, Sportgeschäfte, Lifte, Skiverleih und Bars sind neben der Straße aufgereiht.

Durch Pra-Loup führt eine Einbahnstraße, sodass wir einfach weiter nach oben fahren und dann in einer großen Linksschleife wieder zum Ortsausgang bergab gebracht werden. Zum Verweilen lädt

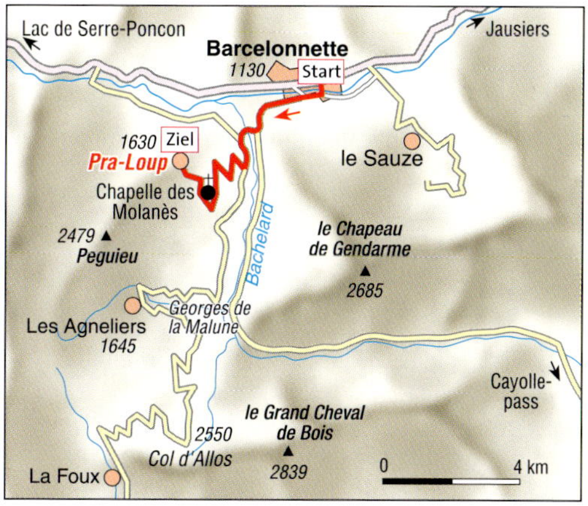

der Ort sowieso nicht ein – genießen wir stattdessen die Abfahrt!

Große Pläne

Nach solch einem kleinen Abstecher bleibt genügend Zeit, große Pläne zu schmieden. Denn in der Umgebung herrscht ein Überfluss an schönen Strecken und besonders an beeindruckenden Anstiegen. Richtung Norden sind der Col de Larche und der Col de Vars in greifbarer Nähe. Ebenfalls erreichbar sind der Col de la Bonette und der Col de la Cayolle. Der Col de la Bonette ist mit seinen 2802 m der höchste jemals überquerte Pass der Tourgeschichte. Drei Mal stand er im Programm der Rundfahrt, doch das Risiko eines Wettereinbruchs ist den Streckenplanern inzwischen zu hoch. Auch bei der eigenen Befahrung sollte

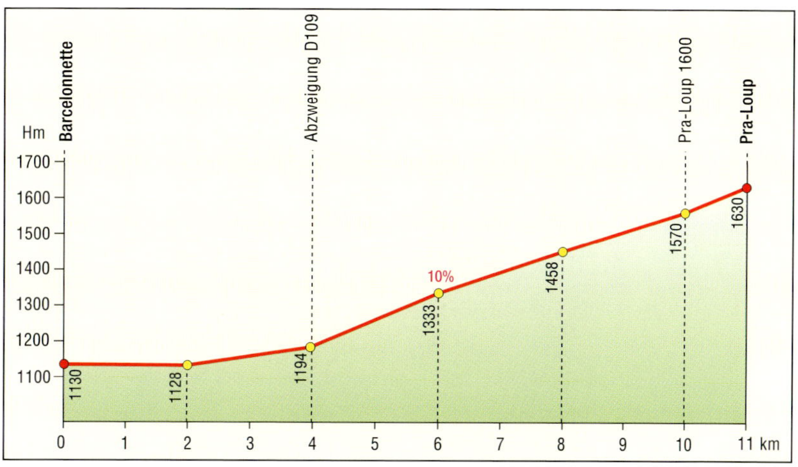

man daher vorher einen Wetterbericht einholen. Bei einer Höhendifferenz von 1660 m auch noch im Regen oder im Schnee zu fahren, ist ein Vergnügen, auf das die wenigsten Wert legen. Der Col de la Bonette ist kein echter Pass, sondern nur eine Bergstraße um den Cime de la Bonette herum. Egal, von welcher Richtung man den Bonette ansteuert, zunächst geht es über den Restefond-Pass. 14 % Höchststeigung auf dem letzten Kilometer sind auch für die Profis eine harte Aufgabe.

Albtraum der Sprinter

Als der Pass 1993 das letzte Mal von der Tour angesteuert wurde, überquerte Robert Miller vor Miguel Indurain, Claudio Chiappucci und Tony Rominger den Pass. Wie immer bei solchen Etappen mussten die Sprinter am meisten leiden. Denn an der Spitze wurde trotz des anstrengenden Höhenprofils ein sehr hohes Tempo gefahren, da der Kampf um das gelbe Trikot noch nicht entschieden war. Am Tagesende flogen gleich 15 Fahrer aus der Wertung, da sie das Zeitlimit überschritten hatten. Miguel Indurain hat seine Dominanz bestätigt und seinen Anspruch auf den Toursieg bekräftigt. Doch die harte Etappe über den Restefond-Pass hatte auch ein besonders prominentes Opfer gefordert: Laurent Fignon war aus dem Rennen. Was in Frankreich noch keiner ahnte: Damit hatte Fignon sich endgültig von der Tour de France verabschiedet. Der Toursieger von 1983 und 1984 zerbrach an den Anstiegen dieser Etappe und versuchte kein Comeback mehr.

Nahe liegende Alternative

Der Col de la Cayolle ist zwar nicht so herausfordernd wie der Restefond, aber nicht weniger lohnenswert. Den Pass kann man mit dem Anstieg nach Pra-Loup verbinden, denn wenn man auf der Rückfahrt vom Cayolle noch Kräfte hat, biegt man einfach links ab Richtung Allos/Pra-Loup. Von Barcelonnette aus gesehen führt die D 902 direkt zum Col de la Cayolle. Tief in der Bachelard-Schlucht schlängelt sich die sehr schmale Straße rund 30 km bis zur Passhöhe. Die 1200 Hm sind keine allzu große Herausforderung, doch auf den letzten Kilometern gibt es Steigungen von bis zu 10 %. Wer will, kann sogar eine Rundtour planen und über den Col des Champs und den Col d'Allos zurück zum Ausgangspunkt fahren. Dann hat man einen tagesfüllenden Ausflug hinter sich, den man bestimmt in den Beinen spürt.

Willkommen in der Retortenstadt – der Architektur wegen braucht man nicht hier hoch fahren.

Später Sieg des »Ewigen Zweiten«

Joop Zoetemelk gehört bei der Tour 1980 schon zu den alten Hasen im Peloton. Es ist bereits seine zehnte Tour de France und ihm haftet das Image des »Ewigen Zweiten« an. 1970, 1971, 1976, 1978 und 1979 hat er diesen undankbaren Platz bereits belegt. Zu seinem Pech startet er in einer Zeit mit Radsportgenies wie Merckx und Hinault. Bereits zwölf Tage ist er im gelben Trikot gefahren und muss es am Ende doch immer wieder abgeben. Alles rechnet 1980 mit einem erneuten Sieg von Bernhard Hinault, der bereits den Prolog gewinnt. Zoetemelk scheint längst zu alt, um ausgerechnet jetzt den großen Coup zu landen. Doch am Abend vor der ersten Pyrenäen-Etappe gibt Hinault aufgrund von Knieproblemen seinen Ausstieg bekannt. Zoetemelk wittert seine Chance und zeigt in den Pyrenäen seine Ambitionen auf den Toursieg. Der kleine Holländer hat ein großes Klettertalent und bereits zweimal die Etappe nach Alpe d'Huez gewonnen. Seine Erfolge in den Bergen sind kein Zufall, denn hier fühlt er sich am wohlsten: »Je härter, desto besser. Anstiege, die den meisten Fahrern wehtaten, wie zum Beispiel den Puy de Dome, die habe ich geliebt.«

So übernimmt er auch nach der ersten Pyrenäen-Etappe am 11. Juli 1980 das gelbe Trikot. Doch im Gegensatz zu den Jahren zuvor gibt er es nicht mehr her. Als er am 13. Juli auf der 208 km langen Etappe von Trets nach Pra-Loup immer noch in Gelb fährt, glauben auch seine Landsleute an einen Sieg. Diesmal gibt es sogar noch einen weiteren Grund für sie, zu feiern: Auf dem zweiten Platz liegt Landsmann Henie Kuiper. Diese Reihenfolge wird auch bis Paris beibehalten und alle freuen sich über den ersten Sieg des Holländers.

Auch nach seinem Erfolg verliert Zoetemelk nicht die Lust am Radfahren. Insgesamt kann er auf stolze 16 Tourteilnahmen zurückblicken – bis heute ist das ein ungebrochener Rekord. Dabei musste er in seiner Karriere so einige Tiefschläge verdauen. Nahezu unglaublich ist seine Verletzung, die er 1974 erlitt. Kurz vor dem Ziel der 1. Etappe des Radrennens Midi Libre sorgt das Auto eines Zuschauers für einen Massensturz, in den auch der Holländer verwickelt ist. Die Untersuchung im Krankenhaus fällt aber positiv aus, er hat den Sturzflug auf den Asphalt scheinbar unverletzt überstanden. Mit starken Kopfschmerzen setzt er sich in sein Auto und fährt hunderte Kilometer zurück nach Hause. Doch die Schmerzen sind inzwischen unerträglich geworden und so geht er dort ins Krankenhaus. Die Ärzte diagnostizieren einen Schädelbasisbruch! Viel zu spät wurde die lebensbedrohende Verletzung erkannt und seine Heilung zog sich über Monate dahin. Ein Jahr später kehrte er jedoch kampfbereit auf die Radsportbühne zurück. Ein Glück für den Radsport, dass diese Geschichte so ein gutes Ende gefunden hat!

Die letzten Kilometer nach Pra-Loup waren 1980 fest in holländischer Hand.

19 Wilder Beginn, traumhafter Mittelteil, grandioses Finale
COL D'IZOARD

Jeder Meter auf dem Weg zur Passhöhe hat am Izoard schon einen Tropfen Rennradlerschweiß abbekommen.

HC *****

HÖHE MAX.: 2360 m
HÖHENUNTERSCHIED: 1300 Hm
LÄNGE: 31,5 km
STEIGUNG MAX.: 11 %
STEIGUNG DURCHSCHNITT: 4,1 %

AUSGANGSORT
Guillestre (2280 Ew.), Département Hautes-Alpes (05)

ANFAHRT
Auf der N 94 von Briançon nach Guillestre

PARKEN
Im Ortszentrum vor der Touristeninformation

STRASSENZUSTAND
Teilweise sehr holprig

GEFAHREN
Teilweise schmale Straße und im unteren Teil nasse, dunkle Tunnels (Beleuchtung!)

PASSÖFFNUNGSZEITEN
Juni bis Mitte/Ende Oktober

Der Izoard ist ein eindrucksvoller Übergang zwischen nördlichen und südlichen Alpen. Deshalb könnten seine beiden Anstiege unterschiedlicher kaum sein. Lohnenswerter ist auf jeden Fall sein südlicher Anstieg. Ein Ausflug, der so harmlos und sanft beginnt, sich dann überraschend zu einer Kraftprobe in lebensfeindlicher Umgebung verwandelt. Ein wunderschönes Gesamtkunstwerk ist dieser Berg und es ist wirklich schade, dass er in den letzten Jahren nur selten auf dem Programm der Tour stand. Leider hat der Pass etwas an Bedeutung verloren, da die Tour nur noch selten über Nizza führt. Früher bildete der Izoard regelmäßig die Verbindung zwischen dem Meer und den Alpen. Eigentlich gehört der Pass zu den spannenden Klassikern der Großen Schleife, und die Tour 2006 hat gezeigt, dass man ihn gut in eine Alpenetappe integrieren kann.

Hart, härter Embrunman

Fragt man nach dem härtesten Triathlon der Welt, würde die Antwort der meisten wohl Hawaii lauten. Doch nur Insider wissen, dass Hawaii ein Spaziergang im Vergleich zum französischen Embrunman ist. Denn der Triathlon der Langdistanzklasse hat eine Radstrecke, die es wirklich in sich hat: Sie ist 188 km lang und hat den Izoard in die Runde eingebaut. Sie fordert damit von den Teilnehmern stolze 3800 Hm. An dieser Zahl erkennt man schon, dass der Izoard nicht die einzige Steigung bildet. Die Streckenplaner haben sich richtig Mühe gegeben und sogar ein 20 % steiles Stück eingebaut. Wer da noch aufrecht auf dem Rad sitzen kann, sollte sich nicht zu früh freuen. Denn das Schwimmen und Radfahren hat man nun hinter sich, doch die Laufstrecke ist genauso fies wie der Rest. Die Marathondistanz zu bewältigen erscheint ja keine Kunst, also wurden auch hier Steigungen bis zu 10 % eingebaut. So mancher Teilnehmer sehnt sich jetzt an die Rampen des Izoard zurück, denn da konnte man wenigstens eine kleine Überset-

Ein Augenschmaus ist der Blick auf den nördlichen Anstieg zur Passhöhe.

zung wählen. »Die Schwimmstrecke? Ja, die is' flach, aber wenn die da einen Berg einbauen könnten, sie würden's tun«, lautete das Fazit des 12-fachen Ironman-Finishers Ulrich Fluhme.

Ein Trainingskollege urteilte über das Rennen: »Ironman Lanzarote, so ein Rennen kannst du jedes Jahr machen. Ist zwar hart, aber in 365 Tagen hast du die Schmerzen locker vergessen. Embrun ist anders. Das brennt sich ein. Da ist maximal ein Zweijahresturnus möglich. Die Schmerzen hast du nicht so schnell mal über den Winter vergessen.«

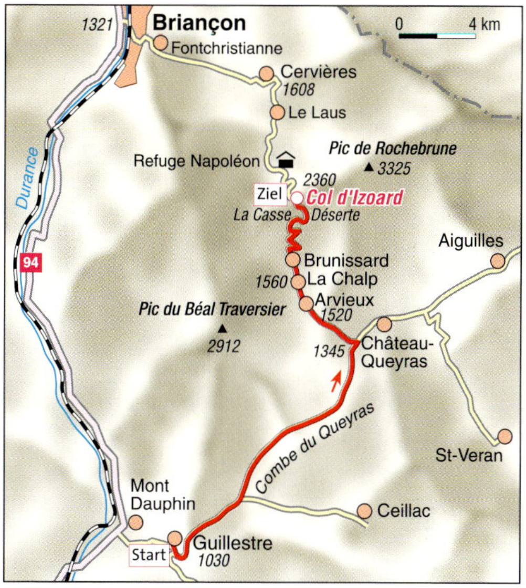

Im südlichen Teil der Alpen

Im Vergleich zu dieser Quälerei erscheint unser heutiges Programm eine Kaffeefahrt. Bergauf und an einem Supermarkt vorbei verlassen wir Guillestre, erst beim nächsten Kreisverkehr ist der Col d'Izoard ausgeschildert. Nach 2 km rauschen wir lange bergab. Die Straße ist hier sehr holprig und verläuft spektakulär entlang überhängendem Fels. Fast möchte man seinen Kopf einziehen, so nah sind die schroffen Felsen. In Schlangenlinien rollen wir immer bergab und es folgen mehrere Tunnels, die zum Teil unbeleuchtet und leider auch nass sind.

Wir sind jetzt von einer extrem zerklüfteten Landschaft umgeben, die eine gewaltige Kulisse abgibt. Es ist auch offensichtlich, dass man sich im südlichen Teil der Alpen befindet. Zirpende Grillen, sommerliche Kiefern und flimmernde Hitze auf bräunlichem Fels begleiten uns. Man kann sich kaum vorstellen, dass der Galibier in Reichweite ist.

Flach dahin

Neben der Straße befindet sich ein sehr tiefes Bachbett und geradeaus erwartet uns ein sehr schmaler Felsdurchschlupf. Wir werden begleitet vom lauten Rauschen des Wassers und es sind zum Glück auch kaum Autos unterwegs. Wir fahren ein langes gerades Stück am Bach entlang und haben seit dem Start in Guillestre zwar schon 7 km, aber noch kaum Höhenmeter hinter uns gebracht. Bisher handelt es sich also eher um einen harmlosen Familienausflug als um eine gefürchtete Touretappe.

Nach einem unbeleuchteten Tunnel geht es leicht bergab und dann in einem langen geraden Stück flach dahin. Die Ungeduld nimmt zu, denn immer noch ist keine Steigung in Sicht.

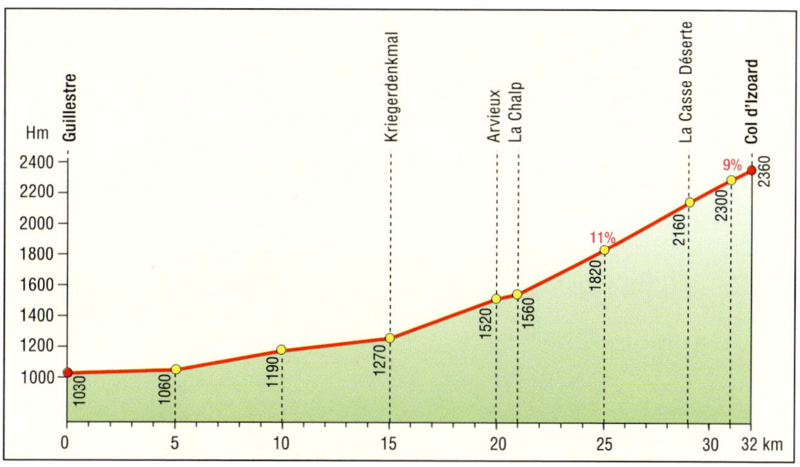

Weiter nach Arvieux

Nach 15 km verlässt die Straße den Fluss und unser Wunsch wird erfüllt: Endlich beginnt der Kletterspaß! In kleinen Serpentinen radeln wir an einem Kriegerdenkmal vorbei und geradeaus ist das Château Queyras am Horizont sichtbar. Doch wir schweifen nicht in die italienische Ferne, wo der Weg geradeaus hinführt, sondern stürzen uns links in die nächste Steigung. Es geht jetzt spürbar bergauf und vor uns öffnet sich der Blick auf eine gewaltige Bergkulisse.

Immer wieder gibt es zwischendurch kurze flache Stücke auf dem Weg zum kleinen Ort Arvieux. Gleich am Ortseingang befindet sich die gotische Steinkirche Saint-Laurent aus dem 16. Jahrhundert. In einer sehr engen Durchfahrt rauschen wir an Restaurants und Geschäften vorbei durch den Ort.

Das steilste Stück

Ausgeschilderte Klettersteige verraten, dass hier auch Bergfreunde voll auf ihre Kosten kommen. Wir befinden uns jetzt in einem weiten Tal mit mehreren kleinen Dörfern, die sich schön in die Landschaft einfügen. Die Steigung zieht nach 25 km bereits kräftig an und nach einer Kurve erklimmen wir das steilste Stück der Strecke. Die sehr schmale, Strecke windet sich bei bis zu 11 % die kiefernbewachsenen Hänge empor.

Es folgt eine Serpentine nach der anderen und in den Kurven erhalten wir immer wieder einen schönen Blick in die Ferne. Hoch erhabene Berggipfel zeichnen sich am Horizont ab und an einem schönen Sommertag bevölkern bunte Gleitschirmflieger den Himmel.

Einzigartige Landschaft

Nach einigen Kurven erreichen wir urplötzlich die »Casse Desserte«. Nach den bewaldeten Hängen mit ruhigem südlichen Flair ist der Kontrast zu dieser wilden alpinen Fels- und Geröllwüste enorm. In ganz Frankreich findet man keine vergleichbare Landschaft und der Blick über die von Erosion zerfressenen Felssäulen ist faszinierend. Steinschlag ist hier an der Tagesordnung und so sollte man nicht an der falschen Stelle zum Fotostopp halten.

Am Ende der 300 m langen Zwischenabfahrt befindet sich links an einem Felsen ein Denkmal für Fausto Coppi und Louison Bobet. Kurz darauf ist die Passhöhe bereits sichtbar. Es folgen noch die letzten Serpentinen; die Steigung zieht jetzt noch einmal spürbar an.

Rechte Seite: Schöner geht es nicht: die letzten Kilometer der südlichen Auffahrt zum Izoard

In der Casse Deserte wurde Fausto Coppi und Louison Bobet ein Denkmal gesetzt. Die Marmorplatten wurden im Namen der Leser der Sportzeitschrift »L'Équipe« angebracht.

Wie ein verspielter Regenwurm

Auf der Passhöhe erinnert ein großes Denkmal an die Erbauer der Straße und knapp unterhalb des Gipfels steht das Chalet d'Izoard. Zu beiden Seiten schlängelt sich die Straße wie ein verspielter Regenwurm den Hang hinab.

Ein Denkmal erinnert an die Errichtung der Straße.

Wer jetzt die gleiche Strecke wieder zurückfährt, sollte bei der Abfahrt vorsichtig sein. Im oberen Teil ist die Straße extrem schmal und am Ende der Abfahrt stellen die unbeleuchteten und nassen Tunnels ein nicht zu unterschätzendes Risiko dar. Doch zuvor sollte man sich noch die Worte von Tour-Gründer Henri Desgrange auf der Zunge zergehen lassen:

»Der Izoard ist wie eine Gute-Nacht-Geschichte, die niemals aufhört. Denn der Izoard endet nicht, er ist unendlich: Er hat Stellen, die einem suggerieren, dass man ihn beherrscht. Doch das ist überhaupt nicht der Fall, gerade wenn man einen Seufzer der Erleichterung ausstößt, bietet er nach einer Kurve den Beinen eine Kletterei, die einen Maulesel zum Schnauben bringen würde.«

Höchste Stadt Europas

Wer den Izoard aus praktischen Erwägungen doch von der Nordseite hinauffährt, verzichtet auf landschaftliche Höhepunkte. Doch aus sportlicher Sicht ist natürlich auch dieser Anstieg ein Vergnügen. Knapp 1000 Hm sind in 21 km zu bewältigen. Start ist in Briançon, das sich als höchstgelegene Stadt Europas bezeichnet. Die Straße führt bei geringer Steigung auf der D 902 durch das Cerveyrette-Tal. Erst nach der Hälfte der Strecke nimmt die Steigung zu. Bei bis zu 12 % Steigung geht es auf die Passhöhe zu.

Die Straßenverbindungen ermöglichen auch eine nicht allzu herausfordernde Rundtour. Denn die N94 verbindet Guillestre und Briançon und ermöglicht damit die schnelle Rückkehr. Leider ist die Hauptstraße jedoch stark befahren, nach der schönen Umgebung am Izoard ist der Verkehr ein echter Schock.

Einen Fotostopp sollte man in der Casse Deserte nicht einlegen, Steinschlag ist hier an der Tagesordnung.

Allein in der Wüste

Lange Zeit gehörte der Izoard zu den wichtigsten Pässen der Tour. Die Etappen begannen meist an der Küste in Nizza oder Cannes und endeten in Briançon. Erst ab den 1980er-Jahren verlor er an Bedeutung, weil die Tour nicht mehr ans Mittelmeer führte. Begonnen hatte der Ausflug in die Geröllwüste am 13. Juli 1922 und damit elf Jahre nach der Erstbefahrung des Galibier. Die Etappe ging von Nizza nach Briançon und der Belgier Philippe Thys bewältigte die 274 km in 12:50 Stunden.

Drei Namen sind untrennbar mit dem Izoard verbunden: Gino Bartali, Louison Bobet und Fausto Coppi. 1938 unterstrich Bartali seine Überlegenheit mit einem einsamen Ritt über den Izoard. Schon auf der Strecke teilte ihm ein Betreuer mit, dass er die Gesamtführung der Tour übernommen hatte. Doch daran hatte Bartali kaum Freude, denn die Erschöpfung war viel zu groß. Mit einem Vorsprung von 17 Minuten gegenüber dem bisherigen Spitzenreiter erreichte er schließlich das Ziel in Briançon und eroberte das gelbe Trikot.

Der Krieg zwang die Tour zwar zu einer Pause, doch Bartali leistete Großes: Er nutzte seine Trainingsfahrten, um geheime Dokumente zu schmuggeln und rettete so vielen Menschen das Leben. Zehn Jahre nach seinem ersten Toursieg ging Bartali 1948 wieder an den Start. Inzwischen wurde er »il vecchio«, der Alte, genannt. Die Tour führte wieder über den Izoard und Bartali hatte gerade den ehrenwerten Auftrag bekommen, sein Land vor dem Bürgerkrieg zu retten: Vor dem Start der Etappe hatte ihn der italienische Ministerpräsident Alcide De Gasperi angerufen und ihm erklärt, dass der Kommunistenführer Palmiro Togliatti ermordet wurde. Gasperi bat Bartali, mit Etappensiegen Italien abzulenken und ein Chaos zu verhindern.

Die Bedingungen an diesem Tag waren eine wahre Katastrophe. Bei eisigem Regen und Schneesturm kämpfte Bartali sich den Pass hinauf. Zu allem Unglück hatte er an der Verpflegungsstelle keinen Proviantbeutel geholt. Zehn grimmige Kilometer schindete er sich noch bergauf und drei Bananen eines Zuschauers retteten ihn vor dem Zusammenbruch.

Fausto Coppi beherrschte nicht nur die Titelseiten der Sportpresse, sondern wurde auch von der Klatschpresse unfreiwillig auf den Titel gepackt.

Bartali nam den Auftrag seines Ministerpräsidenten sehr ernst, gewann drei Etappen in Folge und gelangte am Ende als Sieger nach Paris.

Im folgenden Jahr fand jedoch die italienische Wachablösung statt. Bartali und Fausto Coppi erklommen Seite an Seite den Izoard. Coppi war deutlich überlegen und überließ seinem Mannschaftskameraden der Etappensieg, denn dieser hatte heute Geburtstag. Coppi holte sich in diesem Jahr den Toursieg. Ganz Italien war gespalten in Anhänger des frommen Bartali und jenen des nüchternen Strategen und Genussmenschen Coppi.

1950 erklomm Louison Bobet als Erster die Passhöhe. Er profitierte dabei aber von der Abwesenheit der Italiener. Im Nachkriegsfrankreich hatte sich eine antiitalienische Stimmung breit gemacht. Am Aspet hatte sich diese in einem Handgemenge entladen, worauf die Italiener erbost die Heimreise antraten.

1953 siegte Bobet erneut am Izoard, vielleicht hatte ihn dabei ein Zuschauer besonders motiviert. Denn am Straßenrand stand kein geringerer als Fausto Coppi und spendete ihm Beifall. Mit einem Vorsprung von elf Minuten auf den bisherigen Spitzenreiter eroberte er das gelbe Trikot und behielt es bis Paris.

Die Liste der Führenden am Izoard war auch in den folgenden Jahren mit großen Namen besetzt: Eddy Merckx, Bernard Thévenet, Luvien Van Impe, Claudio Chiappucci und Santiago Botero überquerten jeweils als Erste den Pass.

20 Beschauliche Tour mit knackigem Start
COL DE VARS

1 **

HÖHE MAX.: 2109 m
HÖHENUNTERSCHIED: 1057 Hm
LÄNGE: 20 km
STEIGUNG MAX.: 9 %
STEIGUNG DURCHSCHNITT: 5,3 %
AUSGANGSORT
Guillestre (2280 Ew.), Département Hautes-Alpes (05)
ANFAHRT
N 94 von Briançon nach Guillestre
PARKEN
Vor dem Office de Tourisme
STRASSENZUSTAND
Perfekt
PASSÖFFNUNGSZEITEN
ckxjlvhck

Wenige Kilometer nach Guillestre kehrt auf der Straße Ruhe ein.

Zugegeben, wer am Vortag den Col d'Izoard gefahren ist, wird von dieser Tour nicht sonderlich beeindruckt sein. Die Unterschiede sind offenkundig: Auf dieser Strecke gibt es mehr Verkehr und natürlich ist die Landschaft nicht so spektakulär.

Abwechslungsreicher Anstieg

Trotzdem ist dieser Anstieg erwähnenswert, denn nicht nur das Höhenprofil bietet seine Reize, auch der weite Blick über das Tal ist lohnenswert. Das Durance-Tal bildet ein wichtiges Verbindungstal, über das sowohl Autos und Lastwagen aus Italien als auch aus den französischen Alpen Richtung Süden donnern. Die Verkehrsdichte bei der Anreise nach Guillestre ist daher enorm. Der Anstieg selber ist zum Glück von diesen Autokolonnen verschont. Dass die heutige Tour beileibe kein Spaziergang wird, merkt man bereits auf den ersten Kilometern. Vom Parkplatz aus geht es ausgeschildert auf der D 902 nach Vars und gleich zu Beginn bergauf.

Die ersten Serpentinen nach rund 2 km ändern unsere Richtung und lenken damit den Blick auf die mit Kiefern bewachsene Umgebung. Auf den folgenden Kilometern sorgen die ständigen Kurven für abwechslungsreiche Blickwechsel über das Tal. Die Straße wird jetzt etwas schmaler und geht direkt am Fels vorbei, bei einer konstanten Steigung um die 8 %.

Es geht weiterhin in steilen Serpentinen bergauf und sanfte Wiesenhänge entlang. Nach 8,5 km fahren wir über eine kleine Brücke und kommen an einer Trinkwasserquelle vorbei, die links der Straße zum Auffüllen der Bidons einlädt. Wir haben dank der konstanten Steigung jetzt schon über die Hälfte der Höhenmeter absolviert und werden mit einer kurzen Zwischenabfahrt belohnt.

Mut zum Übermut?

Wir erreichen Vars und rollen bergab durch den Ort. Geradeaus zeichnet sich ein gewaltiges Felsmassiv ab, auf das wir auf den folgenden Kilometern zusteuern. Rechts befinden sich Hänge mit den ersten Skiliften und wir durchfahren erneut einen Ortsteil von Vars. Bei der leichten Steigung fliegen wir fast nach oben – ob es wohl gelingt, die Tempobeschränkung von 30 km/h einzuhalten? Eine übermütige Frage, die gleich bestraft wird, denn noch im Ort geht es eine sehr steile Rampe bergauf.

Wir erreichen bald den nächsten Ortsteil des Skigebiets, der mit seinen hässlichen Gebäuden nicht zum Verweilen einlädt. So genießen wir nach 16 km befreit die Landschaft, denn jetzt stört kein Beton mehr den Blick. Stattdessen passieren wir einen Lärchenwald und vor uns dominiert der karge alpine Bewuchs.

Mit Schwung geht es auf einem Flachstück am Refuge de Napoléon vorbei, das immerhin seit 1858 hier seinen Platz behauptet. Vor der Hütte liegt ein kleiner Bergsee. Wir haben jetzt einen wunderbaren Blick auf die Felsgiganten direkt vor uns geradeaus. Auf den letzten Metern steigt die Straße noch einmal an, bevor wir die Passhöhe (Bar/Resto) erreichen. Der Blick nach Süden ist beeindruckend und die steilen Serpentinen, die auf der anderen Seite ins Tal führen, sind Schwindel erregend.

Steiles Finale

Wer den Col de Vars über den Südanstieg von Gleizolles aus befährt, hat deutlich weniger Höhenmeter zu bewältigen. Selbst das weiter entfernte Barcelonnette (1150 m) als Startpunkt sorgt zwar für etwas mehr Kilometer, aber nur wenig zusätzliche Höhenmeter. Doch eine Spazierfahrt ist es keineswegs, denn während es auf den ersten Kilometern gemütlich dahinplätschert, wird der letzte Teil zu einer schweißtreibenden Angelegenheit. Erst ab dem kleinen Örtchen Saint-Paul (1488 m) merkt man, dass es jetzt nach oben geht. Doch bevor es richtig zur Sache geht, kommt noch ein langes flaches Zwischenstück. Mit Steigungen zwischen 8 % und 12 % gewinnt man dann auf dem letzten Stück die nötige Höhe bis zum Pass.

Gut verbunden

Im Idealfall verbindet man den Col de Vars mit

einem der zahlreichen Pässe der Umgebung. Ein Begleitfahrzeug wäre daher eine angenehme Sache, denn dann kann man die Höhenmeter des Rückwegs einsparen. Wer den Pass wie oben beschrieben fährt und dann auf der Südseite ins Tal rauscht, kann problemlos zum Col d'Allos, Col de la Cayolle, Col de Restefond/Bonette oder Col de Larche weiterfahren. Letzterer liegt direkt an der italienischen Grenze und stand aufgrund dieser Randlage noch nie im Programm der Tour. Wer von der Abfahrt des Col de Vars in Les Gleizolles ausrollt, kann gleich der Beschilderung zum Col de Larche auf die D 900 folgen. Knapp 16,5 km sind es von hier bis zur Passhöhe und damit ist man auch ohne

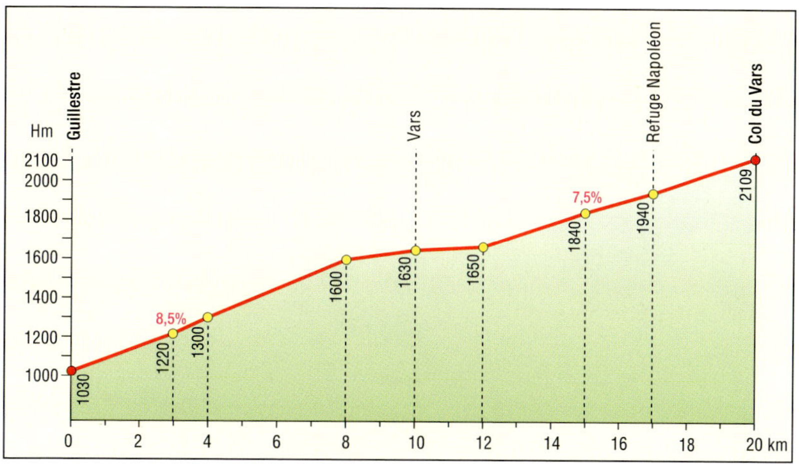

Unter der südlichen Sonne ist der schattenlose Anstieg zum Col de Vars kein Spaziergang.

Begleitauto nicht überfordert, wenn man den gleichen Weg wieder zurückfährt. Bis zum Gipfelsieg gilt es allerdings noch 1100 Hm zu bewältigen. Die Fahrt gehört zu den schönsten Passfahrten in den Alpen und bietet neben einer grandiosen Bergkulisse auch eine schöne Straße. In schönen Serpentinen geht es den 1996 m hohen Pass hinauf. Oben angekommen, belohnt ein Blick ins italienische Piemont. Ein lohnenswerter Abstecher, und bei all den schönen Sinneseindrücken, fällt der Rückweg nach Guillestre nicht allzu schwer!

Rolf Aldags Ritt ins Bergtrikot wurde im Dokumentarfilm »Höllentour« (NFP/Universal) festgehalten.

Deutsche im Bergtrikot

Das Klettern war noch nie die Stärke deutscher Fahrer und so überrascht es nicht, dass erst drei deutsche Radler das Bergtrikot fahren durften. Alle drei eroberten das gepunktete Trikot aber unter recht ungewöhnlichen Umständen.

Jens Voigt ist mittlerweile berühmt für seine mutigen Ausreißversuche und hat damit schon auf Dutzenden Etappen für Spannung gesorgt. 1998 war er noch recht jung und unerfahren, als die 9. Etappe von Montauban nach Pau führte. Weil die 210 km lange Strecke an seinem derzeitigen Wohnsitz vorbeiführt, ist er heute besonders motiviert und möchte seiner Nachbarschaft zeigen, was er drauf hat. Nach 41 km wirft er sich entschlossen in den Wind, um ein paar Bergpunkte zu sammeln. Mit diesem engagierten Angriff hat er eine Ausreißergruppe gegründet, von der sich drei Fahrer als kleine Führungsgruppe Richtung Ziel arbeiten. Voigt leistet kräftig Führungsarbeit und holt sich an drei Bergen der vierten Kategorie die Bergpunkte. Der ehemalige Friedensfahrt-Gewinner biegt als Erster auf die Zielgerade in Pau ein, doch in seinem Schlepptau hat er zwei erfahrene Fahrer. So gelingt ihm zwar kein Etappensieg, aber er darf am nächsten Tag im Bergtrikot fahren. Ein kurzer Spaß, denn nach einem Tag muss er es schon wieder abgeben. Doch der ehemalige Trainingskollege von Jan Ullrich ist zufrieden.

Noch ausgefuchster ist die Jagd auf die roten Punkte von Marcel Wüst. Die Tour beginnt mit einem 16,5 km langen Einzelzeitfahren. Einzige Erhebung der Strecke ist ein kleiner Hügel mit 37 Hm. Wer diesen am schnellsten erklimmt, bekommt das Bergtrikot. Wüst fährt mit seinem normalen Rad bis zum Hügel, gibt gehörig Gas und steigt oben auf seine Zeitfahrmaschine um. Zwar ist er nur 142. der Etappe, hat aber erfolgreich das Bergtrikot erobert. Ein genialer Schachzug des Sprinters, der ihn ins Rampenlicht der Öffentlichkeit rückt. Er trägt das Bergtrikot noch vier Tage lang und landet einen weiteren Erfolg. Auf der Etappe nach Vitré siegt er im Massensprint, vor ihm hat erst ein Träger des Bergtrikots das geschafft.

Allround-Fahrer Rolf Aldag landet im Jubiläumsjahr 2003 einen Coup, den er selbst kaum glauben kann. Auf der 7. Etappe von Lyon nach Morzine macht sich Richard Virenque auf die Jagd nach Bergpunkten. Aldag klebt an seinem Hinterrad und kommt erst zwei Minuten nach Virenque ins Ziel. Der Franzose ist nach der Etappe Träger des gelben Trikots und des Bergtrikots. Da er natürlich nicht beide anziehen kann, überlässt er Aldag das Bergtrikot. Dieser steht am Ende der Etappe sogar auf Platz drei der Gesamtwertung und wird von seinem Zimmergenossen Erik Zabel entsprechend gefeiert. Festgehalten wird die Witzelei der beiden sympathischen Tourveteranen im Kinofilm »Höllentour«. Am nächsten Tag hat Aldag die Ehre, im Bergtrikot über den Galibier nach Alpe d'Huez zu fahren. Aldag ist damit der erste Deutsche, der die berühmten 21 Kurven Serpentinen am »Berg der Holländer« im Bergtrikot hinauffährt. Das ist ihm zunächst fast unangenehm, denn er hat Zweifel, ob er auf dieser schweren Etappe dem Trikot gerecht werden kann. »Ich fühle mich wie ein Clochard im Smoking auf einem Elysée-Empfang«, erklärt er in einem Interview. Gegenüber seinem Team-Manager droht er nicht ganz ernst gemeint, das Trikot unter einer Regenjacke zu verstecken. Doch Jahre nach seinem Husarenritt hat das Trikot in seiner Sammlung einen Ehrenplatz eingenommen. Der Ex-Radprofi und Ironman-Finisher hat sich aber vor allem durch seine jahrelange, konstante Leistung tief in das Gedächtnis der Tour-Fans eingebrannt.

Auch ein kleiner Pass kann einen großen Medienrummel verursachen, besonders dann, wenn er einem Deutschen ins Bergtrikot verhilft.

Alpen Nord

21 Kraft raubender Ausflug in das Chartreuse-Massiv
COL DU GRANIER

Auf dem Weg zum Col du Granier

2 **

HÖHE MAX.: 1134 m
HÖHENUNTERSCHIED: 864 Hm
LÄNGE: 15 km
STEIGUNG MAX.: 12 %
STEIGUNG DURCHSCHNITT: 5 %

AUSGANGSORT
Barberaz bei Chambéry

ANFAHRT
Von Annecy auf der Schnellstraße (Richtung Autobahn Grenoble) an Chambéry vorbei, dann Ausfahrt 19 La Ravoire. Gleich links über die Brücke, dort wieder links zur Autobahn, nach 50 m rechts Ausfahrt Richtung Barberaz. Parallel zur zweispurigen Schnellstraße, nach 200 m links unter zwei Brücken hindurch, erneut links Richtung »Barberaz Centre«. Beim nächsten Kreisverkehr rechts auf den Parkplatz »Centre Commercial«.

PARKEN
Parkplatz »Centre Commercial« (Einkaufszentrum) in Barberaz

STRASSENZUSTAND
Teilweise große Flicken

GEFAHREN
Im oberen Teil enge Kurven; kurzer unbeleuchteter Tunnel

PASSÖFFNUNGSZEITEN
April bis Oktober

Der Col du Granier ist eine unscheinbare, aber sportliche Aufgabe. Die Schwierigkeitsbewertung gaukelt einen Spaziergang vor, nach wenigen Metern wird man aber eines Besseren belehrt. Bei dieser Tour empfiehlt sich ein Seiteneinstieg: Wer in Chambéry anfängt, quält sich durch die verstopften Straßen einer großen Stadt und geht in der schlechten Beschilderung schnell verloren. Trotz Stadtplan war es mir in mehreren nervenaufreibenden Versuchen nicht möglich, den Weg zwischen den verwinkelten Straßen der Stadt zu finden. Es lohnt sich daher die Mühe, den hier beschriebenen Parkplatz in Barberaz anzusteuern, selbst der ist nicht ganz einfach zu finden.

Noch ohne Beschilderung

Beim Start fehlt noch die Ausschilderung, daher sollte man die ersten Meter aufpassen. Wir fahren vom Parkplatz links bereits steil bergauf zwischen den Häuserzeilen hindurch. Nach wenigen hundert Metern biegen wir vor einer Kirche rechts ab; kein Verkehrsschild weist hier den Weg. Es geht nun an einer Steinmauer entlang, und rechts unter uns zeichnen sich die Hochhäuser des Stadtzentrums von Chambéry ab. Wir erreichen den Rand der Stadt Chambéry und nach einer rund 200 m langen Zwischenabfahrt biegen wir die erste Möglichkeit links auf die D 912 ab. Hier ist der Col du Granier erstmals ausgeschildert, das Verkehrsschild zeigt auch schon den Weg in das Massif de la Chartreuse. Ab hier geht es nur noch geradeaus – Orientierungsprobleme gibt es jetzt keine mehr.

Durch wilde Felsszenerie

Nach 3,5 km verlassen wir Chambéry und erreichen Jacob Bellecombette, wo wir weiter geradeaus Richtung Col du Granier fahren (ausgeschildert). Gleich auf den ersten Kilometern geht es kräftig bergauf,

durchschnittlich 6 % Steigung sorgen für eine warme Muskulatur. Wir durchfahren noch mehrere Orte, bevor die Bebauung zurückgeht.

Nach 6 km haben wird das steilste Stück der Strecke erreicht, das mit 10 % unsere ganze Kraft fordert. Links zeichnen sich bereits die senkrechten Felsabbrüche ab, die das Landschaftsbild der Gegend prägen. Nach einer steilen Linkskurve fahren wir direkt auf diese Felsenszenerie zu. Eine Serpentine läutet nach 9 km das schönste Stück der Strecke ein. Jetzt geht es direkt entlang den brüchigen Felsen. Die vielen Drahtnetze hängen sicher nicht ohne Grund, das bröselige Gestein landet wohl hin und wieder auch auf der Straße. Die Straße führt jetzt in einem Tunnel links unter dem Felsmassiv hindurch. Der etwa 80 m lange Tunnel ist unbeleuchtet und besonders in der Abfahrt unangenehm. Die Straße führt nun rechts weiter bergauf, die Ausschilderung ist weiterhin perfekt. Viele Flicken im Belag bremsen allerdings den Aufstieg, in der Abfahrt fordern sie erhöhte Wachsamkeit. Wir haben jetzt einen großen Felsklotz im Visier, den Chamechaude (2088 m).

Bis zur Passhöhe ist der höchste Berg des Chartreuse-Massivs immer direkt vor uns. Kleine Bäche stürzen rechts den Hang hinunter und in langen Geraden geht es bei mäßiger Steigung weiter zur Passhöhe. Wir sind jetzt im Parc Régional de Chartreuse angelangt.

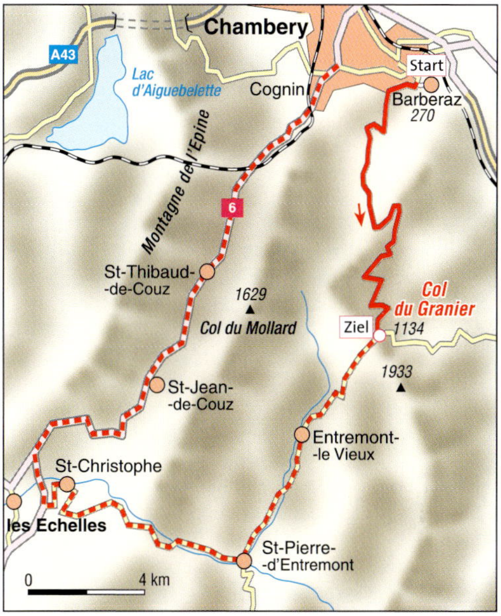

Es bietet sich an, diesen Anstieg zu einer Rundtour auszubauen. Wer dem ausgeschilderten Fahrradweg Circuit de Chartreuse Nr. 26 folgt, überquert den Pass und biegt bei Entrement-le-Vieux rechts ab nach Corbel. Dort folgt man der Beschilderung zurück nach Chambéry (siehe auch Infokasten).

Damit hat man einen schönen Ausflug in das berühmte Chartreuse-Massiv gemacht und sich mit 56 km und 1180 Hm nicht übermäßig verausgabt. Einziger Nachteil dieser Variante: Man kommt rund 1 km entfernt vom Ausgangspunkt an und

Vorangehende Doppelseite: Den berühmten Spruch »Ulle quäl dich« findet man am Col de Col de la Madeleine.

Linke Seite unten: Hoch über dem Tal von Chambéry verläuft die Straße direkt am Fels.

Ausbau zur Rundtour

Nach 15 km radeln wir über eine Brücke (Pont de Sauvière) an einem Wasserfall vorbei und kommen kurz darauf am Col de Granier an. Auf dieser Passhöhe erwartet uns eine schöne Sicht auf die Alpen; wer Durst oder Hunger hat, findet auch ein Restaurant vor.

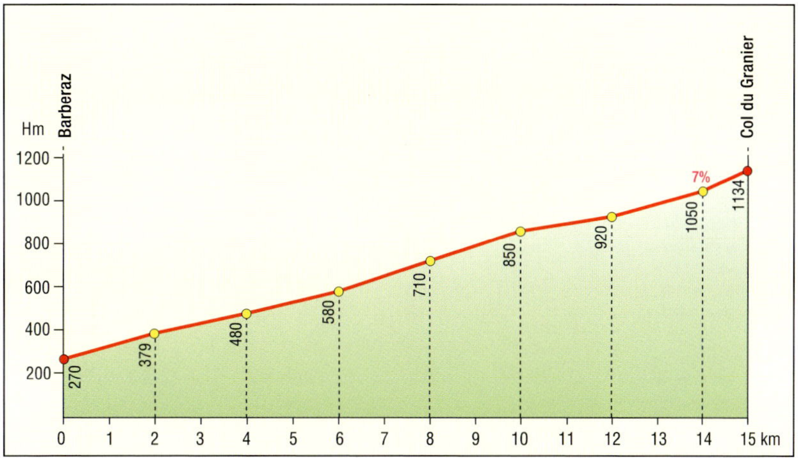

RENNRADTOUREN SAVOIE UND HAUTE-SAVOIE

Die Fremdenverkehrsämter der Départements Savoie und Haute-Savoie haben gemeinsam eine Broschüre für Radfahrer herausgegeben, die zahlreiche Routenvorschläge anbietet. Mit einem Umfang von 56 Seiten und einer großen Übersichtskarte hat man fast schon einen kleinen Führer zusammengestellt. Nicht alle Touren erreichen auch die für Rennradfahrer gewünschte Länge und Schwierigkeit, doch bei der großen Anzahl der Routen ist genügend Interessantes dabei. Das Tourengebiet reicht vom Lac Leman im Norden bis zum Galibier im Süden. Zum Großteil sind die Strecken vor Ort ausgeschildert, dann spart man sich sogar den Blick auf die Karte. Die Touren sind nach verschiedenen Schwierigkeitsgraden farblich geordnet, für uns sind natürlich die schwarz gekennzeichneten »parcours athlétique« am interessantesten. Die Beschreibungen der einzelnen Strecken erfolgen auf englisch und französisch. Neben Übersichtskarten gibt es Bei Bedarf auch noch kleine Höhenprofile.

Die Broschüre «Vélo tourisme - Savoie Haute Savoie« ist bei folgenden Fremdenverkehrsämtern erhältlich:

Agence Touristique de la Savoie
24, boulevard de la Colonne
73025 Chambéry cedex
Tel. : 04 79 85 12 45
www.savoiehautesavoie.com

Agence Touristique de la Haute-Savoie
56, rue Sommeiller – BP 348
74012 Annecy cedex
Tel.: 04 50 51 32 31
www.savoiehautesavoie.com

muss sich den Weg zurück zum Ausgangspunkt etwas suchen. Denn auch wenn die Ausschilderung unterwegs sehr gut ist, geht man bei der Rückkehr in Chambéry leicht verloren. Den Weg zum Startpunkt sollte man sich gut einprägen.

Rechte Seite: Der Col du Granier bietet einen abwechslungsreichen Anstieg.

Der wuchtige Felsklotz des Chamechaude begleitet die Radfahrer bis zur Passhöhe.

»Poupous« erster Etappensieg

1962 waren sich alle einig: Toursieger konnte nur der Franzose Jacques Anquetil werden. Denn der Gewinner der Jahre 1957 und 1961 zeigte sich in der Vorbereitung erneut in Bestform. Doch am Col du Granier betrat ein neuer, ernsthafter Konkurrent die Bühne. Der Bauernsohn Raymond Poulidor bestach bei seiner allerersten Tour de France mit hervorragenden Leistungen und meldete sich damit als zukünftiger Titel-Aspirant. Dabei sah es vor dem Prolog gar nicht gut aus für ihn. Er hatte sich die Hand gebrochen und musste mit einem Gips an den Start gehen. Trotz Schmerzen am Handgelenk wagte er auf der 19. Etappe von Briançon nach Aix-les-Bains den Angriff. Im Alleingang stürmte er auf seiner langen Flucht im Chartreuse-Massiv über den Col du Granier und konnte sich seinen ersten Etappensieg sichern.
Damit begann keineswegs eine neue Epoche, denn Poulidor schien bei der Tour de France vom Pech verfolgt. Kein einziger Toursieg war ihm vergönnt, obwohl er Jahr für Jahr sein Bestes gab. Der Zweikampf zwischen ihm und Anquetil prägte die folgenden Jahre und stets zog »Poupou« den Kürzeren. Seiner Popularität schadete das nicht, im Gegenteil: Er wurde von ganz Frankreich geliebt wie kein anderer.

1964 stand die Tour de France über die gesamte Distanz von 4500 km im Zeichen des Duells zwischen Anquetil und Poulidor. Bereits vor dem Start waren die Voraussetzungen für ein spannendes Duell ideal. Jacques Anquetil hatte gerade zum zweiten Mal den Giro d'Italia gewonnen und dabei eine überragende Leistung gezeigt. Doch auch Poulidor konnte seine gute Form bereits zur Schau stellen, denn er hatte gerade die Vuelta gewonnen. In den ersten zwei Wochen beäugten sich die beiden kritisch, doch keiner konnte einen entscheidenden Vorteil erarbeiten. 1964 war Poupou so nah an seinem ersten Triumph wie nie zuvor. Gleich dreimal verpasste er die Chance, in Führung zu gehen. Beim Sprint auf der Rennbahn in Monaco wurde er übertölpelt, Anquetil gewann und sicherte sich damit die Zeitgutschrift. Als es in die Pyrenäen geht, scheint die Siegesgewissheit Anquetil zum Verhängnis zu werden. Am Vortag hat er gespeist, als wenn es um die Feier des Gesamtsieges ging, und die Fotografen lichten ihn auf einer Party mit einem Glas Sangria und einer Zigarrette ab. Kein Wunder, dass er seine Sünden bei dem folgenden, 30 km langen Anstieg zu spüren bekommt. Am Start schaut er bereits ziemlich blass aus und seine stärksten Konkurrenten sehen den idealen Moment gekommen, um ihn zu besiegen. Mit schweren Beinen quält er sich den Pass hinauf. Poulidor fühlt sich jetzt besonders ermutigt, denn sein Vorsprung ist schon so groß, dass er im virtuellen gelben Trikot fährt. Bereits vier Minuten hat Anquetil auf der Passhöhe des Port d'Envalira auf seinen Rivalen verloren und scheint sogar nahe an einem Zusammenbruch. Sein Teamkamerad und sein sportlicher Leiter müssen ihn immer wieder anspornen, denn Anquetil denkt sogar an die Aufgabe des Rennens. Die Tour de France lebt zum großen Teil von ihren mythischen Geschichten und Geschichtchen, die nicht immer zwischen Dichtung und Wahrheit unterscheiden. Selten wird dies so deutlich wie an der Beschreibung der Tour 1964. Die Legende will es, dass der sportliche Leiter Raphaél Géminiani Anquetil auf den letzten Metern vor der Passhöhe ein Bidon mit Champagner füllte, der für die Siegesfeier im Auto lag. »Entweder bringt dich das Zeug um, oder es hilft dir wieder auf die Beine«, soll er laut dem britischen Radsportjournalisten Les Woddland gesagt haben. Mit Tatsachen untermauert ist auf jeden Fall, was dann geschah. Obwohl der Berg in dichten Nebel gehüllt war, stürzte Anquetil sich mit todesverachtender Geschwindigkeit in die Kurven. Das war besonders erstaunlich, da

Fester Griff am Unterlenker – Poulidor stürmt fast bis an die Spitze.

Auf den Spuren von Raymond Poulidors erstem Etappensieg bewegt man sich am Col du Granier.

laut anderen Legenden ihm eine Wahrsagerin für diese Etappe einen Unfall vorhergesagt hatte. Doch der heiße Ritt ins Tal bringt ihn bis auf zwei Minuten an die Spitze heran. Dort gelingt es ihm, Verbündete für eine Fahrt an die Spitze zu gewinnen, und am Ende des Rennens hat sich das Blatt komplett gewendet. Anquetil hat seinem Konkurrenten Poulidor über eine Minute Zeit abgenommen. Doch ihm hilft nicht nur das eigene Aufbäumen, sondern auch das Pech seines Rivalen: Poulidor bricht eine Speiche. Poulidor ist am Boden zerstört denn er hat »an einem Tag die Tour gewonnen und verloren«. Ähnlich unglücklich verläuft das erste Zeitfahren. Hier liegt Poulidor zunächst knapp vor Anquetil, als er eine Reifenpanne hat.

Legendär ist vor allem das Duell der beiden Franzosen auf der 20. Etappe. Das Etappenziel lag auf dem 1415 m hohen Puy de Dôme und Anquetil war am Ende seiner Kräfte. Doch ihm gelang es, seinen Konkurrenten mit einigen Tricks abzulenken. Ganz Frankreich fieberte mit, wie sich die beiden Ellenbogen an Ellenbogen den Berg hochkämpften. Am Straßenrand standen 500 000 Zuschauer und sie erlebten einen Thriller. Das Ereignis wurde auch live im Fernsehen übertragen und faszinierte ganz Frankreich. Kilometer über Kilometer kämpften sich die beiden den Berg empor und berührten sich sogar hin und wieder mit den Ellbogen, so dicht blieben sie beieinander. Anquetil fuhr bereits seit einiger Zeit am Limit und packte tief in seine psychologische Trickkiste. Scheinbar unbekümmert plauderte er über die Zeitgutschrift, die die vor ihnen liegenden Spanier erhalten würden. Damit brachte er Poulidor zum Nachdenken, denn scheinbar hatte er seine Chance schon verpasst. Poulidor merkte zu spät, dass Anquetil nicht in Bestform war, und wagte erst auf dem letzten Kilometer den Angriff. Zwar konnte er 56 Sekunden gewinnen, doch die Chance auf einen entscheidenden Zeitvorsprung hatte er verschenkt. Im Ziel fragte Anquetil, wie groß sein Vorsprung sei. Als man ihm sagte »17 Sekunden«, erwiderte er: »Das sind 16 Sekunden mehr als nötig.«

Als es 48 Stunden später zum abschließenden Zeitfahren zwischen Versailles und Paris kam, war ganz Frankreich auf den Beinen. Der brave und tapfere Raymond Poulidor war der unbestrittene Liebling der Straße. Die Menschen wünschten sich, dass nach so viel unglücklichen Zwischenfällen auch einmal das Glück auf seiner Seite ist. Hingegen spürte der Spitzenreiter Anquetil die Feindseligkeit einer Zuschauermasse, die seine Niederlage förmlich herbeisehnte. Die Leute waren gelangweilt von seinem ständigen Erfolg und hofften auf eine Sensation. Doch Anquetil war nicht nur ein kühler Rechner, sondern auch ein erstklassiger Zeitfahrer. Er hatte eine besonders charakteristische Körperhaltung. Auf den Fotos des Zeitfahrens sieht man, wie er sich auf seinem Rennrad zusammenkauerte. Der Körper drängte sich knapp über der Querstange, den Kopf hielt er tief überm Lenker und der kämpferische Blick verriet seine Entschlosenheit. Souverän gewann er den Kampf gegen die Uhr und damit auch die Tour de France. Für Poulidor reichte es wieder nur für den zweiten Platz im Gesamtklassement, nur 56 Sekunden trennten ihn von seinem ersten Erfolg.

In den 15 Jahren seiner Radsportkarriere bei der Tour de France, konnte Poulidor nie das gelbe Trikot tragen. Doch bei all den zweiten Plätzen bei der Tour de France sollte man »Poupous« lange Erfolgsliste nicht vergessen. Er gewann die Spanienrundfahrt (1964), Mailand–San-Remo (1961), Flèche-Wallone (1963), Paris–Nizza (1971, 1973), Dauphiné Libéré (1966, 1969), den Französische Meisterstitel und zahlreiche andere Rennen. Der ewige Pechvogel war er nur bei der Tour, wo er acht Mal auf Platz zwei oder drei landete.

22 Start im quirligen Grenoble
COL DE PORTE

Im südlichen Teil des Chartreuse Massivs ist die Straße nicht immer so leer wie auf dem Bild.

1 ***

HÖHE MAX.: 1326 m
HÖHENUNTERSCHIED: 1100 Hm
LÄNGE: 18 km
STEIGUNG MAX.: 11 %
STEIGUNG DURCHSCHNITT: 6 %
AUSGANGSORT
Grenoble
ANFAHRT
Ins Stadtzentrum von Grenoble zum Téléphérique gegenüber der Bastille
PARKEN
Im Stadtzentrum
STRASSENZUSTAND
Gut
PASSÖFFNUNGSZEITEN
April bis Oktober

Grenoble ist eine geschäftige Großstadt und dieser Anstieg ist daher nur Städteliebhabern zu empfehlen. Man muss sich nämlich zunächst durch die vollen Straßen der Stadt quälen, um im Stadtzentrum einen Parkplatz zu bekommen. Richtig lohnend ist die Tour daher nur in Verbindung mit einer Stadtbesichtigung oder einer Weiterfahrt zum Col de Granier. Die Nähe zur Stadt bringt leider einen weiteren Nachteil mit sich: An Wochenenden und Feiertagen zieht es die Einwohner von Grenoble in Scharen in die Berge. Die Straße ins Chartreuse-Gebirge ist deshalb stark befahren. Wer sich den Stress des Parkplatzsuchens ersparen will, kann auch erst in »La Tranche« aufs Rennrad umsteigen, dann reduziert sich der Anstieg auf 15 km. Zwar bietet der Anstieg nicht nur Pluspunkte, die Tour de France ist trotzdem gerne Gast im Chartreuse-Massiv. Der Col de Port gilt als Tür zu den Alpen und wird traditionell in Verbindung mit dem Col du Granier gefahren.

Olympiastadt Grenoble

Mit seinen 150 000 Einwohnern ist Grenoble die größte Hochgebirgsstadt der Alpen, im gesamten Großraum Grenoble leben rund 500 000 Menschen. Die Hauptstadt des Départements Isère blickt auf eine lange Geschichte zurück, die bis zu den Kelten zurückreicht.
Aus sportlicher Sicht ist das Jahr 1968 interessant, denn damals fanden die Olympischen Winterspiele in Grenoble statt. Diesen sportlichen Höhepunkt verdankt die Stadt ihrer einmaligen geografischen Lage. Gleich drei Gebirgsmassive befinden sich vor der Haustür: Vercors, Belledonne-Kette und Chartreuse. Der Schriftsteller Stendhal beschrieb seinen Eindruck kurz: »Am Ende von jeder Straße, ein Berg.« Die Region ist bekannt für ihre vielseitigen Wintersportmöglichkeiten. Über 150 Skigebiete befinden sich höchstens 1,5 Autostunden von Grenoble entfernt.

Auch von Süden bietet der Chamechaude ein imposantes Bild. Am Anstieg zum Col de Porte ist er nicht immer sichtbar.

400 Stufen bergauf

Doch natürlich hat die Stadt auch im Sommer Attraktionen zu bieten. Das Leben der Universitätsstadt spielt sich vor allem rund um den Place Grenette ab. Zahlreiche historische Gebäude verzieren die Fußgängerzone. Zu den kulturellen Vorzeigeobjekten gehören neben der Kathedrale Notre Dame aus dem 12. Jahrhundert und der Eglise Saint- André aus dem 15. Jahrhundert die Gebäude im Quartier Saint-Laurent. Kunstliebhaber zieht es ins Musée des Beaux Arts, das die drittgrößte Kunstsammlung Frankreichs beherbergt und reich an bekannten Werken ist. Wer sich bei der Stadtbesichtigung unterfordert fühlt, sollte das Fort de la Bastille besichtigen. Es thront hoch über der Stadt und den Rundblick muss man sich in 400 Stufen erarbeiten oder feige die Seilbahn nehmen. Vom Fort de la Bastille aus kann man an klaren Tagen sogar den Mont Blanc sehen.

Das Fort wurde im 16. Jahrhundert zur Verteidigung der Stadt gegen Angriffe aus dem Norden errichtet und beherbergt ein teilweise unterirdisches Verteidigungssystem.

Frontal auf den Fels zu

Von der Talstation der Bergbahn im Stadtzentrum von Grenoble folgen wir der Beschilderung »La Tranche«. Wir wechseln nach etwa 800 m auf die linke Seite des Flusses und fahren dort rechts weiter Richtung »Chartreuse«. Nach 2 km sind wir in »La Tranche«, wo wir links auf die D 512 abbiegen. Hier ist der Col de Porte erstmals ausgeschildert und es geht gleich steil bergauf. Auf den ersten Kilometern fahren wir jedoch immer noch durch kleine Vororte von Grenoble.

Die Straße verläuft direkt entlang der

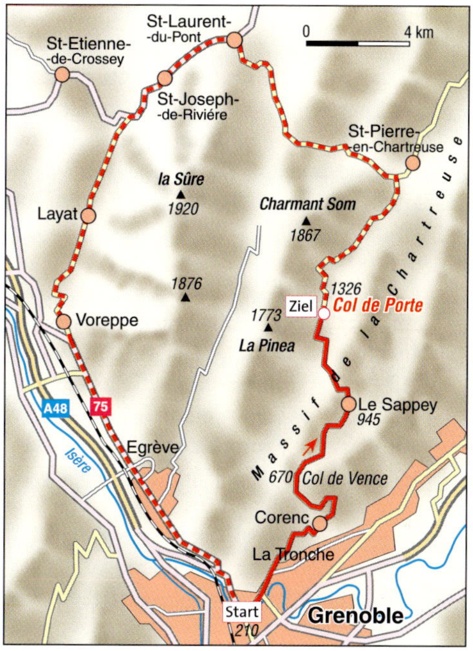

schmucken Häuser und kleinen Gärten. In Corenc ist bereits ein großer Felsklotz vor uns sichtbar, der sich uns scheinbar in den Weg stellt. Rechts hat man nun einen weiten Blick über Grenoble und seine Hochhäuser.

Nach 6 km wird man langsam misstrauisch, denn der Felsbrocken rückt immer näher und es scheint das Klettern am Seil nötig, um ihn zu überwinden. Doch bald löst sich das Rätsel, denn die Straße führt uns links in einem großen Bogen um den

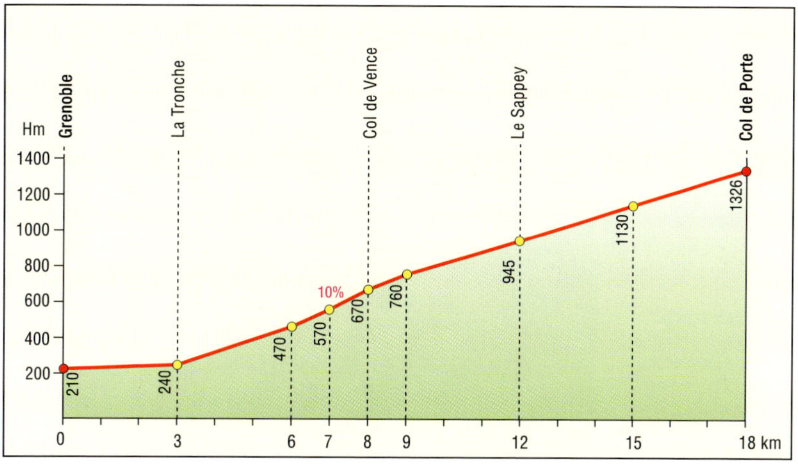

Berg herum. Wir sind jetzt im Parc Naturel de Chartreuse, hoch über Grenoble, und fahren an einer Felswand vorbei. In einer lang gezogenen Kurve geht es immer wieder an beeindruckenden Felsen entlang bergauf.

Es läuft gut

An einer Anhöhe haben wir die Felsen hinter uns gelassen. Jetzt fällt der Blick wieder auf den wuchtigen Chamechaude (2080 m), dessen Rückseite wir bereits vom Col de Granier aus betrachten konnten. Bei mäßiger Steigung radeln wir an einem Bach entlang bergauf nach Le Sappey-en-Chartreuse. Der Ort zieht sich über mehrere Kilometer hin und die Straße verläuft in einer Linkskurve weiter der Passhöhe entgegen.

Während es uns auf dem Radel gut geht, läuft es bei anderen bestens. Le Sappey-en-Chartreuse hat sich unter Lauffreunden der Umgebung einen Namen als Adresse für feine Berglauf-Wettbewerbe gemacht. Es finden regelmäßig Laufwettbewerbe statt, die es in sich haben. So wird bei der »Montée Pédestre des 3 communes« exakt die Strecke zurück gelegt, die wir heute bereits hinter uns gebracht haben. Der Schnellste hat die 10,5 km von La Tranche bis Le Sappey 2006 in knapp 47 Minuten zurückgelegt. Ein sauberer Schnitt von rund 13 km/h den so mancher Radler nicht erreicht.

So gesehen ist es ein Glück, dass heute keine Läufer unterwegs sind. Denn wer möchte schon gerne auf seinem federleichten Carbonrad in voller Rennradmontur den Berg hinaufhecheln, um dann von einem »Fußgänger!« überholt zu werden?

Schwere Entscheidung

Nach 13 km erreichen wir den Col du Palaquit (1154 m). Jetzt geht es durch den Bergwald in sanften Schlangenlinien die letzten Kilometer bergauf. Auf der Passhöhe befinden sich Restaurants und man erkennt die Skilifte. Im Winter befindet sich hier ein beliebtes Skigebiet.

Im Sommer nutzt man die Passhöhe zur Erholung und beschäftigt sich mit schweren Entscheidungen: Reichen die Kräfte, um weiterzufahren in Richtung Col de Granier oder geht es lieber schon zurück nach Grenoble?

Blühende Obstbäume spiegeln das milde Klima wider, der Col de Porte kann meist schon sehr früh im Jahr befahren werden.

DIE TOUR IN EINER ETAPPE

Der Radsport entwickelt sich im rasenden Tempo fort und mit modernen Trainingsmethoden und ausgefeilter Technik ist auch ein Vorstoß in extremste Leistungsbereiche möglich. In diesem Licht muss man auch die »Tour Direct« sehen, denn in diesem Rennen wurde 2005 erstmals die Tour de France nonstop gefahren. 4069 km und 47 193 Hm mussten die Teilnehmer am Stück bewältigen. Vorbild ist das »Race Across America«, ein Rennen, das in einem Stück von der Westküste der Vereinigten Staaten zur Ostküste führt. Die Teilnehmer müssen sich ihre Pausen selber einteilen, mehr als zwei Stunden Schlaf am Tag sind unüblich. Start der ersten Ausgabe der »Tour Direct« war 2005 im holländischen Gilze-Rijen, dann ging es über die Alpen, durch die Provence und über die Pyrenäen wieder retour nach Gilze-Rijen. Das Rennen führte über Klassiker wie Alpe d'Huez, Mont Ventoux, Col d'Aspin, Col de Menté, Col de la Madeleine, Col de Glandon, Col du Lautaret und den Col de Peyresourde. Der Sieger Juré Robic war bereits nach sieben Tagen im Ziel.
Der Extremsportler und »Race Across America«-Sieger Wolfgang Fasching belegte bei der Premiere den zweiten Platz, obwohl er nach einem Bruch mit einer eingegipsten Hand unterwegs war. Seinen Kampf gegen Schmerzen, Müdigkeit und Motivationsschwächen hielt er in einem eindrucksvollen Buch fest («Le Tour Direct, die etwas andere Tour de France«). Er schildert darin auch einen spektakulären Unfall. Am Morgen des fünften Tages schlief er mitten in einer Abfahrt ein, raste in einen Felsen und zertrümmerte dabei sein Vorderrad. Zum Glück zog er sich keine Verletzungen zu und wach war er auch wieder. Während des achttägigen Rennens hat Wolfgang Fasching nur 6:40 Stunden geschlafen! Doch die größte Schwierigkeit stellte die Straßenfindung dar. »Wir haben uns bisher schon mindestens zehn Mal verfahren. Auch den anderen Startern geht es nicht besser. Ich hoffe, wir bekommen die kuriosen Wegbeschreibungen in den Griff. Einzig positiv daran war in der ersten Nacht, dass Wolfgang nicht müde wurde und nicht geschlafen hat. Denn er hat sich die ganze Nacht hindurch ständig über das schlechte Roadbook aufgeregt!«, lautete bereits am ersten Tag das Urteil der Fasching-Crew.
Die Tour de France am Stück soll nach dem Willen der Veranstalter jetzt jährlich stattfinden, der Name wurde in Le Tour Ultime geändert. Wenn die Tour de France doch bereits schon hart ist – was ist dann bloß die Tour de France nonstop?

Schlaflose Nächte: Extremsportler Wolfgang Fasching ist es gewohnt, tagelang ohne Pause zu radeln.

Der erste Alpenpass der Tour

Nach den erfolgreichen Versuchen am Ballon d'Alsace, dem Col d'Alsace, dem Col Bayard und dem Laffrey erweiterte die Zeitschrift L'Auto, Organisator der Tour, das Bergprogramm. Erstmals wurden die Fahrer in den Alpen über einen Pass geführt, der die 1000-Höhenmeter-Grenze überschritt. Der Col de Porte war ein echter Leistungstest, den einige Fahrer nicht überstanden. Bei der Premiere des Passes am 16. Juli 1907 herrschte schwüles Sommerwetter. Tour-Direktor Henri Desgrange bleibt die Premiere noch jahrelang in Erinnerung: »Am Col de Porte habe ich die grausamsten und intensivsten Momente meiner Sportkarriere erlebt. Ich habe gespürt, dass alle diese Männer ihre Grenze überschritten haben. In diesem Moment bekam ich Angst; große Angst dass ich zu weit gegangen bin.« Die Fahrer hatten bereits stolze 250 km absolviert und entsprechend verzweifelt kämpften sie gegen die Steigung an. Es hatte sich eine kleine Spitzengruppe herausgebildet, in der zuletzt Gustave Garrigou abreißen ließ. Überwältigt von den Anstrengungen, brach er ein und legte sich entkräftet auf die Straße. Jetzt waren nur noch Émile Georget und François Faber dabei. Sie überquerten gemeinsam den Pass. Die gesamte Etappe von Lyon nach Grenoble erstreckte sich über eine Länge von 311 km. Georget erreichte das Ziel exakt nach 11 Stunden und 17 Minuten, nur sieben Minuten nach ihm überquerte Faber den Zielstrich. Sie waren mit einem Vorsprung von rund einer halben Stunde vor Lucien Petit-Breton am Etappenziel angekommen. Zur damaligen Zeit gab es ein kompliziertes Punktesystem; Zeitabstände bis zu mehreren Stunden waren keine Seltenheit. Deshalb war für Petit-Breton noch nichts verloren und er gewann trotzdem die Tour. Erstaunlich ist vor allem die Leistung von Faber, denn der Luxemburger brachte stolze 91 kg auf die Waage. Zum Vergleich: Bergtrikot-Träger Michael Rasmussen brachte es 2006 gerade einmal auf 59 kg Körpergewicht. Fabers muskelbepackter Körper verlieh ihm eine imposante Erscheinung und den Spitznamen »Riese von Colombes«. Erst bei der zweiten Befahrung des Col de Porte gelingt es einem einzigen Fahrer, ohne abzusteigen über den Pass zu kommen.

Georges Passérieu ist der Tapfere, und glaubt man den historischen Quellen, hatte er gegen schier unmenschliche Hürden anzukämpfen. Die Straße oder besser der Weg war so aufgeweicht, dass die Reifen einige Zentimeter tief einsanken. In Grenoble klebten demnach zwei Kilogramm Dreck an seinem Rad. Trotz dieser Schwierigkeiten und natürlich mit einem Fahrrad mit feststehender Nabe gelingt ihm über die 311 km ein sagenhafter Schnitt von 27,87 km/h.

In den folgenden Jahren gerät der Col de Porte kurzzeitig aus der Mode. Denn mit den neu entdeckten Alpenriesen wie dem Galibier ist das Interesse an dem Col de Porte gesunken. Doch es dauert nicht lange, bis seine Zeit wieder gekommen ist, und es sind die großen Namen des Radsports, die hier Geschichte schreiben. Charly Gaul fühlte sich im Chartreuse-Massiv immer zu Hause und wenn es dann auch noch regnete, war er unverwundbar. So kam es, dass er 1958 auf der 219 km langen Etappe von Briançon nach Aix-les-Bains einen entscheidenden Schritt Richtung Gesamtsieg macht.

Bei eiskalter Temperatur und strömenden Regen hält er sich mit kräftigen Tritten in die Pedale warm. Am Ende der Etappe hat er Gémiani, dem bisherigen Träger des gelben Trikots, 14 Minuten abgenommen und übernimmt die Gesamtführung.

Rechte Seite: Die Augen eines Killers: Der Kannibale Eddy Merckx am Izoard

Miko

23 *Im Schatten gewaltiger Fels- und Eisriesen* COL DE LA CROIX DE FER

Von den »eisenharten« 12% spürt man am Beginn des Croix de Fer noch nichts.

HC *****

HÖHE MAX.: 2067 m
HÖHENUNTERSCHIED: 1340 Hm
LÄNGE: 37 km
STEIGUNG MAX.: 12 %
STEIGUNG DURCHSCHNITT: 4 %
AUSGANGSORT
Bourg d'Oisans, Département Isère (38)
ANFAHRT
Von Grenoble auf der N 91 nach Bourg d'Oisans
PARKEN
Im Ortszentrum vor dem Office de Tourisme
STRASSENZUSTAND
Überwiegend gut
GEFAHREN
Brücke am Stausee mit Stolperfalle!
PASSÖFFNUNGSZEITEN
Ende Mai bis Oktober

Bourg d'Oisans hat sich zum Radsportzentrum Frankreichs entwickelt und so verwandeln sich im Sommer die Campingplätze in Rennradcamps. Jeder fährt mindestens einmal hinauf nach Alpe d'Huez und die meisten zieht es auch zum Galibier. Doch keineswegs sollte man sich den dritten Höhepunkt entgehen lassen: Der Col de la Croix de Fer bietet einen anspruchsvollen Anstieg in einer beeindruckenden landschaftlichen Umgebung. Nur auf den ersten Kilometern wird man von Autos begleitet, den Großteil der Strecke kann man in Ruhe genießen. Denn obwohl der Pass eine Verbindung zwischen dem Romanche-Tal und dem Arc-Tal darstellt, ist er für den Fernverkehr nicht von Bedeutung. Meistens wurde der Col de la Croix de Fer bei der Tour de France über das Arc-Tal aus dem Norden gefahren. Die hier beschriebene Anfahrt hat einen entscheidenden Vorteil: Als Ausgangspunkt dient Bourg d'Oisans, das um einiges schöner ist als Saint-Jean-de-Maurienne.

Zweifelhaftes Vorbild

Auch wenn er sonst ein heller Stern am Himmel des Radsports ist, sollte man sich kein Vorbild an Bernhard Hinaults erster Fahrt ins Hochgebirge nehmen: »Ich sah bei der Ankunft am Fuße des Croix de Fer das Gebirge. Ich war überwältigt und es erschien mir unmöglich, solche Gipfel mit dem Fahrrad zu überqueren. Ich strampelte mich hinten im Feld ab. Am Télégraphe gab mir der Begleiter Maurice Champion eine Trinkflasche mit Champagner. Ich leerte sie und nahm halb betrunken meinen ersten großen Pass in Angriff.«

Die ersten Kilometer geht es auf der sehr stark befahrenen N 91 Richtung Grenoble. Nach 7 km biegen wir in einer großen Kurve vor einem Restaurant rechts ab zum Col de la Croix de Fer (ausgeschildert). Zunächst rollen wir zügig dahin, doch nach Allemont stellt sich die erste Hürde in den Weg. In zwei eindrucksvollen Serpentinen erklimmen wir die Mauer des Stausees. Die Brücke am Rande des Stausees von Verney ist an beiden Enden mit einer flexiblen Eisenkonstruktion mit dem jeweils anderen Teil der Straße verbunden. Besonders in der Abfahrt muss man hier extrem aufpassen, denn die breiten Zwischenräume sind für die schmalen Rennradreifen gefährlich.

Wenige Kilometer nach Allemont wird das Rollen dann doch zum Klettern.

Durch den Serpentinengarten

Den Stausee entlang geht es zunächst flach dahin. Doch kaum verlassen wir das Ufer, geht es erneut bergauf. Bei einer Steigung von rund 10 % kommt man bereits ins Schwitzen. Auf den nächsten Kilometern führt die Straße konstant nach oben. Rechts reicht der Blick tief ins Tal, geradeaus fahren wir auf den Rissiou (2622 m) zu. Nach Rivier d'Allemond biegt die Straße rechts ab. In mehreren dicht gedrängten Serpentinen rollen wir nach unten und überqueren den Bach. Ein wunderschöner Anblick fürs Auge, der an die engen Serpentinen des Pailhères erinnert.

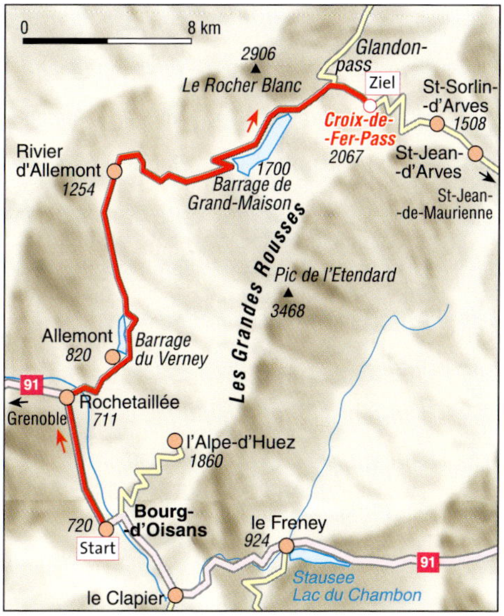

Steil nach oben

Nach dem »Serpentinengarten« geht es auf der anderen Seite des Tals entlang. Wir fahren immer geradeaus auf einen Einschnitt zu, der sich wie eine Mauer in den Weg stellt. Stolze 12 % Steigung erfordern kräftige Tritte. Als Belohnung erhalten wir bald darauf einen wunderschönen Blick auf den Lac de Grand Maison, der bei Sonnenschein einladend hellblau leuchtet. Der knapp 5 km lange See ist Teil des größten Wasserkraftwerks Frankreichs. Die Straße führt jetzt immer auf der linken Seite des Sees entlang und man weiß gar nicht, wohin man blicken soll: Rechts glitzert der See, links zeichnen sich die gewaltigen Felsen der Casse de l'Argentière ab. Diese Kilometer sind ein landschaftlicher Hochgenuss und bieten alles, was man als Pässefahrer liebt. Mangelnde Steigungsschwierigkeiten sorgen für richtig entspanntes Dahinrollen. Nach etwa 36 km erreichen wir die Abzweigung zum Col de Glandon, wer gerne einen großen Namen im Vorbeifahren mitnehmen will, kann hier eine kurze Schleife einbauen. Schließlich ist der Glandon nur wenige Fahrminuten entfernt und so leicht bekommt man ihn nicht so schnell wieder. Doch unsere eigentliche Route führt an der Kreuzung rechts weiter zum Col de la Croix de Fer. Es lockt zwar eine Auberge mit Erfrischungen, doch es sind ja nur noch rund 2 km bis zum Ziel, wo es ebenfalls eine kleine Gastwirtschaft gibt. Auf der Passhöhe angekommen, genießt man eine gigantische Rundsicht. Wer zurück auf die Aufstiegsstraße schaut, sieht den beeindruckenden Straßenverlauf. Doch auch die bis zu 2900 m hohen Aiguilles de l'Argentière ergeben ein Fotomotiv – vorausgesetzt, das Wetter spielt mit und gibt

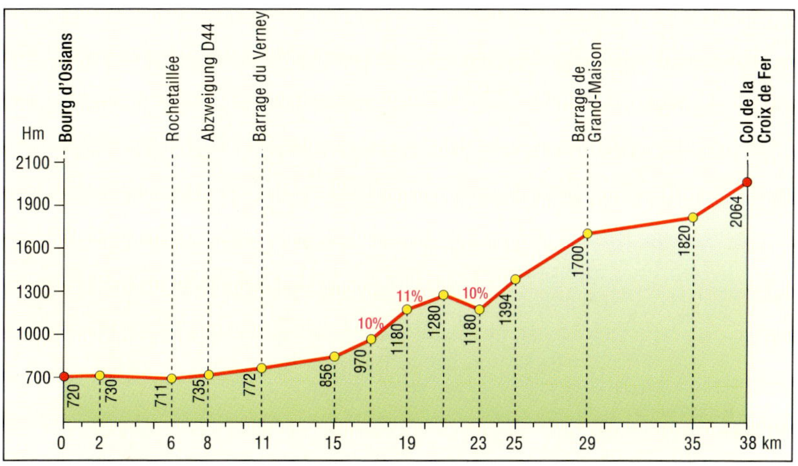

FRANKREICHS BEKANNTESTES HOBBYRENNEN

Anfang Juli quellen in Bourg d'Oisans die Campingplätze über. Aus ganz Frankreich und anderen Teilen Europas pilgern Hobby-Rennradfahrer zum bekanntesten Bergrennen Frankreichs. Was in Italien der Maratona delle Dolomiti und in Österreich der Ötztaler Radmarathon ist, ist in Frankreich der Marmotte. 5000 Hm verteilt auf 174 km bietet die Veranstaltung den Teilnehmern. Die Strecke ist seit 1982 jedes Jahr die gleiche, nur eine Baustelle 1995 führte zu einer einmaligen Änderung. Natürlich lebt die Veranstaltung vom Mythos der Tour de France, denn es stehen gleich vier bekannte Touranstiege auf dem Programm. Die Teilnehmer erklimmen den Col de la Croix de Fer, den Col de Télégraphe, den Galibier und als Sahnehäubchen dann noch die 21 Kurven nach Alpe d'Huez. Wer danach noch nicht müde ist, sollte schleunigst einen Profi-Vertrag unterschreiben! Die Straße ist leider nur in Teilstücken gesperrt und es kommt immer wieder zu schweren Unfällen bei denen auch schon ein Todesopfer zu beklagen war. Vorsicht ist also geboten, soll die Fahrt zu einem ungetrübten Erlebnis werden. Eine Anmeldung zur Marathonveranstaltung ist auch online möglich.
Bourg d'Oisans bietet darüber hinaus jedes Jahr verschiedene andere Radveranstaltungen sowohl für Mountainbiker als auch für Rennradler. Neuestes Highlight im Jahreskalender ist eine Triathlonveranstaltung (www.alpetriathlon.com). Man sollte daher bei der Touristeninformation nachfragen, vielleicht verpasst man sonst ein spannendes Rennen!

Weitere Informationen unter www.sportcommunication.com.

die Sicht auf die schneebedeckten Riesen frei. Auf der Passhöhe befindet sich das Eisenkreuz, dass dem Pass seinen Namen gab.

Für Unermüdliche

Der Col de la Croix de Fer lässt sich in zahlreiche Rundtouren einbauen. Eine Standardtour führt zunächst auf den Col de Glandon (1924 m) und dann wieder bergab nach La Chambre (436 m) und nach Saint-Jean-de-Maurienne (546 m). Von dort beginnen die Kletterfreuden von neuem, denn gleich nach dem Ortsausgang geht es gut 4 km mit 8 % Steigung bergauf. Das Landschaftsbild ist beeindruckend: Während man von grünen Bergwiesen umgeben ist und von einem Bach geleitet wird, zeichnen sich in der Ferne die Felszacken der Aiguilles d'Arve ab (3510 m). Man fährt durch vier Tunnel, nur einer davon ist aber mit 200 m etwas länger und als Belohnung flacht die Straße wieder ab. Über Saint-Sorlin-d'Arves (1508 m) führt die Straße nun von Osten auf den Col de la Croix de Fer. Die letzten Kilometer fordern mit 8 bis 10 % Steigung noch einmal etwas Kraft, doch auf der Passhöhe wird die Erinnerung an die Qualen vom schönen Panorama schnell beiseite gewischt. Jetzt hat man die größten Anstrengungen bereits geschafft und rollt befreit ins Tal. Die gesamte Runde beträgt 130 km, und wem das noch nicht reicht, dem ist eine noch größere Rundfahrt zu empfehlen: Von Bourg d'Oisans (720 m) fährt man zunächst wie oben beschrieben nach Allemont (730 m), über den Col de la Croix de Fer (2067 m) und bergab nach Saint-Jean-de-Maurienne (546 m). Jetzt beginnt der Spaß erst richtig, denn die Runde führt über den Télégraphe (1566 m) und dann den Galibier (2646 m). Wer von dort zurück zum Ausgangsort rollt, hat 163 km in den Beinen und ist garantiert auf seine Kosten gekommen!

Selbstvermarktung: Kuh und Ziege werben für ihre Milch.

Lang, länger, am längsten

Der Col de la Croix de Fer wurde erst nach dem Zweiten Weltkrieg ins Programm der Tour aufgenommen. In den ersten Jahren nach dem Krieg war er regelmäßig Teil der Etappe von Briançon nach Aix-les-Bains. Zusätzlich zu den eindrucksvollen Höhenmetern mussten die Fahrer dabei über 200 km abstrampeln. Denkt man an die »heroischen Tage« der Tour zurück, ist das aber nicht viel. Etappenlänge und sogar die Länge der gesamten Tour de France lagen zu Beginn über den heutigen Distanzen. Etappen von 200, 300 und sogar 400 km waren keineswegs selten. Gern ins Programm der Tour aufgenommen, wurde in den ersten Jahren zum Beispiel die Etappe von Les Sables nach Bayonne – mit einer Tagesdistanz von 482 km.

Am Col de la Croix de Fer glänzten natürlich meist die starken Bergfahrer. Schaut man die Siegerliste der vergangenen Jahrzehnte an, findet man mit Gino Bartali, Fausto Coppi, Federico Bahamontes und Bernard Hinault großartige Fahrer, die allesamt die Tour gewannen. Auf alten Fotografien ist deutlich zu erkennen, dass der Straßenzustand nach dem Krieg miserabel war. So fand 1948 das spannende Duell zwischen dem Italiener Gino Bartali und dem Franzosen Louison Bobet unter extrem widrigen Umständen statt. Schwerer Regen prasselte auf die Fahrer nieder und die Straßen verwandelten sich in schlammige Hindernisse. Seite an Seite kämpften sich Bobet und Bartali durch die schlammverschmierten Straßen der Passhöhe entgegen. »Es glich eher einem Querfeldeinrennen, wie die beiden Rivalen den Morast durchpflügten. Dreckverschmiert kamen Bartali und Bobet als Erste über den Croix de Fer. Bartali spurtete über die Passhöhe, denn dort gab es damals noch Zeitgutschrift. So hatte er sich weitere 30 Sekunden gegenüber Bobet geholt«, beschrieb Radsportreporter Peter Leissl das Duell. Die Tagesetappe hatte zunächst über den Galibier und erst dann weiter zum Col de la Croix de Fer geführt, doch das Etappenziel war noch in weiter Ferne. Im Chartreuse-Massiv warteten noch der Col de Porte und der Col de Granier und Bartali fuhr wie ein Verrückter. Ihm gelang es mit diesem Kraftakt, das gelbe Trikot zu erobern und die Tour zu gewinnen.

2006 wurde der Croix-de-Fer von Bourg d'Oisans aus über den Galibier gefahren. Das Höhenprofil zeigt, dass diese Etappe keine Schonung gestattete.

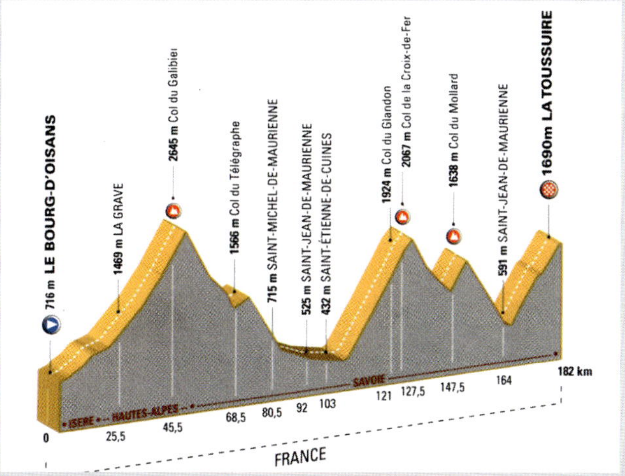

Eine typische Tour-Etappe am Col de la Croix-de-Fer: Wie man sieht, gibt es genügend steile Berge in der Umgebung, die man den Fahrern in den Weg stellen kann.

Gino Bartali hielt am Croix de Fer seine Gegner in Schach.

24 Die berühmten 21 Kurven
ALPE D'HUEZ

Wer dieses Schild aus der Nähe betrachtet, ist vom Radfahrerhimmel nicht mehr weit entfernt.

HC ***

HÖHE MAX: 1850 m
HÖHENUNTERSCHIED: 1090 Hm
LÄNGE: 14 km
STEIGUNG MAX: 13 %
STEIGUNG DURCHSCHNITT: 7,8 %
AUSGANGSORT
Bourg d'Oisans (3060 Ew.), Département Isère (38)
ANFAHRT
Von Grenoble kommend auf der N 91 nach Bourg d'Oisans
PARKEN
Beim Supermarkt kurz vor dem Ortsausgang links
STRASSENZUSTAND
Besser geht es nicht
BESONDERHEIT
Velodateur beim Campingplatz„ La Piscine" kurz vor Steigungsbeginn, montags Bergzeitfahren (siehe Infokasten)
PASSÖFFNUNGSZEITEN
Ganzjährig geöffnet

Schneebedeckte Riesen im Hintergrund bilden eine beeindruckende Kulisse für die 21 bekanntesten Kurven der Welt.

An diesem Anstieg ist man selten allein. Radsportfans aus der ganzen Welt pilgern in die Alpen, um einmal die berühmten 21 Kurven zu bezwingen. Wer die Fernsehbilder vom Bergzeitfahren 2004 oder dem Etappenfinale 2006 vor Augen hat, ist bei dieser Bergstraße sicher doppelt motiviert. Eine spezielle Begeisterung, die genauso auf die Profiradfahrer zutrifft. »Das ist der berühmteste Anstieg im Radsport, ein mystischer und historischer Ort. Jeder Fahrer will hier einmal gewinnen«, meinte Lance Armstrong in einem Interview.

An Tourlegenden entlang

Schon 24 Mal war Alpe d'Huez Teil der Tour, und wer die Etappen gewonnen hat, erfährt man auf den Schildern in den 21 Kurven. Da es inzwischen schon mehr Gewinner als Kurven gibt, stehen auf manchen Schildern bereits zwei Etappensieger. Doch mit einem regelmäßigen Blick auf die Beschilderung ist die harte Strampelei gleichzeitig ein Streifzug durch die Geschichte der Tour und erinnert einen an die großen Tourlegenden: von Fausto Coppi über Joop Zoetemelk bis zu Marco Pantani und Lance Armstrong sind alle wichtigen Namen der internationalen Radsportgemeinde vertreten. Von Oisans geht es links ausgeschildert ab Richtung Alpe d'Huez. Wir fahren am Campingplatz »La Piscine« vorbei und bereits nach wenigen Metern führt die perfekt ausgebaute Straße bergauf. Die Kurven werden rückwärts gezählt und so werden die letzten Meter ein Countdown bis ins Ziel. Gleich nach der ersten Kurve geht es steil nach oben.

In engen Serpentinen fahren wir direkt an einer Felswand entlang, noch kann man den weiteren Straßenverlauf nicht einsehen. Dass es sich hier um keinen Sonntagsausflug handelt, wird bereits nach den ersten drei Kurven klar. Bei bis zu 10 % beginnt man den Mythos dieser Bergankunft schnell zu begreifen und vor allem zu spüren. Nicht ohne Grund sprechen die Franzosen auch von der »muraille de l'Oisans«, also der »Burgmauer von Oisans.«

Bitte lächeln!

An einer Steinkirche vorbei, fahren wir

ein flacheres Stück durch La Garde en Oisans. Gleich nach dem Ort erwarten uns wieder schöne Serpentinen. Es folgt eine Kehre nach der anderen und bei zweistelligen Steigungsprozenten heißt es kräftig treten. Nach Kurve 14 ist es kurz etwas flacher, man kann also kräftig Schwung holen, bevor wieder steile Serpentinen kommen. Bei Kurve 8 zeichnen sich die Hotelbunker der Alpenhochburg hoch über uns bereits ab. Jetzt freut man sich, ein Ziel vor Augen zu haben, und ist fast überrascht, dass der Ort bereits in Reichweite ist. In den Ort Alpe d'Huez sind es zwar nur noch 4 km, doch bis zum Ziel der Tour noch etwas weiter. Die Strecke verläuft am lichten Hang und vor der vierten Kurve heißt es im Sommer tief Luft holen und freundlich lächeln. Denn ein lokaler Fotograf knipst die Hobbyradler und drückt einem eine Nummer in die Hand. Er bietet die Fotos per Internet zum Verkauf an, mit der Nummer findet man sofort die eigene Aufnahme. Allerdings sind die Fotos extrem überteuert. Es lohnt sich also, selbst Fotos zu machen und sich die 25 bis 75 Euro zu sparen.

Noch nicht im Ziel

Nach dem Fototermin erwartet uns bereits das Ortsschild. Es folgt eine letzte Kurve und dann die Einfahrt nach Alpe d'Huez. Hier vor einem kleinen Tunnel vor der Touristeninformation ist ein Zielstrich, an dem die meisten Fahrer vom Rad steigen. Viele Hobbyradler haben beim Vergleich ihrer Zeiten dann erst festgestellt, dass sie ja gar nicht bis zum eigentlichen Endpunkt gefahren sind, was zum Teil in einen verwirrenden Streit über das echte Ziel ausartet. Denn zum offiziellen Ziel der Tour de France geht es noch weiter der Straße folgend den Berg hinauf.

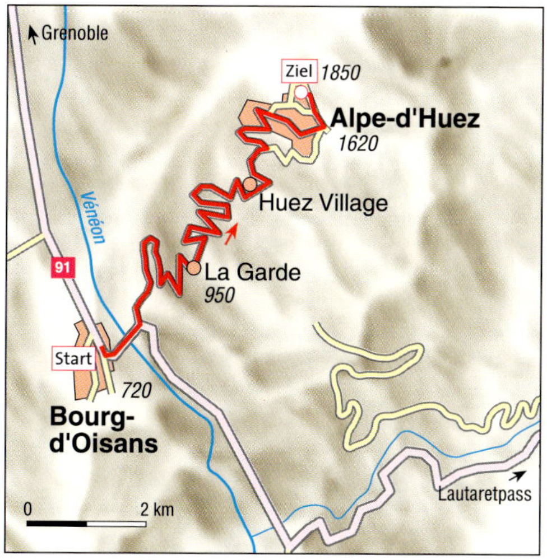

Ausgeschildert fährt man rechts über einen ersten Kreisverkehr und beim zweiten Kreisverkehr um ein Fausto-Coppi-Denkmal herum auf einer extrem breiten Straße bergauf. Nach etwa 100 m wird an einem Laternenmasten das Ziel angezeigt. Vielen Rennfahrern sind diese letzten Meter tief eingebrannt, haben sie doch dem Zusammenbruch nahe das Etappenziel angesteuert. Gegenüber dem Tour-de-France-Schild befindet sich die Stempelstelle des Campingplatzes. Die meisten werden jetzt tief durchatmen und heilfroh sein, dass die Auffahrt endlich vorbei ist. Denn wer schafft es auf dieser mythischen Strecke schon, ruhig zu bleiben und nicht nach oben zu hetzen?

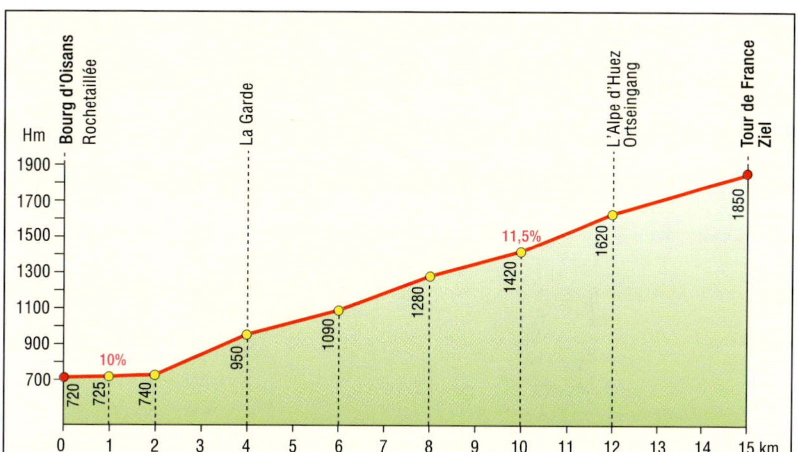

KAMPF GEGEN DIE UHR IN ALPE D'HUEZ

Ein besonderes Schmankerl bietet das Fremdenverkehrsamt in Bourg d'Oisans allen Klettersüchtigen: In der Hauptsaison findet jeden Montag ein Bergzeitfahren für die Allgemeinheit statt. Start ist um 17 Uhr vor dem Office de Tourisme, man muss sich jedoch spätestens eine Stunde vorher anmelden. Es gibt unterwegs zwei Getränkestationen und am Ziel eine Verpflegungsstation. Die gewählte Strecke ist 13,5 km lang und kann alternativ auch zu Fuß bewältigt werden. Denn natürlich eignen sich die steilen Kurven auch für gut trainierte Bergläufer! Wer nicht an einem Rennen teilnehmen will, aber trotzdem seine Leistung dokumentiert haben will, kann sich eine Urkunde ausstellen lassen. Das Formular erhält man gegen eine Gebühr im Fremdenverkehrsamt von Alpe d'Huez und die gefahrene Zeit trägt man selber ein. Schummeln ist natürlich verboten und kann sich bitter rächen, wird man von Radkollegen gebeten, die Rekordzeit noch einmal zu wiederholen …

Oben: In Alpe d'Huez darf sich jeder einmal wie ein Profi fühlen und in Gedanken dem Etappensieg entgegen fahren.

Rechte Seite: Thomas Voeckler zeigt, warum die Tour auch die Tour der Leiden genannt wird (oben). Jan Ullrich raste beim Einzelzeitfahren in Alpe d'Huez 2004 sogar mit einem Zeitfahrlenker den Berg hinauf (unten).

Erbitterter Kampf

Peter Winnen erlebte in Alpe d'Huez die größten Erfolge seiner Karriere. Doch die Etappensiege waren hart erkämpft. Winnen beschreibt in seinem Buch (»Post aus Alpe d'Huez«) seine letzten 2 km auf dem Weg zum Etappensieg 1981 sehr plastisch: »Eines war jedoch sicher: Meine Leber würde es auch nicht mehr lange machen. Denn die schob sich mitsamt Magen und anderen Eingeweiden allmählich durch die Speiseröhre nach oben – nicht im wahrsten Sinne des Wortes natürlich, aber sie machte durchaus Anstalten dazu. Längst bereute ich meinen Ausreißversuch zutiefst. [...] Meine Muskeln fühlten sich an wie verhedderte Schnüre. In mir war nichts als eine unendliche Leere. Etwa an diesem Punkt endeten alle konkreten Gedanken. Warum jemand in so einem Moment weiterstrampelt, ist mir ein Rätsel.«

Einen Vergleich mit den Profis braucht man jedoch gar nicht erst wagen: Marco Pantani flog die Auffahrt 1995 und 1997 in rund 37 Minuten hinauf. Damit erreichte er einen Schnitt von über 22 km/h – und das, obwohl er an diesen Tagen bereits 150 bzw. 190 km in den Beinen hatte!

Die Zielankunft in Alpe d'Huez bei der Tour de France.

6552 WK

TDK
ULLRICH

Formel 21 am Berg der Holländer

Alpe d'Huez verfügt weder über eine lange Tourgeschichte noch eine spektakuläre Landschaft. Doch keine andere Bergankunft versetzt die Radsportfans in größere Begeisterung. Bis zu einer Million Zuschauer säumen am Tag der Tour die Straßen und es bleibt kaum Platz zum Durchkommen. Seine Berühmtheit verdankt der Anstieg zum großen Teil dem Fernsehen. Denn nirgendwo lässt sich so perfekt und dramatisch der Kampf am Berg in Bilder fassen. So war es wohl ein glücklicher Zufall, dass bei der Premiere 1952 auch zum ersten Mal ein Kameramann die ganze Strecke dokumentierte. Es siegte Fausto Coppi und weihte damit den Berg würdevoll ein. Wie in einem gigantischen in den Fels geschlagenen Theater wirken die 21 Kurven vom gegenüberliegenden Hang. Die Aufführungen, die hier gegeben wurden, können dramatischer kaum sein. 1976 stand Alpe d'Huez zum zweiten Mal auf dem Programm der Großen Schleife, seitdem führte die Tour fast jedes Jahr über den Skiort. Sieger im Jahr 1976 war kein Geringerer als Joop Zoetemelk.

In den folgenden Jahren waren ausgerechnet die Fahrer aus den flachen Niederlanden am schnellsten im Ziel, und so sprach man bereits vom Berg der Holländer. Die holländischen Radsportfans pilgerten in Scharen nach Alpe d'Huez und lange Zeit präsentierte sich der ganze Berg zur Tour de France in Orange.

Alpe d'Huez war sehr oft auch die Bühne für spannende Zweikämpfe. Zu den Höhepunkten gehörte 1984 das Duell zwischen Bernard Hinault und Laurent Fignon. Hinault, der die Saison in einem neuen Team bestritt und nach einer Operation noch nicht voll erholt war, suchte seine Chance. Auf der Etappe von Grenoble nach Alpe d'Huez startete er mehrere verzweifelte Ausreißversuche. Selbst auf der langen Geraden auf dem Weg nach Bourg d'Oisans warf er sich mutig in den Wind. Am Beginn des Anstiegs war er völlig entkräftet. Laurent Fignon nahm ihm auf den 21 Kurven vier Minuten ab und sicherte sich das gelbe Trikot, das er bis Paris behielt. Doch die Zeit für Bernard Hinault war noch nicht abgelaufen. 1985 gelang ihm dank der aufopferungsvollen Unterstützung seines Mannschaftskameraden Greg LeMond der Toursieg. Im Gegenzug versprach er diesem seine volle Unterstützung im nächsten Jahr. Doch 1986 hatte er das scheinbar vergessen, denn er attackierte mehrmals. In Alpe d'Huez überquerten beide Fahrer Hand in Hand die Ziellinie, das gelbe Trikot war damit inoffiziell bereits übergeben.

In den 90er-Jahren rissen die Italiener das Zepter an sich und natürlich war der Berg wie geschaffen für den Kletterkönig Marco Pantani. Der »Pirat« hält den inoffiziellen Streckenrekord, den er 1997 am Ende der Etappe von Saint-Etienne nach Alpe d'Huez aufstellte.

Unvergessen ist allen Fernsehzuschauern sicher noch die Tour 2001, als Lance Armstrong auf dem Weg nach Alpe d'Huez zum großen Bluff ansetzte. Im Laufe der Etappe ließ er sich immer wieder leicht zurückfallen, setzte ein schmerzverzerrtes Gesicht auf, fingerte an seinem Kopfhörer herum. Die Anzeichen schienen eindeutig: Armstrong hatte einen schlechten Tag. Und so machte der Telekom-Zug genau das, was Armstrong sich von ihm wünschte: Die Fahrer in Magenta machten kräftig Tempo und leisteten die anstrengende Arbeit im Wind. 200 Kilometer lang versteckte sich Armstrong in der Gruppe; erst am Anstieg ließ er das Schauspielern sein und startete seine Attacke. Er flog an einem verdutzten Jan Ullrich vorbei, der dem höllischen Tempo nicht gewachsen war. Das texanische Metronom tickte wieder, im rasenden Tempo ging es zum Etappensieg. Am Ende hatte er über vier Minuten gewonnen und seinen Toursieg in die Wege geleitet. In Interviews gab er den Bluff ganz offen zu:

»Ich wusste, ich musste bluffen, damit die anderen noch schneller fahren. Diese Entscheidung haben wir allerdings auf der Straße getroffen. Alle gucken Fernsehen, interpretieren die Gesichter der Fahrer. Auch die Sportlichen Leiter der Teams in den Begleitwagen. Das Team Telekom hat weiter Tempo gemacht, ich habe scheinbar gelitten. Ich habe mit Telekom gespielt und gewonnen.«

Der Höhepunkt in neuerer Zeit war sicherlich das Bergzeitfahren 2004. Vor den Augen von Millionen Fernsehzuschauern weltweit jagten die Fahrer einzeln den Berg nach oben. Jan Ullrich war sogar mit einem Zeitfahrlenker unterwegs, doch gegen den »Tourminator« Lance Armstrong hatte er keine Chance. Wie üblich mit extrem hoher Trittfrequenz flog dieser den Berg hinauf. Der Texaner siegte mit einer Minute Vorsprung vor Ullrich und überholte sogar den vor ihm gestarteten Ivan Basso, der am Morgen noch von einem Toursieg geträumt hatte. Doch Pantanis Bestzeit konnte selbst Armstrong nicht erreichen.

Alpe d'Huez hat also für jeden Radprofi eine enorme Bedeutung und setzt allein deshalb ungeahnte Kräfte frei. So ist auch die Augen zwinkernde Vision des Jens Voigt nur allzu verständlich: »Mein Traum? Ich fahre weit vor dem Feld allein Alpe d'Huez hoch, gewinne die Etappe. Dann schaue ich nach unten und sehe, wie sich Jan Ullrich langsam den Berg emporschindet.«

Auch die Abfahrt ist ein Genuss. Der perfekte Straßenzustand ermöglicht beängstigend hohe Geschwindigkeiten.

25 Vergnügen von der ersten bis zur letzten Minute
GALIBIER ÜBER COL DU LAUTARET

Einmal ganz hoch hinaus: Ein Foto vom »Dach der Tour« gehört in jedes Radleralbum.

HC *****

HÖHE MAX: 2645 m
HÖHENUNTERSCHIED: 1925 Hm
LÄNGE: 50 km
STEIGUNG MAX: 12 %
STEIGUNG DURCHSCHNITT: 3,9 %

AUSGANGSORT
Bourg d'Oisans (3060 Ew.), Département Isère (38)

ANFAHRT
Von Grenoble auf N 91 nach Bourg d'Oisans

PARKEN
Am Ortsausgang von Bourg d'Oisan links großer Supermarkt, hier ideale Parkmöglichkeit

STRASSENZUSTAND
Überwiegend gut – nur im Scheitel sehr holprig

GEFAHREN
Mehrere Tunnels, daher evtl. Beleuchtung mitnehmen

PASSÖFFNUNGSZEITEN
Mitte Juni bis Mitte Oktober

Im ersten Teil der Strecke rollt man gemütlich entlang dem türkis schimmernden Stausee.

Gibt es wirklich einen Grund, warum man den Galibier nicht von Norden über den Télégraphe fahren sollte? Reizvoll sind natürlich beide Anstiege auf den Galibier, doch die südliche Route hat landschaftlich mehr Abwechslung zu bieten. Ein schöner Stausee und imposante Berge neben der Straße sorgen für reichlich Ablenkung. Außerdem dauert es länger, bis es steiler bergauf geht; bis zum Col du Lautaret hat man also genügend Zeit, auf Touren zu kommen. Auch wenn es nicht der klassische Anstieg ist – die Tourkarawane war auch von dieser Seite schon oft auf dem Weg zur Passhöhe. Zuletzt wurde 2006 von Bourg d'Oisans aus der Angriff auf den Galibier eingeläutet.

Ein Schmaus fürs Auge

Beim Verlassen von Bourg d'Oisans widerstehen wir der Versuchung, links nach Alpe d'Huez zu fahren, denn diesen Leckerbissen sollten wir getrennt genießen oder ans Ende der Tour anhängen. Gleich nach dem Ort geht es flach auf einer geraden Hauptstraße entlang. Der Verkehr hält sich in Grenzen, autofrei ist die Strecke aber keinesfalls.

Nach 8 km kommen wir an eine Weggabelung und bleiben auf der Hauptstraße, die eine Linkskurve beschreibt. Jetzt radeln wir bereits spürbar bergauf und die Umgebung erfreut das Auge. In einem engen Tal kurbeln wir zwischen Felsen hindurch rechts immer an einer Felswand entlang, links passieren wir einen Mini-Stausee. Nach ein paar knackigen Kilometern folgt ein kurzes Erholungsstück entlang kleinen Wasserfällen. Kurz danach erreichen wir das gemütliche »Le Freney-d'Oisans«. Wer sich die ganze Strecke nicht zutraut oder nur begrenzt Zeit hat, kann ab hier starten und hat 400 Hm und 14 km gespart. Im Ort gibt es links beim Fremdenverkehrsamt eine Parkmöglichkeit und auch einen Brunnen zum Auffüllen der Trinkflaschen.

Konzentration für die Tunnels

Nach Le Freney-d'Oisans geht es kurvig entlang einer Felswand bergauf und immer wieder durch kurze Tunnel. Bei der „Barrages de Chambon" (1044 m), einem großen Stausee, fahren wir links über die Brücke.

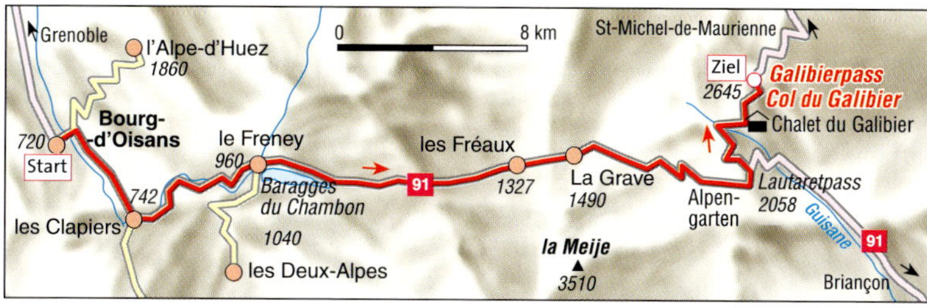

Ausgeschildert ist hier noch nicht der berühmte Galibier, sondern der vorgelagerte Col du Lautaret. Rechts zweigt die Straße übrigens nach »Les 2 Alpes« ab, das schon mehrmals Bergankunft bei der Tour war und Jan Ullrich an seine bittere Hungerast-Niederlage 1998 erinnert.

Die nächsten Kilometer sind landschaftlich berauschend, die kurvige Strecke verläuft immer entlang dem türkis schimmernden Chambon-Stausee. Nur die vielen zum Teil sehr schwach beleuchteten Tunnels fordern unsere Konzentration. Mit Autos im Nacken fährt man zwangsläufig etwas unruhiger und sehnt das Ende des Tunnels herbei.

Höhenmeter machen

Wir verlassen das Département Isère und kommen in das Département Rhône-Alpes. Die Straße verläuft bei gemächlicher Steigung entlang der Romanche. Es lohnt sich, einen Blick nach rechts oben zu werfen. Hier stechen die gewaltigen Felsgipfel Roche Mantel (3042 m), Pic de la Grave (3669 m) und der Gletscher des Mont du Lans (3288 m) ins Auge. Erst nach etwa 30 km nimmt die Steigung wieder zu und wir erreichen »La Grave«, wo es mehrere Restaurants und einen Supermarkt gibt. Wer jetzt bereits unterversorgt ist, hat hier die Gelegenheit, sich noch einmal mit Essen oder Trinken zu versorgen. Die ersten 1000 Hm haben wir jetzt geschafft. Wenige Kilometer nach dem Ort geht es durch einen 600 m langen, schwach beleuchteten Tunnel. Die Strecke führt nun im weiten Tal auf den Pass zu. Dass immer noch keine Schilder zum Galibier zeigen, kommt nur dem Radsportfan komisch vor. Für die Straßenverbindung ist lediglich der Col du Lautaret von Bedeutung, der ja direkt auf unserem Weg liegt. Ängste, dass man sich verfahren könnte, sind absolut unbegründet. Denn der Weg ist durch das Tal vorgezeichnet, links und rechts findet man nur mit Wanderstiefeln einen Weg.

An mehreren Restaurants vorbei und immer der Sonne ausgesetzt radeln wir voran. Nach 42 km erreichen wir die Passhöhe des Col du Lautaret (2057 m). Man wundert sich, wo die ganzen Leute herkommen, die sich zwischen Restaurants, Hotels und Souvenirläden verteilen. Doch die Verbindung nach Süden Richtung Briançon ist nie ganz einsam. Bei schönem Wetter lassen sich hier auch viele Motorradfahrer die Sonne auf die Lederkluft scheinen.

Ode an den Galibier

Ab jetzt sind es nur noch rund 8 km, aber auch noch 600 Hm bis zum Pass. Der Ver-

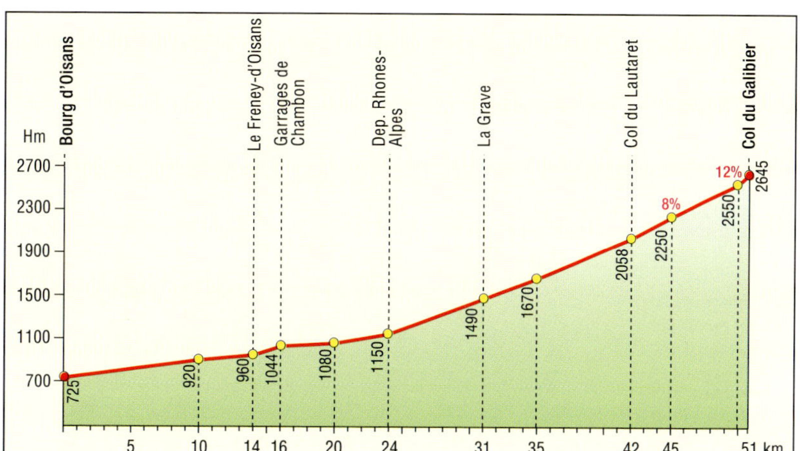

kehr auf der schmalen Straße nimmt ab und der Höhepunkt des heutigen Kletterprogramms kann beginnen. Die Straße geht gleich bergauf und die erste Serpentine erwartet uns. Die Vorfreude auf den großen Galibier nimmt mit jedem Höhenmeter zu. Während sich die Straße entlang von Wiesenhängen nach oben windet, haben wir bereits einen wunderschönen Blick zurück zur Passhöhe des Lautaret und weit hinunter ins Tal.

Es folgt eine lang gezogene Strecke, die sich bei konstanter Steigung nach oben schlängelt. Erst nach rund der Hälfte taucht nach einer Kurve endlich die ersehnte, aber noch weit entfernte Passhöhe auf. Der Straßenbelag ist überwiegend gut, aber etwas wellig, was bei der Abfahrt spürbar ist. Die letzten 5 km bieten noch einmal eine sportliche Herausforderung. Wir kommen am Denkmal des Tourgründers Henri Desgrange vorbei und erinnern uns an seine poetische Verehrung des Galibiers:

»O Laffrey! O Bayard! O Tourmalet! Ich zögere nicht, euch im Vergleich zum Galibier als bleiche, ordinäre Kleinkinder zu bezeichnen. Wenn ihr vor diesem Giganten steht, bleibt euch nichts, als euren Hut zu ziehen und euch in Ehrfurcht zu verneigen.«

An der falschen Stelle

Wenige Meter hinter dem Denkmal und vor dem Tunnel liegt das Restaurant Chalet du Galibier. (Bei der Abfahrt Vorsicht, da es hier eine tückische Ampel gibt, die man gerne übersieht!) Wir fahren jedoch rechts

Rechte Seite: Selbst im Hochsommer sind die Berge der Umgebung noch weiß. Im Hintergrund ist der Mont du Lans (3288 m) zu sehen.

Im Renngeschehen bleibt am Galibier kaum Luft zu atmen. Diese Etappe wird fast immer von harten Kämpfen um die Spitze begleitet.

die letzten Meter zum Gipfel. In den ersten Jahren führte die Tour noch durch den Tunnel und der Spitzenreiter der Erstbefahrung, Émile Georget, kommentierte dies mit folgender spitzer Bemerkung: »Statt den Tunnel ganz oben zu errichten, hätte man ihn doch gleich unten bauen können und uns das Klettern im Schnee ersparen können. Ich hätte gerne die Fahrradmetro gespielt.«

Endspurt zum Pass

Weit ist es nicht mehr, doch die letzten Meter wollen wahrlich verdient sein. Die Steigung zieht deutlich an. Wohl dem, der auf den Metern zuvor noch nicht alles gegeben hat. Bei den letzten steilen Serpentinen gehen auch die ganz Tapferen aus dem Sattel, um die Steigung von mehr als 12 % zu überwinden. Doch man kann die Passhöhe ja fast schon riechen und so ist das Glücksgefühl besonders wertvoll, wenn man am kleinen Parkplatz auf der Passhöhe ankommt und mit einem gigantischen Panorama belohnt wird. Der Blick von hier ist unbeschreiblich schön: Zu beiden Seiten des Passes ziehen sich die Serpentinen in Schlangenlinien nach oben und spätestens jetzt steigt die Lust, den Galibier auch von der anderen Seite in Angriff zu nehmen. Wer jetzt eine große Rundtour geplant hat und Richtung Saint-Jean-de-Maurienne fährt, braucht gute Bremsbacken. Denn von hier aus geht es fast durchgehend bergab, der kleine Gegenanstieg am Télégraphe ist fast nicht der Rede wert. Auf dem Rückweg über den Col du Glandon oder den Col du Croix de Fer wird man aber schnell daran wieder erinnert, was einen echten Alpenpass auszeichnet. Doch auch diese Anstrengung ist ihre Mühe wert, denn Höhenluft ist doch die beste!

Oben: Der Schlussanstieg zum Galibier hat es in sich – die letzten Meter sind die Zähne meist ganz nah beieinander.

Rechts: Ein weites Tal öffnet sich auf der Ostseite des Col du Lautarets.

Zwangsarbeit am Galibier

Als der Galibier 1911 in das Programm der Tour aufgenommen wird, zeigen die Zuschauer großes Interesse. In Scharen stehen sie neben der Strecke und sind gespannt, ob man diesen riesigen Berg wirklich mit dem Fahrrad bezwingen kann. Dass dies möglich ist, zeigt Émile Georget, der als erster Fahrer der Tour den Galibier überquert. Er benötigt ab Saint-Michel-de-Maurienne 2:38 Stunden für den Gipfelsieg. Doch in die Geschichte eingegangen ist der nachkommende Gustave Garrigou, der die Offiziellen nach den Strapazen mit den Worten »Ihr seid Banditen!« beschimpft. Auch sein Kollege Eugène Christophe ist außer sich vor Wut über den neuen Tourhöhepunkt: »Das ist kein Sport mehr, auch kein Rennen, sondern das ist Zwangsarbeit!«, lautet sein Protest. Doch trotz aller Proteste scheint ihm die Quälerei zu liegen, denn im folgenden Jahr überquert er als Erster den Pass. Oder sollte man sagen durchfährt, denn schließlich ging es bis 1979 ja noch durch den 365 m langen Tunnel knapp unterhalb der heutigen Passhöhe.

Tourdirektor Henri Desgrange fängt 1911 verzückt zu dichten an und erklärt Tourmalet, Laffrey und Bayard im Vergleich zum Galibier zu kleinen Hügeln. Kein Wunder, dass der Berg in den folgenden Jahren regelmäßig auf dem Programm steht. Immer wieder gibt es packende Zweikämpfe oder folgenschwere Pannen, die über Sieg und Niederlage entscheiden. Eugène Christophe, der mit seinem Gabelbruch am Tourmalet in die Geschichte einging, hat auch in den Alpen kein Glück. 1922 wechselt er nach einer Panne zweimal das Rad und kommt mit drei Stunden Rückstand ins Ziel. Ein Zeitlimit gab es damals zum Glück noch nicht.

Doch wenige Jahre später ist es ein tragischer Unfall, der den Galibier in die Schlagzeilen bringt. Auf der Abfahrt vom Galibier zum Lautaret stürzt der Spanier Francesco Cepeda am 11. Juli 1935 und verletzt sich schwer. Wenige Tage später verstirbt er im Krankenhaus und die Tour beklagt ihr erstes Todesopfer. Ein trauriges Ereignis, dem noch so mancher Unfall folgt.

In den folgenden Jahren bleibt der Galibier fester Bestandteil der Rundfahrt und es gibt kaum einen Toursieger, der an diesem Berg nicht Spuren hinterlassen hat. Coppi, Bahamontès, Gaul, Merckx, Zoetemelk, Ocana, Van Impe, Indurain und Pantani haben mit grandiosen Leistungen als Erste den Pass überquert und auch die Tour gewonnen. Eine Belohnung, die Alexander Vinokourov bisher verwehrt geblieben ist, obwohl er sich 2005 mit einem sensationellen Kraftakt an die Spitze setzt und den Galibier hinauffliegt. Nachdem er am Vortag überraschend eingebrochen ist, zeigt der Kasache mit dem Sieg auf der »Königsetappe« der Tour 2005 sein Können.

Galt der Galibier zunächst als unbezwingbare Hürde, zeigt sich bald, dass die Kraft der Rennfahrer keine Grenzen zu kennen scheint. In den Anfangszeiten hatten die Begleitfahrzeuge große Probleme, mit den Radfahrern mitzuhalten. Die Steigung überforderte die Fahrzeuge, und so mussten diese oft eine Zwangspause einlegen und die Motoren abkühlen lassen. Auf einer pistenähnlichen Straße, die heute wohl eher in einem Mountainbikeführer Erwähnung finden würde, sausen die Radfahrer den Autos auch bei der Abfahrt davon. Heute werden bei besten Straßenbedingungen Höchstgeschwindigkeiten gefahren, die man eher vom Auto kennt.

Nicht jedem liegt dieser Hochgeschwindigkeitsflug. Um sein Leben fürchtete 1986 der Rundfunkreporter Jean-Paul Brouchon, dessen Motorrad Bernard Hinault und Greg LeMond auf der Abfahrt begleitete. Mit 100 Sachen rauschten die beiden Todesmutigen Richtung Alpe d'Huez. Brouchon hatte das Interesse am Renngeschehen längst verloren. Er hatte nur einen einzigen Wunsch: heil ins Etappenziel zu kommen.

26 Das klassische Doppelpack
GALIBIER ÜBER COL DU TÉLÉGRAPHE

Hier sitzen Sie wirklich in der ersten Reihe: Die Tour de France live zu erleben ist am Galibier Kult!

HC *****

HÖHE MAX: 2646 m
HÖHENUNTERSCHIED: 1934 Hm
LÄNGE: 34 km
STEIGUNG MAX: 10 %
STEIGUNG DURCHSCHNITT: 8 %
AUSGANGSORT
Saint-Michel-de-Maurienne (3000 Ew.), Département Savoie (73)
ANFAHRT
N 90 und dann N 6 aus Chambery nach Saint-Michel-de-Maurienne
PARKEN
Parkmöglichkeit am Bahnhof
STRASSENZUSTAND
Durchgehend guter Zustand
PASSÖFFNUNGSZEITEN
Mitte Juni bis Mitte Oktober

Der Galibier ist nicht ohne Grund ein Berg, der in Radfahrerkreisen ein Leuchten in die Augen zaubert. In den meisten Ausgaben der Tour stand der Galibier als höchster Pass auf dem Programm. Er wird deshalb oft als »Dach der Tour« bezeichnet und die Anfahrt über den Télégraphe gilt zu Recht als harte Prüfung. Wer kennt schon den Col du Télégraphe? Obwohl ein fester Bestandteil der Tour de France, steht er ganz und gar im Schatten des großen Galibiers. Doch wir werden noch merken, die »Aufwärmrampe« für den großen Galibier ist auch nicht ohne. Das Doppelpack bietet eine echte Herausforderung und im schlimmsten Fall wetterbedingte Härteproben. Denn bei einer Höhe von über 2600 m kann es natürlich auch im Sommer bitterkalt werden. Selbst im Juli kann ein Schneeschauer den Pass mit einem weißen Teppich überziehen.

Auf den Col du Télégraphe

Ausgangspunkt für den Anstieg ist der ungemütlich laute Ort Saint-Michel-de-Maurienne. Eingekeilt zwischen der Autobahn nach Italien und der Landstraße, lädt dieser Ort nicht gerade zum Verweilen ein. Nur die verkehrstechnisch günstige Lage ist ein Vorteil. Außerdem gibt es in der Umgebung von Saint-Michel-de-Maurienne und Saint-Jean-de-Maurienne zahlreiche große Geschäfte. Von der Batterie für den Fotoapparat bis zur Sportausrüstung findet man hier alles Notwendige. Doch eigentlich ist man froh, den Ort hinter sich zu lassen, und so folgen wir vom Bahnhof aus rechts der Ausschilderung und fahren über eine Brücke und bald zwischen Häusern auf der D 902 nach

Blick zurück von der Passhöhe über den nördlichen Anstieg des Galibiers

Saint-Martin-d'Arc. Hier erwarten uns bereits die ersten Serpentinen, zahlreiche weitere werden folgen.

Wir sind froh, das laute Arc-Tal hinter uns zu lassen und streben motiviert nach oben. Der Blick wird jetzt reizvoller und streift über bewaldete Hänge, die uns eine Weile begleiten werden und das Landschaftsbild zunächst prägen. Bald gibt es nur noch wenige Häuser und dafür bewaldete Hänge. Wir schrauben uns konstant in Serpentinen nach oben, begleitet von den ersten Beschriftungen der Tour. Zwischen Laubbäumen hindurch geht es immer kurvig bergauf. Die Umgebung wird immer schöner und die Gipfel rücken langsam ins Blickfeld. Bei relativ viel Verkehr erreichen wir schließlich nach rund 12 km und 800 Hm den Col du Télégraphe. Die Passhöhe bietet Gelegenheit zu einem Blick ins Tal, doch für die Picknicktische haben wir keine Verwendung. Denn der Spaß hat ja gerade erst begonnen, der größte Teil der Anstrengung liegt noch vor uns.

Zwischenabfahrt

Die gewonnene Höhe zerrinnt zwischen den Speichen, denn die nächsten 4 km geht es steil bergab. Vorbei an aufgereihten Hotels rollen wir nach Valloire, wo wir in einer Einbahnstraße durch den Ort und an einem Kreisverkehr ausgeschildert rechts fahren. Wer sich den großen Galibier nicht entgehen lassen will, aber nur über begrenzte Kräfte verfügt, kann natürlich auch erst in Valloire auf den Drahtesel steigen. Der eigentliche Anstieg zum Galibier beginnt hier, und wer erst jetzt losfährt, hat nur noch 1220 Hm zu bewältigen.

Nach der (ausgeschilderten) Abzweigung in Valloire klettern wir bei bis zu 8% bergauf, geradeaus vor uns ist der gewaltige Galibier bereits sichtbar. Wir fahren in einem breiten Tal, bei mäßigem Verkehr und überwiegend gutem Straßenzustand. Bei einer Lastwagenausfahrt mache ich in der Abfahrt jedoch unangenehme Bekanntschaft mit Rollsplitt.

Immer wieder fahren wir an Restaurants vorbei und bald den ersten Almen und Berghütten. Rechts begleiten uns gewaltige Felsabbrüche. In langen geraden Stücken gewinnen wir bei bis zu 8 % Steigung an Höhe.

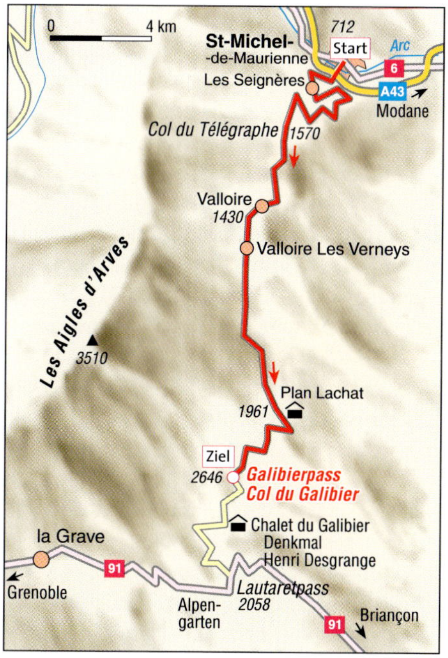

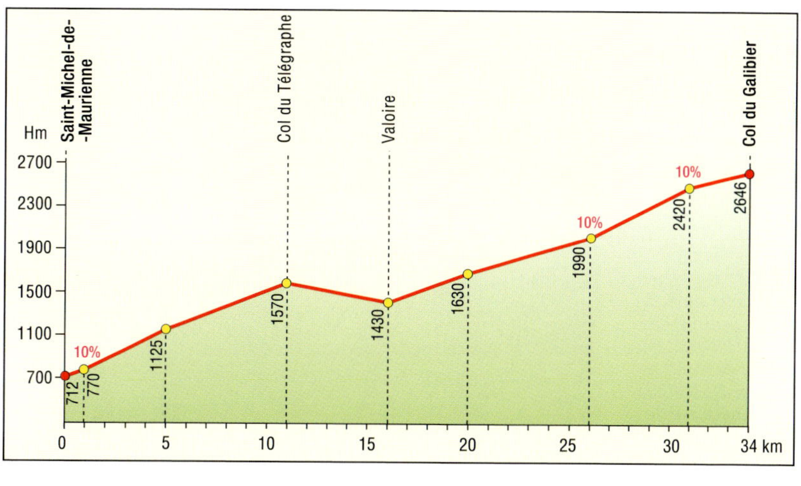

Vive le Tour

Wir genießen jetzt die schöne Bergkulisse und viele Beschriftungen auf der Straße. Es finden sich nicht nur die aktuellen Lieblinge der Radsportfans, sondern auch zahlreiche humorvolle Beschriftungen. Besonders viel Mühe hat sich ein Fan gegeben, der die genaue Entfernung bis Paris angab. Ob es die Profifahrer aber motiviert, wenn sie erinnert werden, dass noch 1600 km Quälerei bevorstehen? Beachtet man die Sprache der Asphaltkünstler, wird deutlich, dass viele treue deutsche Fans ihre Mannschaft unterstützt haben. Natürlich ist der Galibier eines der beliebtesten Ziele aller Radsportfans. Der ganze Hang ist mit Zelten dicht bevölkert und Tausende Besucher sorgen schon am Abend vorher für Volksfeststimmung. Vor allem die nördliche Seite des Passes eignet sich zum Zuschauen und auch das Parken ist hier vergleichsweise einfach. Quält sich dann vor den Fahrern die Werbekarawane den Berg hoch, entstehen groteske Bilder. Die bunten Untertassen und fahrenden Werbefiguren bilden einen schrillen Kontrast zur felsigen Umgebung.

Mountain-Adventure

Rechts blicken wir in ein straßenloses enges Tal, das Mountainbike-Trails zu bieten hat. Es ist nicht das einzige lohnenswerte Fahrrad-Ziel abseits der Straße. Insgesamt 155 km stehen Mountainbikern rund um Valloire zur Verfügung. Ein verlockendes Angebot, das man auch ohne eigenes Rad nutzen kann. Denn im Ort gibt es zwei Geschäfte, die Mountainbikes verleihen, und das Fremdenverkehrsamt verkauft einen Führer mit Routenvorschlägen und Karten. Wie so viele Orte in den Alpen hat sich auch Valloire längst auf junges, abenteuerhungriges Publikum eingestellt. Neben dem Mountainbike-Angebot gibt es eine breite Palette an Bergabenteuern. Gleich mehrere Bergschulen im Ort bieten Klettersteige, Alpinklettern oder Canyoning an. Im Winter stehen die 150 km Skipiste im Mittelpunkt, wer die Einsamkeit der Berge sucht, findet auch Routenmöglichkeiten für Skitouren.

Unmenschlich

Mag die Umgebung auch für das Auge ein Genuss sein, so ist die Höhe hier bereits

Rechte Seite: Unter der Passhöhe teilt sich die Welt: Radfahrer kommen in den siebten Himmel, Autofahrer führt der Tunnel unter dem Pass hindurch.

Auf den letzten Kilometer zur Passhöhe sind die Straßen übersät mit Tour-Beschriftungen. Ein schöner Anblick, der den Beinen neue Kräfte verleiht.

eine spürbare Einflussgröße. Menschliche Niederlassungen haben in dieser harten Umwelt keine Chance, die Gegend oberhalb von Valloire war daher noch nie dauerhaft bewohnt. Der Frühling kommt sehr spät, der Winter sehr früh und auch im Sommer verwandeln Schlechtwetterperioden den Berg in ein frostiges und unwirtliches Gebiet. Selbst im Sommer liegen hier noch große Altschneefelder. Ähnlich ist es auch auf der anderen Seite des Galibiers. Umso überraschender ist es, dass in diese lebensfeindliche Umgebung eine Straße gebaut wurde. Bereits 1879 wurde ein breiter Weg gebaut und 1891 kam bereits der Tunnel hinzu. Zwischenzeitlich war der Tunnel gesperrt, erst seit 2002 ist er wieder geöffnet.

Serpentinen und Schnürsenkel

Die Straße führt jedoch nicht wie vermutet links zum Sattel hinauf, sondern windet sich plötzlich nach rechts und erklimmt eine steile Felswand. Es erwartet uns der schönste Teil der Strecke mit engen Kurven entlang der Felswand und gigantischem Ausblick in alle Richtungen. Nach einigen Serpentinen können wir bereits einen Blick auf die Passhöhe ein ganzes Stück rechts vom Gipfel werfen. Die Straße führt jetzt bei leichter Steigung in einer langen Linie auf den Pass zu. Erst in Reichweite des Col du Galibier erwarten uns wieder wunderbare, enge Serpentinen. Motiviert durch die zahlreichen Beschriftungen der Tour, schrauben wir uns in die Höhe. Während es rechts zum Tunnel abgeht, erwarten uns die letzten steilen Serpentinen, bevor es bei nicht nachlassender Steigung geradeaus auf die Passhöhe zugeht. Diese besteht nur aus einem kleinen Platz mit dem obligatorischen Passschild. Die Belohnung ist eine gigantische Sicht auf die beiden Anstiege des Galibiers. Der große Anstieg zum Galibier ist von hier oben wunderbar klein. Die Straße windet sich kurvenreich ins Tal und man versteht auch, warum es im Französischen für Serpentinen und Schnürsenkel nur ein Wort gibt.

Die stolzen Gipfel rund um den Pic des Trois Echevés (3118m) bilden ein imposantes Panorama.

Jan Ullrich im Hungerast

Der berühmteste Hungerast der Tourgeschichte ist sicher der von Jan Ullrich 1998. Bei jedem Tourstart stand der Rostocker unter enormen Erfolgsdruck. Jan machte sich keine Illusionen und war sich sicher, dass er Lance Armstrong in den entscheidenden Momenten einfach nicht gewachsen war. Wenn er etwas bereute, dann war es der verschenkte Toursieg 1998. Denn damals war er der Beste und nur ein dummer Fehler führte zum zweiten Platz:

Es ist die 15. Etappe von Grenoble nach Les Deux-Alpes und Jan Ullrich trägt noch das gelbe Trikot. Der Galibier ist in Dauerregen gehüllt und eine Temperatur um die fünf Grad vervollständigt die Horrormischung. Es ist am 18. Juli 1998 genau das Wetter, das Ullrich nicht liegt. Bei bewölktem Himmel fährt das Peleton langsam dem Galibier entgegen, nur die Sprintwertung bringt etwas Leben in das Renngeschehen.

Ein Ausreißertrio kämpft sich bereits bei Regen den Télégraphe nach oben. Das Hauptfeld zieht das Tempo an und dünnt dadurch immer mehr aus, doch Ullrich hat noch alles unter Kontrolle. Selbst vor dem Fernseher überfällt einen ein Frösteln, immer wieder muss der Kameramann die Tropfen von der Linse wischen und regelmäßig spiegeln Bildstörungen die harten Bedingungen wider. Dichter Nebel umhüllt den Berg und 5 km vor der Passhöhe des Galibiers tritt Marco Pantani an. Bei prasselndem Regen, die Hände wie üblich fest am Unterlenker, startet der »Pirat« einen Sprint am Berg. Nach 20 Sekunden hört er kurz auf zu treten und sieht sich um: Ulle ist ihm nicht gefolgt, es lohnt sich also, einen Angriff auf das gelbe Trikot zu starten. Währenddessen schaut Ullrich verzweifelt in die Gesichter seiner Gruppe, doch keiner kann ihm helfen.

Auch andere haben an diesem Tag echte Probleme: Der Regenschirm eines Zuschauers landet in Erik Zabels Speichen, als dieser gerade bei hoher Geschwindigkeit fährt. Ihm ist zwar nichts passiert, aber sein Rad ist im Eimer. Weit und breit ist kein Materialwagen zu sehen. Ausgerechnet das Team seines Sprinterkonkurrenten Mario Cipollini erweist sich als Retter in der Not: Sie geben Zabel eines ihrer Räder. Weil der Rahmen zu klein ist, muss er allerdings im Stehen auf den Galibier fahren.

Doch dramatischer ist natürlich der Kampf um die Führung. Pantani hat auf der Passhöhe bereits einen passablen Vorsprung herausgefahren. Nun steht eine 35 km lange Abfahrt an. Ullrich hat rund drei Minuten verloren und geht mit vollem Risiko in die Abfahrt. Er ist schnell ausgekühlt und zittert am ganzen Körper, das Essen hat er total vergessen. Zu allem Unglück hat er noch eine Reifenpanne. Weil er allein zu schwach ist, wartet er auf Bjarne Riis und Udo Bölts, die längst abgehängt sind. Vom Hungerast gepeinigt und daher völlig entkräftet wird die Auffahrt nach Les Deux-Alpes zur Tortur. Tiefe Augenringe zeichnen sein schmerzverzerrtes Gesicht.

»Meine Hände waren so klamm, dass ich kaum noch steuern konnte. Ich zitterte dermaßen vor Kälte, dass ich dachte, mein Rahmen sei gebrochen, so sehr wackelte er. Mir war schwindlig und übel. Ich hatte nicht mehr die geringste Kraft zum Treten. Wie ich letztlich den Berg hochgekommen bin, weiß ich nicht mehr. Auf jeden Fall muss es wie in Zeitlupe ausgesehen haben«, erzählt er in seiner Biografie.

Jan verliert über neun Minuten und stürzt damit auf den vierten Platz der Gesamtwertung. Pantani aber kann sein gelbes Trikot bis Paris behalten, Ullrich kämpft sich mit viel Einsatz noch auf den zweiten Platz. Doch dieser verschenkte Toursieg hängt ihm noch Jahre später nach. Am Ende fehlten ihm nur drei Minuten zum Sieg – die neun Minuten am Galibier waren sein Verderben. Zwei Energieriegel im richtigen Moment hätten ihm vielleicht den zweiten Toursieg gebracht.

Alexander Vinokourov, früherer Helfer von Jan Ullrich, sicherte sich 2005 den Etappensieg mit einem beeindruckenden Ritt über den Galibier .

27 Schweißtreibender Klettergenuss
COL DE LA MADELEINE

HC ***

HÖHE MAX.: 1993 m
HÖHENUNTERSCHIED: 1525 Hm
LÄNGE: 19,5 km
STEIGUNG MAX.: 10 %
STEIGUNG DURCHSCHNITT: 8 %
AUSGANGSORT
La Chambre (1100 Ew.), Département Savoie (73)
ANFAHRT
Von Chambery Richtung Albertville, dann rechts auf N 6 nach La Chambre
PARKEN
Bei der Kirche im Ortszentrum
STRASSENZUSTAND
Gut
PASSÖFFNUNGSZEITEN
Ganzjährig

Der Col de la Madeleine gehört zu den bekannten Bergen der Tour de France, und das verdankt er seiner günstigen Lage. Er verbindet das Arc-Tal mit dem Isère-Tal und bietet daher einen idealen Nord-Süd-Übergang.

Zwar bietet der östlich gelegene Col de l'Iseran eine Alternative, doch die ist nur bei stabilen Wetterverhältnissen fahrbar. Der Madeleine ist aufgrund seiner deutlich niedrigeren Höhe nicht so anfällig für sommerliche Schneefälle und deshalb planbarer. In Dutzenden von Kurven leitet uns die Straße von La Chambre aus stark ansteigend zum Col de la Madeleine. Hier muss man richtig arbeiten, um sich den Gipfelblick zu verdienen und auch deshalb ist dieser Anstieg wie geschaffen für die Tour de France. Mit Spitzensteigungen von 10 % und streckenweise konstanten 8 % ist diese Bergstraße eine echte Herausforderung.

Den richtigen Rhythmus finden

Bereits in La Chambre erwartet einen eine knackige Steigung, die lange anhält. Der Blick nach vorne ist immer ein Blick nach oben. Dabei werden gleich zu Beginn mehrere Rampen überwunden. So windet sich die Straße entlang von Feldern und Wiesen kurvenreich

nach oben. Immer wieder haben wir einen schönen Blick über La Chambre und das Tal. Während man in La Chambre noch mit viel Verkehr geplagt war, hat dies schon auf den ersten Metern schlagartig nachgelassen.

Wir durchfahren Saint-Martin-sur-la-Chambre und kurz vor der Abzweigung nach Montaimont fordern 10 % Steigung einen kräftigen Tritt. Jetzt haben wir immerhin schon 300 Hm hinter uns gebracht und hoffentlich den richtigen Rhythmus für diese Steigung gefunden. Denn es geht weiter konstant steil bergauf und erst nach rund 9,5 km bietet ein kurzes flacheres Stück Erholung. Jetzt heißt es tief Luft holen und kräftig ausatmen, denn gleich danach geht es kurzzeitig wieder auf 10 %.

Erholsame Zwischenetappe

Als Belohnung erreichen wir einen schattigen, bewaldeten Abschnitt. In Serpentinen geht es Richtung Saint-Francois-Longchamp. Ohne nachlassende Steigung geht es durch den kleinen Wintersportort hindurch. Im Sommer wirken die großen Hotels des Skiortes gespenstisch verlassen, kaum ein Besucher verirrt sich hierher. Nach dem Ort kann man rechts bereits die Passhöhe sehen. Wir schlängeln uns jetzt an steilen Wiesenhängen entlang nach oben. Der Sonne ausgesetzt, wird dieser Anstieg im Hochsommer zur Herausforderung, es lohnt sich, an solchen Tagen früh aufzubrechen, um der größten Mittagshitze zu entgehen. Wer Glück hat, erwischt einen leichten Wind, der wenigstens etwas für Erfrischung sorgt. Die verbleibenden fünf Rampen bieten bei rund 8 % Steigung auf jeden Fall Gelegenheit, seine Kletterkünste zu zeigen und sich zu verausgaben.

Ullrich im Steigflug

Genau an dieser Stelle hat Jan Ullrich 1998 die Rakete gezündet. Nachdem er am Vortag bei seinem Einbruch am Galibier den Toursieg schon fast verschenkt hat, erwacht in ihm auf der Etappe nach Albertville der Kämpfer. Entschlossen stürzt er sich in den Anstieg des Col de la Madeleine und zeigt, warum er als das

Linke Seite: Die Abfahrten sind für den Tourdirektor sicher kein Genuss. Um mit der Geschwindigkeit der Radfahrer mitzuhalten, muss auch das offizielle Direktorenfahrzeug kräftig Gas geben.

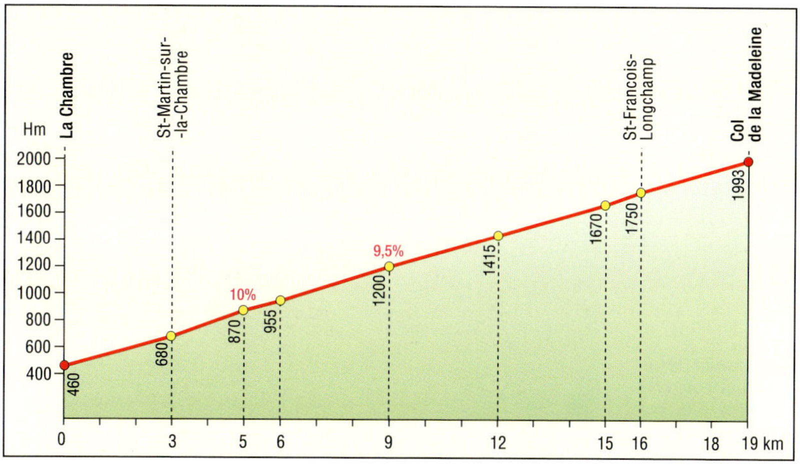

größte Talent des deutschen Radsports gilt. Mit großer Übersetzung und kraftvollen Tritten fliegt er der Passhöhe entgegen, die Steigung scheint für ihn nicht zu existieren. Mit seinem höllischen Tempo kann fast keiner mehr mithalten. Nur Marco Pantani gelingt es, sein Hinterrad zu halten, und bis zum Etappenziel weicht er nicht von seiner Seite. Im Zielsprint gelingt Ullrich zwar der Etappensieg, doch die Tour verliert er in diesem Jahr trotzdem.

Blick auf den Mont Blanc

Widersprüchlich sind die Angaben zur Höhe des Col de la Madeleine. Auf dem Verkehrsschild der Passhöhe steht zwar die schöne Zahl von 2000 m, das scheint aber etwas gerundet. In topografischen Karten ist der Pass mit 1993 m angegeben, und das ist auch die Höhe, die offiziell bestätigt ist. Wer den Berg zu schnell hochgeflogen ist und jetzt bereits erste Ermüdungsanzeichen spürt, sollte sich trösten: Auch die Profis erleben am Berg ihre schwachen Momente. Jan Ullrich hat dies einmal bildhaft beschrieben: »Wenn du überzogen hast, wenn es dir plötzlich die Luft wegreißt … Du versuchst, eine Attacke mitzugehen, und dann kommt der Mann mit dem Hämmerchen und du stehst nur noch dumm rum und nichts geht mehr.«

Die Belohnung für die Strapazen ist ein grandioses Bergpanorama auf der Passhöhe. In der Ferne zeichnet sich die gewaltige Bergkette des Mont Blanc ab. Näher sind die felsigen Cheval Noir (2832 m) und gegenüber der Pic de la Lauzière (2829 m). So viel Schönheit raubt einem auch noch den letzten Rest an Atem! Auf der Passhöhe befindet sich eine Gastwirtschaft, die vor allem bei schlechtem Wetter sehr beliebt ist. Dann harren hier die Rennradfahrer aus und hoffen inständig, dass sich die dichten Regenwolken verziehen. Doch nicht immer werden die stillen Gebete erhört und dann hilft nur ein nasskalter Ritt ins Tal.

Bei einer Durchschnittssteigung von 8 % kann man schon mal aus dem Sattel gehen.

Jens Voigt im gelben Trikot

Wie können Tragik und Triumph nur so nah beieinander liegen? Die neunte Etappe der Tour de France 2005 gehört zu den Sternstunden des angriffslustigen Allroundfahrers Jens Voigt. Der Deutsche sichert sich mit einer Glanzleistung das gelbe Trikot und schafft es damit sogar auf die Titelseiten der größten deutschen Tageszeitungen. Nachdem Jan Ullrich mit seinem Fehlstart aller Chancen beraubt scheint, liefert Jens Voigt ein lange ersehntes Wunder. Wenn es schon nicht um den Gesamtsieg geht, so soll wenigstens für einen Tag wieder einmal ein Deutscher in Gelb fahren. Der sympathische Voigt entfesselt einen wahren Begeisterungssturm, landet auf den Titelseiten der Tageszeitungen und versetzt die Fans in Entzücken. Seit Jahren liefert er eine beeindruckende Leistung ab und überzeugt vor allem durch seine Angriffslust. Eine Belohnung ist also mehr als überfällig gewesen.

Auf der neunten Etappe hat er das gelbe Trikot noch getragen, doch zwei Tage später muss er für seine Kraftanstrengungen schon büßen. Die Erfolge der ersten Etappen haben ihn körperlich stark angegriffen. Schon vor dem Start zur elften Etappe stehen die Zeichen auf Rot. Voigt ist krank und die Ärzte raten ihm, die Tour abzubrechen. Doch der Grevesmühlener denkt nicht an eine Aufgabe und setzt sich aufs Rad. Die Etappe von Courchevel nach Briancon ist zwar nur 173 km lang, aber bietet dafür gleich drei harte Anstiege. Bereits am Col de la Madeleine, dem ersten Berg des Tages, fällt Voigt zurück. Sein Leiden ist ihm bereits jetzt anzusehen. Doch noch hält sich der Rückstand in Grenzen und auch am Télégraphe ist noch nichts verloren. Denn insgesamt 100 Fahrer liegen versprengt hinter der Gruppe um Armstrong und Ullrich zurück.

Tragisch, aber vergeblich ist der Kampf von Jens Voigt dann am Galibier. Mit einer Lungeninfektion und 40 Grad Fieber kämpft er sich den Galibier hinauf und die 173 km bis ins Ziel. Es ist ein einsamer Kampf gegen das Zeitlimit, nur die Fans am Galibier sind noch bei ihm, dem letzten Fahrer am Berg. Mit einem Rückstand von 43 Minuten erreicht der völlig verausgabte Voigt schließlich das Ziel. Jeder Meter ist eine Tortour, der Kampf ins Ziel ein einziges Leiden. Doch Voigt hat kein Glück: Er liegt genau 42 Sekunden über dem Zeitlimit und wird deshalb von der Tour ausgeschlossen. »Verdammt, ich sollte auf dem Rad sitzen und nicht im Auto die Strecke abfahren«, lautet am nächsten Tag sein trauriger Kommentar. Dabei gibt es eigentlich keinen Grund zur Trauer, sondern tausend Gründe, stolz auf das Geleistete zu sein. Das sehen die Fans auch so und so wird der Mecklenburger von der Zeitschrift »Radsport« zum Radsportler des Jahres 2005 gewählt.

Jens Voigt ist ein besonders treuer und aufopferungsvoller Fahrer im Peleton. Der »Ausreisserkönig« strahlt eine absolute Begeisterung für den Radsport aus.

Das Passschild am Col de la Madeleine bietet zwar eine runde Zahl, die 2000 m scheinen aber übertrieben.

28 *Kraft raubender Ausflug ins Hochgebirge*
COL DE L'ISERAN

HC ****

HÖHE MAX: 2770 m
HÖHENUNTERSCHIED: 1956 Hm
LÄNGE: 49 km
STEIGUNG MAX: 9 %
STEIGUNG DURCHSCHNITT: 4 %

AUSGANGSORT
Bourg St. Maurice (7600 Ew.), Département Savoie (73)

ANFAHRT
Von Albertville über N 90 von Moutiers nach Bourg St. Maurice

PARKEN
In den Ort hinein und neben der Gendarmerie parken

STRASSENZUSTAND
Im mittleren und oberen Teil einige sehr schlechte Abschnitte

GEFAHREN
Sehr viele zum Teil unbeleuchtete Tunnels und Galerien – unbedingt Beleuchtung!

PASSÖFFNUNGSZEITEN
Juli bis Ende September

Der Iseran ist mit seinen 2770 m deutlich höher als der Galibier, die nördliche Lage macht ihn auch anspruchsvoller. Trotzdem spielt er in der Geschichte der Tour keine große Rolle. Wenn wir uns in Bourg-St-Maurice (840 m) auf den Sattel schwingen, sind die hohen Berge noch in weiter Ferne.

Doch auch wenn es im Tal mollig mild ist, sollte man unbedingt warme Kleidung für die Abfahrt mitnehmen und die Wettervorhersage beachten. Denn heute geht es auf fast 3000 m Höhe und da kann es sehr schnell ungemütlich und bei einem Wettersturz sogar gefährlich werden. Das ist wohl auch der Hauptgrund, wieso der Iseran nur selten im Tourprogramm auftaucht.

Schneechaos

Welche unvorhersehbaren Wetterumschwünge am Iseran und Galibier auch im Sommer stattfinden können, war 1996 während der Tour zu spüren. Die Schneefallgrenze war auf 1800 m gesunken und in den Wintersportorten scherzte man, dass jetzt nur noch die Skifahrer fehlten. Ein stürmischer Wind pfiff über den in tiefes Weiß getauchten Pass und neben der Straße türmten sich mannshohe Schneeverwehungen auf. Trotz Temperaturen unter Null und einer Windgeschwindigkeit von 100 km/h stehen vereinzelt Fans am Rande der Straße und beobachten, wie die Tour-Karavane vorbeizieht. Selbst der Transfer der Radfahrer, Team-Mitglieder, Journalisten und Mitglieder des Organisationsteams in den Autos ist keine leichte Aufgabe. Die Etappe wird schließlich um 140 km gekürzt und im tief gelegenen Le Monetier-les-Bains gestartet. Eine groteske Etappe, denn mit einer Länge von 46 km ist sie kürzer als so manche Zeitfahrstrecke.

Tief verschneit präsentiert sich die Passhöhe des Col de L'Iseran.

Endlich bergauf

Von der Gendarmerie rollen wir rechts haltend durch den Ort hindurch und am Kreisverkehr wieder rechts bergab. Nachdem wir am Bahnhof vorbeigefahren sind, ist der Col de l'Iseran bereits ausgeschildert. Auf den ersten Kilometern herrscht starker Verkehr, und noch weniger motivierend ist, dass es stark bergab geht. Deshalb ergibt sich auch die zu erradelnde Höhendifferenz von 2000 m.

Nach 10 km sind wir richtig froh, dass es endlich bergauf geht. Mit gewaltigen Bergriesen in weiter Ferne und den ersten Serpentinen vor unserer Nase steigt die Stimmung. So erreichen wir St-Foy-Tarentaise mit den ersten Schweißtropfen auf der Stirn und arbeiten uns die gleichmäßig ansteigenden Serpentinen nach La Thuile empor. Im Ort erwartet uns ein kurzes, wohlverdientes Erholungsstück, bevor es wieder in Schlangenlinien bergauf geht.

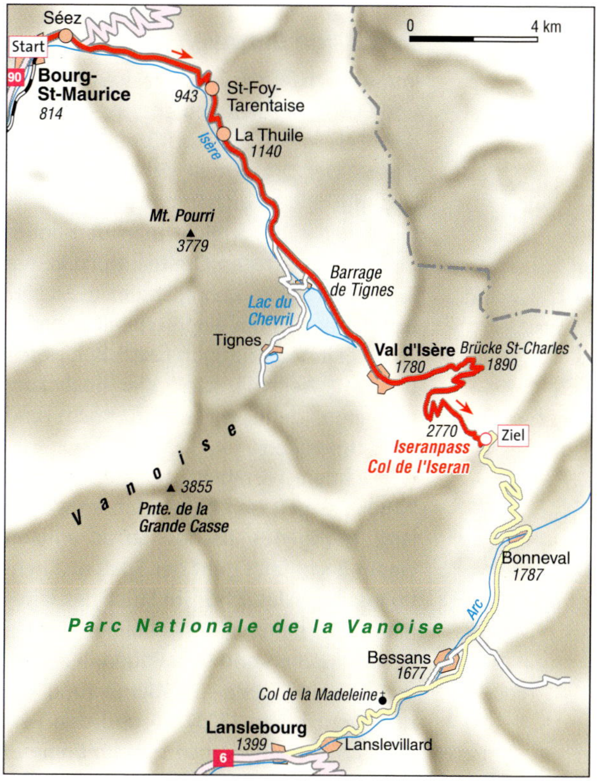

Durch unbeleuchtete Tunnels

Nach einem deutlich flacheren Stück erreichen wir ein großes Tal. Der Verkehr hat jetzt deutlich nachgelassen und der Straßenzustand ist gut. Die Straße schlängelt sich an einem steilen Hang entlang und die Bergriesen rücken langsam näher. Nach rund 20 km durchfahren wir einen unbeleuchteten Tunnel und mehrere Galerien. Tragbare Beleuchtung ist hier unbedingt anzuraten, mindestens ein Rücklicht sollte hier mitgenommen werden. Da der Straßenbelag in den Tunnels teilweise sehr schlecht ist, schadet auch ein Frontlicht nicht. Immer wieder haben wir kurze flache Stücke und fahren direkt auf einen gewaltigen Berg (Dome, 3000 m) zu. Jetzt geht es durch einen 200 m langen unbeleuchteten Tunnel mit sehr schlechtem Belag. Gleich danach heißt es Augen scharf nach rechts, denn dort bietet sich ein beeindruckender Blick auf den Savine-Gletscher. Wir fahren am Stausee Lac du Chevril entlang und sehen rechts oben den Skiort Tignes über das Tal wachen.

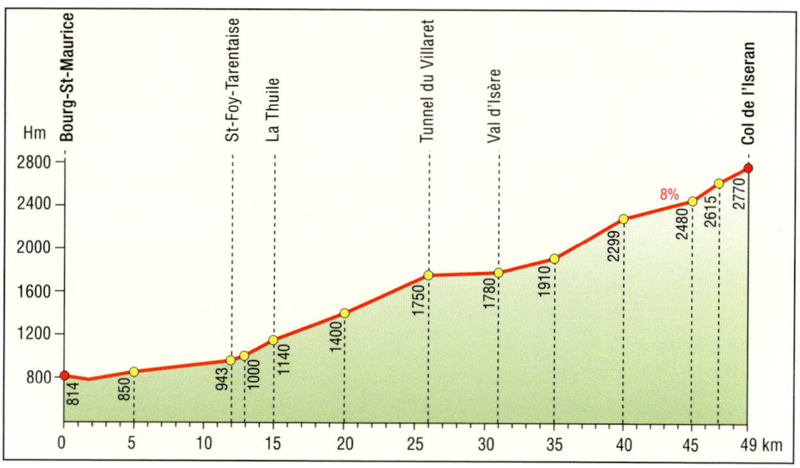

Gewaltige Bergwelt

Immer noch fahren wir durch viele Tunnels und Galerien, zuletzt einen sehr engen in den Fels geschlagenen Tunnel vor Val d'Isère. Der Ort verteilt sich auf mehrere Ortsteile, und kaum hat man ihn laut Ortsschild verlassen, erreicht man den höher gelegenen nächsten Ortsteil. Doch keiner lädt wirklich zum Verweilen ein, denn hier handelt es sich um einen typisch französischen Skiort mit riesigen hässlichen Hotelbunkern. Wer will, kann hier noch kurz pausieren, denn wir haben noch rund 1000 Hm vor uns.

Nachdem wir auch den letzten Skiort hinter uns gelassen haben, fahren wir ein lang gezogenes flaches Stück entlang einem Bach. Jetzt geht der Spaß erst richtig los, denn das schönste Stück des Tages hat gerade begonnen. Wir befinden uns in einer einsamen und gewaltigen Bergwelt. Vor uns sind riesige Felsberge rund um den Mont Iseran (3237 m) und den Pers (3383 m), die auch noch spät im Sommer schneebedeckt sind. Steile Geröllfelder ziehen von den Felszacken der Umgebung in die Tiefe und die Temperatur hat bereits spürbar abgenommen. Die Straße windet sich jetzt rechts in steilen Serpentinen bergauf, die 7 bis 8 % Steigung erhöhen noch einmal den Puls.

Keine Hexerei

In den weit ausladenden Kurven erhalten wir einen grandiosen Blick in die Tiefe – ein idealer Test für die Schwindelfreiheit. Der Bewuchs über der Baumgrenze wird immer karger und das Ziel scheint schon vor Augen, doch da schlängelt sich die Straße am vermeintlichen Scheitel links vorbei. Es öffnet sich der Blick und zeigt, dass es noch weiter nach oben geht. Die letzten Meter sind ein landschaftliches Erlebnis und am Scheitel des Passes herrscht eisige Hochgebirgsatmosphäre. Hier gibt es ein kleines Restaurant mit Souvenirverkauf und eine unbezahlbare Alpenkulisse. Auch wenn die reinen Zahlen gewaltig klingen, ist der Col de l'Iseran nicht unbezwingbar. Es gibt nur wenig steile Stücke und vor allem eine meist konstante Steigung. Es fällt daher leicht, einen Rhythmus zu finden und sich langsam nach oben zu arbeiten. Wer den Pass überquert und nach Lanslebourg abfährt, sollte allerdings gute Bremsbeläge haben. Die Straße ist teilweise extrem schmal und die steilen Kurven fordern höchste Vorsicht!

Auf den letzten Kilometern schlängelt sich die Straße zwischen kargen Hängen und Geröll den Pass hinauf.

Claudio Chiappucci – der Teufel am Iseran

Bereits beim Prolog holt sich Miguel Indurain 1992 das gelbe Trikot und manifestiert damit seinen Anspruch auf den Gesamtsieg. Doch der zähe Italiener Claudio Chiappucci wird ihn im Verlauf dieser Tour immer wieder herausfordern. Es ist der 19. Juli 1992, als Chiappucci mit einer spektakulären Soloflucht in die Geschichte der Tour eingeht. Auf dem Tagesprogramm steht eine schwere Etappe mit fünf hohen Bergen. Die 13. Etappe von Saint-Gervais nach Sestrières beginnt bereits nach 20 km mit einer Attacke des Fahrers aus der Lombardei. In einem unglaublichen Tempo setzt er sich an die Spitze, zunächst noch begleitet von einer Ausreißergruppe. Den Col des Saisies überfliegt er als Erster, den Cormet de Roselend ebenfalls und am Iseran kann er sich immer noch an der Spitze halten. Er hat seinen Vorsprung auf Indurain sogar so weit ausgebaut, dass er bereits die Gesamtführung der Tour übernommen hat. Jetzt schrillen auch bei Indurain die Alarmglocken und er bläst zur Aufholjagd. Mit allen Kräften jagt er dem Italiener hinterher. Doch Chiappucci scheint heute überirdische Kräfte zu haben: Auch am Mont Cenis hält er sein Tempo bei und auch am Schlussanstieg nach Sestrières bricht er nicht ein. Nach 254 km erreicht er – bejubelt von italienischen Anhängern – als Erster das Ziel.

Doch Indurain hat sich wieder herangekämpft und seinen Rückstand auf 1:45 Minuten reduziert. Damit kann er das gelbe Trikot behalten. Fast zwangsläufig tauchen da in der Presse Vergleiche mit Fausto Coppi auf. Chiappucci war ein echter Kämpfer, der seine Autogrammkarten mit dem Spitznamen »El Diablo«, der Teufel, schmückte. Seine Domäne waren die steilen Berge, in denen er auf Teufel komm raus attackierte. 1991 und 1992 brachten ihm seine Kletterkünste das Bergtrikot ein, 1990 und 1992 wurde er Zweiter im Gesamtklassement. Doch ein Sieg war ihm nie vergönnt und bei seinen folgenden Tourteilnahmen konnte er nicht mehr an der Spitze mitfahren.

Die Soloflucht ist sicherlich eine der spektakulärsten in der Tourgeschichte, die längste ist es jedoch nicht. Den Rekord hält immer noch Albert Bourlon, der 1947 auf der Etappe von Carcassonne nach Luchon attackierte. Bereits am Col de Porte lag er an der Spitze des Feldes und sein Ausflug durch die Pyrenäen war ein gewaltiger Kraftakt.

Sagenhafte 253 km lang dauerte sein einsamer Ritt an der Spitze des Feldes. Am Ende erreichte er das Ziel mit einem Schnitt von 30 km/h und hatte dabei sowohl den Col de Porte als auch den Portet d'Aspet als Erster überquert. Er konnte dadurch einen Vorsprung von 16 Minuten herausfahren. Im Gesamtklassement reichte es trotz dieser Leistung nicht für eine Platzierung auf dem Podium.

Volle Fahrt voraus – Chiappucci ist am Iseran auf die Überholspur gewechselt.

29 Die Strecke mit Zeiterfassungssystem
CORMET DE ROSELEND

1 ****

HÖHE MAX.: 1967 m
HÖHENUNTERSCHIED: 1240 Hm
LÄNGE: 20,5 km
STEIGUNG MAX.: 8,5 %
STEIGUNG DURCHSCHNITT: 6 %
AUSGANGSORT
Beaufort (2000 Ew.),Département Savoie (73)
ANFAHRT
Von Albertville auf der D 925 nach Beaufort
PARKEN
Gleich am Ortseingang rechts parken vor der örtlichen Cooperative/Tankstelle. Das Fremdenverkehrsamt befindet sich vom Parkplatz aus gesehen 100 m Richtung Ortsmitte.
STRASSENZUSTAND
Bis auf kurze Stücke sehr gut
BESONDERHEIT
Startnummer beim Office de Tourisme
PASSÖFFNUNGSZEITEN
Juni bis Mitte Oktober

Landschaftlich ist dies sicher einer der abwechslungsreichsten Pässe der Alpen, doch auch aus rein sportlicher Sicht kommt man hier voll auf seine Kosten. In Beaufort wird alles geboten, was das Rennradlerherz begehrt: Beim Office de Tourisme erhält man sogar eine richtige Startnummer, die mit einem Signalgeber versehen ist. Damit ausgestattet fährt man am Parkplatz durch die Startrampe; ein lauter Piepston signalisiert, dass die Startzeit erfasst wurde.

Harte Prüfung

Haben wir erst einmal die Startrampe verlassen, radeln wir schnurstracks durch Beaufort hindurch, eine kleine Geschäftsstraße entlang und immer geradeaus. Die Route ist mit Fahrradschildern als C2 ausgeschildert.

In einem engen Tal, das von Felswänden begrenzt ist, verläuft die Straße zunächst entlang einem Bach. Nach rund 2 km geht es in Serpentinen kräftig bergauf und einen bewaldeten Hang entlang. Am gegenüberliegenden Hang ist ein kleines Dorf mit traditionellen Holzhäusern sichtbar. Das Tal verengt sich immer stärker und Straßenbeschriftungen erinnern an die Tour de France. Rechts rücken die ersten Felsabbrüche an die Straße heran.

Die Straße führt in Schlangenlinien bergauf und nach einem kurzen flachen Zwischenstück überqueren wir auf einer schmalen Brücke einen idyllischen Wildbach. Nach 5 km fahren wir entlang von kleinen Bächen, die sich den Hang hinunterschlängeln. Immer noch geht es durch Schatten spendende Wälder hindurch. Wir haben einen schönen Blick auf die umliegenden Berggipfel und lang gezogenen Hänge. Bereits jetzt versprüht die Umgebung echtes Gebirgsambiente und es liegt eine beschauliche Ruhe in der Luft. Die Steigung bleibt konstant und immer wieder gibt es lang gezogene Kehren. Wer jetzt die ersten Ermüdungsanzeichen spürt, darf sich trösten, denn am Cormet de Roselend sind auch schon die ganz Großen ins Straucheln geraten. 1996 stieg sogar der Träger des gelben Trikots, der Franzose Stéphane Heulot, am Cormet de Roselend vom Rad. Tränenüberströmt beendete er mit Knieschmerzen das Rennen.

Atemberaubende Aussicht

Nach 10 km belohnt ein weiter Blick über das Tal für die erklommenen 500 Hm. Es folgen mehrere Serpentinen, bei denen der Blick von einer

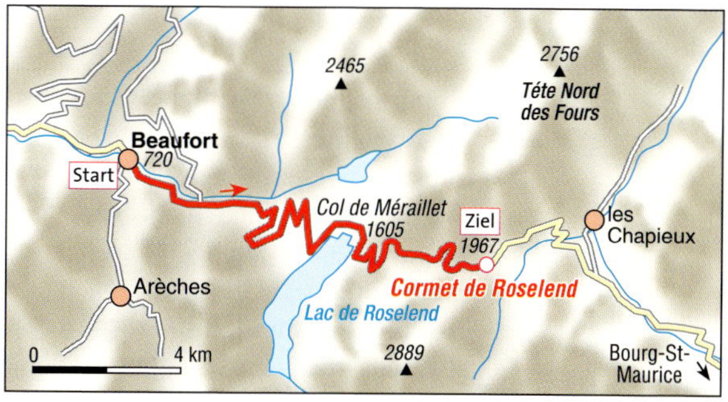

Bergflanke zur anderen wechselt. Wir genießen den Blick in die Tiefe und nähern uns dem Scheitelpunkt. Doch keine falsche Vorfreude: Wir sind natürlich noch nicht am Ziel, sondern nur am 1605 m hoch gelegenen Col de Meraillet.

Was uns hinter der Kurve erwartet, raubt einem den Atem: der türkisblaue Roselend-Stausee, umrahmt von den grauen Felsgipfeln von Aiguille du Grand Fond (2889 m) und Mont Coin (2541 m). Da passt es gut, dass wir bei leichtem Gefälle entlang dem See rollen können. Am Wassersportverein von Roselend und einer Bar vorbei, geht es immer den See entlang. Rechts genießen wir noch einmal den Blick auf den See.

Der Genuss siegt

Die Schau nach vorne ist etwas einschüchternd, denn vor uns erscheint eine Wand, durch die sich Serpentinen in die Höhe schrauben. Mit Blick auf gigantische Felsabbrüche links und begleitet von zahlreichen Beschriftungen auf der Straße schrauben wir uns nach oben. Die Straße ist jetzt sehr schmal, aber in gutem Zustand. Steile Spitzkehren führen uns an einem Bach vorbei und an einer steilen Felswand entlang, vor uns bauen sich wuchtige Felszacken auf. Zwischen den Felsen gibt es einen engen Durchschlupf, den wir durchfahren.

Wir pedalieren an den Felswänden entlang und sind umgeben von einer gewaltigen Bergszenerie. Kurz darauf öffnet sich der Blick auf ein riesiges Hochplateau, das von zahlreichen Wanderwegen durchzogen und durch eine karge Vegetation gekennzeichnet ist. An einer Gebirgshütte vorbei rollen wir kurz bergab. Nach einem wilden Gebirgsbach erwartet uns der letzte Kilometer, den wir erneut mit Serpentinen bewältigen. Auf einer schmalen, in den Fels gesprengten Straße geht es hinauf und auf den letzten Metern sogar flach dahin. Am Cormet de Roselend angekommen, wartet nur ein einsamer Parkplatz auf die Radler.

Noch einmal schweift der Blick über die alpine Umgebung und dabei gerät die Zeiterfassung fast in Vergessenheit. Wer trotzdem noch in Minuten und Sekunden denkt, kann daheim ins Internet schauen: Denn dort findet sich eine Liste mit den Bestzeiten. Aber mal ganz ehrlich: Wer kann an dieser grandiosen Landschaft schon vorbeifliegen, ohne sie zu genießen?

Weg mit dem Wolf!

Regelmäßig wird die Tour de France auch zum Ziel politischer Aktivisten. Als Radsportfan hat man wenig Verständnis, wenn Demonstranten das Rennen für politische Zwecke missbrauchen. Doch immer wie-

Linke Seite: Treffpunkt des Wassersportvereins von Beaufort: der friedliche Roselend-See.

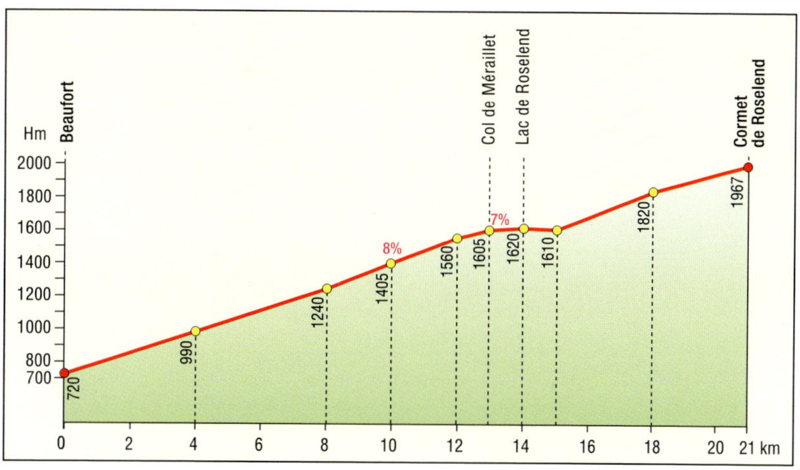

der gelingt es ihnen, das Rennen zu stoppen oder den Start zu verhindern. Gründe zu Protesten gibt es immer und Frankreich macht seit Jahren Schlagzeilen mit Gewaltaktionen der Fischer, Bauern, Lastwagenfahrer oder der Jugendlichen in den Vororten. 2005 verhinderten Proteste von Viehzüchtern die geplante Etappe. Auf Grund angekündigter Proteste ansässiger Bauern gegen das Verbot der Jagd auf Wölfe wurde der Startort kurzfristig von Grenoble nach Brignoud verlegt. Die Bauern fühlen sich durch die Wölfe bedroht und wettern gegen den übertriebenen Tierschutz. Ein Konflikt, der an die Pyrenäen erinnert, wo einen der Kampf gegen die Bären auf Schritt und Tritt verfolgt. Mit einer ganzen Reihe von Argumenten versuchen die Bauern, den Wolf endlich jagen zu dürfen. Rund 2600 Tiere werden nach ihren Erhebungen jährlich in den Alpen von Wölfen getötet. Darunter sind auch viele Hunde, die zur Bewachung von Herden abgestellt werden. 1992 wurden im Parc national du Mercantour die ersten beiden Wölfe wieder angesiedelt. Seitdem haben sich die Wölfe rasant verbreitet. Von den südlichen Alpen bis zum Jura reicht das Gebiet, in dem es inzwischen mehrere hundert Tiere geben soll.

Leitwolf trotzdem vorne

Durch die Proteste verkürzte sich die Strecke 2005 um 12 km auf immer noch respektable 181 Kilometer. Der Etappenstart musste zwar verschoben werden, doch der Leitwolf war trotzdem nicht klein zu kriegen. Denn wie in den Jahren zuvor zeigte Lance Armstrong, dass er in seinem Revier keinen Rivalen duldet. Nur kurzzei-

Rechte Seite: Der Cormet de Roselend ist ein idealer Pass, um die Tour de France einmal live zu erleben.

Unten: Die Passhöhe des Cormet de Roselend vermittelt echtes Berggefühl.

Phonak Cycling Team
6
262
BMC
BMC
ZH·703931
Škoda
www.phonak.com
Škoda
PHONAK
BMC
PHONAK
BMC
BMC

RENNRADTOUREN RUND UM BEAUFORT

Steile Berge und schwach befahrene Straßen erfreuen das Rennradlerherz rund um Beaufort. Nachdem die Region voll und ganz auf den Wintersport ausgerichtet ist, herrscht im Sommer nur wenig Betrieb. Die Verantwortlichen geben sich daher größte Mühe, mit Angeboten an Rennradler und Wanderer auch im Sommer die Betten zu füllen. Neben der netten Idee mit der Startnummer gibt es beim Office de Tourisme noch ein weiteres Angebot. Dort erhält man für derzeit acht Euro ein kleines Heftchen mit 13 Routenvorschlägen in der Umgebung. Das Spektrum reicht vom »Petit Boucle du Beaufortain« (470 Hm/31 km) bis zur Grand Tour du Beaufortain (3850 Hm/155 km).
Wer will, kann sich seine Klettertouren auch amtlich bestätigen lassen. Denn wer die Stempel der Kontrollstationen vorzeigt, bekommt ein goldenes, silbernes oder bronzenes Zertifikat. Langweilig wird es einem hier also bestimmt nicht!

tig drohte ihm Gefahr, als bei der Abfahrt vom Cormet de Roselend sein Helfer Jaroslaw Popowitsch stürzte. Die ganze Welt konnte verfolgen, was passierte, als Popowitsch sich mit aller Kraft zurück an die Spitze gekämpft hatte. Statt dankenden Worten für seine Aufopferung wurde er von Armstrong zusammengestaucht. Dankbarkeit darf man von Raubtieren eben nicht erwarten!

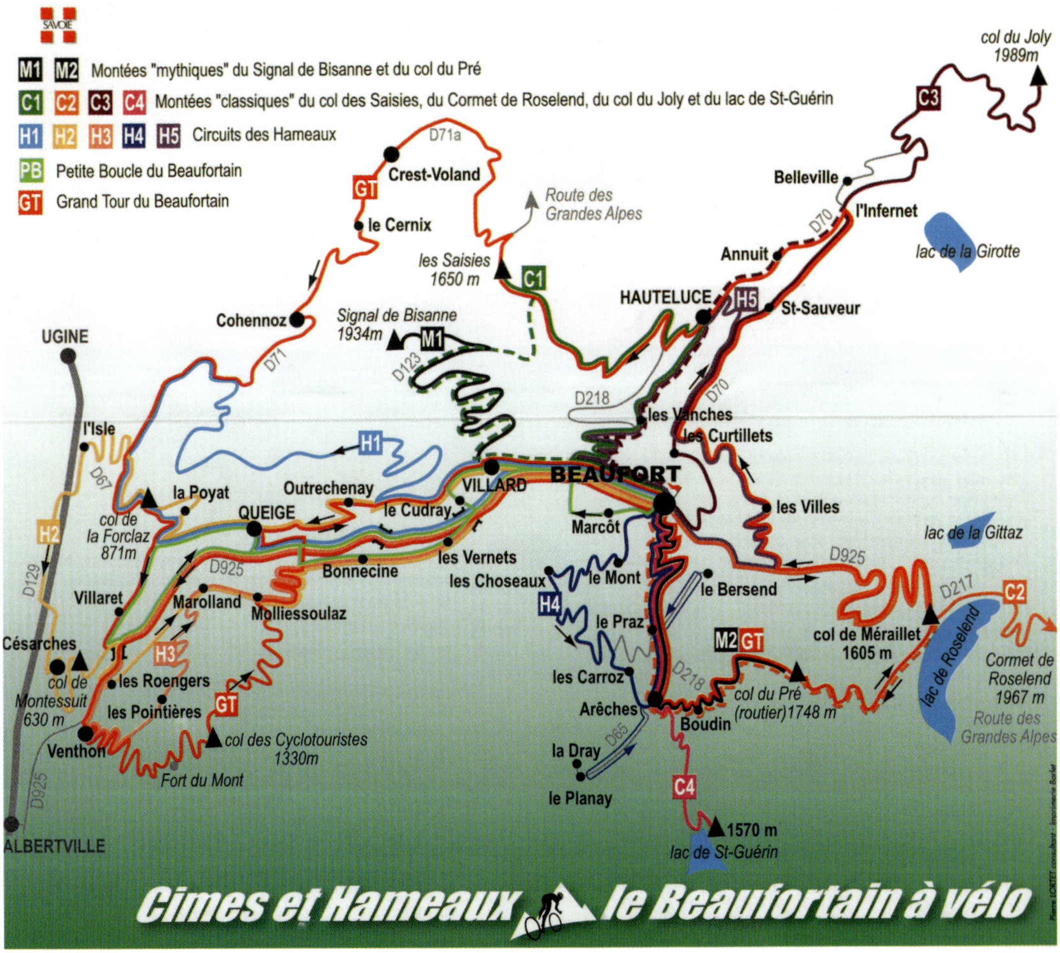

Schweizer bei der Tour de France

Der Schweizer Radprofi Alex Zülle rauscht 1995 mit einem Höllentempo als Erster über den Cormet de Roselend. Er tritt diesmal besonders kräftig in die Pedale, geht es doch am Beginn dieser Tour um die noch nicht vergebene Kapitänsrolle im ONCE-Team – ein Ziel, das man sich nur schwer verdient. Zülle kämpft und siegt. Neben einem Etappensieg kann er sich am Ende sogar über einen Podiumsplatz freuen – Erfolg auf ganzer Linie.

Doch im Jahr darauf läuft es nicht gut für Zülle. Auf der ersten Alpenetappe über den Col de la Madeleine und den Cormet de Roselend ist er gleich in zwei Stürze verwickelt und damit abgeschlagen.

Erst 1999 gibt es für ihn wieder einen Erfolg im Gesamtklassement, als er erneut Zweiter wird. Der Schweizer hätte vielleicht noch mehr erreichen können, doch ein Massensturz auf der Passage du Gois kostet ihn ganze sechs Minuten. Der Jubel in der Heimat ist auf jeden Fall dennoch groß, denn die Erfolge der Schweizer Rennfahrer halten sich in den letzten Jahrzehnten in Grenzen.

Die Blütezeit Schweizer Pedaleure bei der Tour de France liegt schon um einige Jahre zurück. Zwischen 1947 und 1954 nämlich konnten ganze 18 Etappensiege erzielt werden. In dieser Zeit verfügte man mit Ferdi Kübler und Hugo Koblet gleich über zwei herausragende Ausnahmesportler.

Beim Start der Tour 1950 ist Kübler aber nur Außenseiter: »Ich muss zugeben, dass am Start zur Tour de France ein ängstliches Gefühl in mir hochstieg. Ich hatte nie besonders viel Erfolg bei großen Rennen. Ziemlich tief einschneidende Erinnerungen kamen in mir hoch und ich fragte mich besorgt, wie ich die 22 Etappen überstehen sollte, die mit Furcht einflößenden Schwierigkeiten gespickt waren«, verrät Kübler gegenüber der Equipe. Doch am Ende der von Skandalen begleiteten Rundfahrt erweisen sich seine Sorgen als unbegründet und er gewinnt als erster Schweizer die Tour.

Das weckt natürlich den Ehrgeiz seines Landsmanns Hugo Koblet. Dieser wird auch »der schöne Hugo« genannt, denn er macht es sich zur Gewohnheit, gleich nach dem Zielstrich den Kamm zu zücken und seine Haare in Form zu bringen.

Bei der Tour 1951 gelingt ihm mit einem Vorsprung von 22 Minuten ein überragender Gesamtsieg. Dabei herrscht keinesfalls ein Mangel an herausragenden Fahrern, die gegen ihn antreten, aber Géminiani, Bartali, Bobet und Coppi haben gegen den charmanten Pedaleur keine Chance. Die Nachricht vom Toursieg versetzt die Schweiz in einen Freudentaumel. In Autokonvois fährt Koblet nach seiner Rückkehr durch Genf und Zürich. Und mit Sicherheit hatte er zu dieser Gelegenheit seine Haare ganz besonders schön frisiert.

Seitdem gab es für die Schweizer keinen Toursieg mehr. Zuletzt konnte Fabian Cancellara im Jahr 2004 immerhin zwei Tage im gelben Trikot fahren.

Zu den größten Ausnahmetalenten im Radsport gehört der Schweizer Tony Rominger. Erst mit 20 Jahren entdeckte er das Rennrad für sich, ein Alter, in dem es eigentlich viel zu spät ist, um in höhere Leistungsregionen vorzustoßen.

Doch Rominger kämpfte sich verbissen nach oben und trainierte in den Schweizer Bergen, als würde sein Leben davon abhängen. Er gewann drei Etappen der Tour de France und schlug dabei im Kampf gegen die Uhr sogar einmal den großen Zeitfahr-Spezialisten Miguel Indurain. Dazu erkämpfte sich Rominger 1993 den zweiten Gesamtrang der Tour de France.

Alex Zülle überflog 1995 im Tiefflug den Cormet der Roselend.

30 Schöne Passhöhe unter zackigen Felsgipfeln
COL DE LA COLOMBIÈRE

Seit der Premiere 1960 war der Col de la Colombière 17 Mal im Streckenplan.

1 ***

HÖHE MAX.: 1618 m
HÖHENUNTERSCHIED: 1050 Hm
LÄNGE: 17 km
STEIGUNG MAX.: 10 %
STEIGUNG DURCHSCHNITT: 6,1 %
AUSGANGSORT
Marnaz (4500 Ew.), Département Haute-Savoie (74)
ANFAHRT
Von Genf auf der N 205 bis kurz vor Cluses, rechts abbiegen nach Marnaz
PARKEN
Im Ortszentrum
STRASSENZUSTAND
Gut
PASSÖFFNUNGSZEITEN
Juni bis Ende Oktober

»Geniales Finale« lautet das Motto des Tages: Denn das steilste und landschaftlich schönste Stück kommt zum Schluss. Der Kontrast zum hässlichen und verbauten Cluses könnte größer nicht sein und so entflieht man gerne dem Arve-Tal.

Gut auf die Beschilderung achten

In Marnaz müssen wir zwar gleich steil ansteigend zwischen den Häuserzeilen hindurchfahren, doch die Steigung legt sich gleich wieder. Die Ausschilderung ist zu Beginn nicht ganz einfach, im Ortszentrum radeln wir zunächst Richtung Mont Saxonnex, bevor es dann nach rund 1,5 km links ausgeschildert zum Col de la Colombière abgeht.

Bei leichter Steigung verlassen wir Blanzy, die Beschilderung zeigt uns, dass wir auf der Route des Grandes Alpes sind. Der Weg führt unter Laubbäumen hindurch, die ein dichtes, Schatten spendendes Dach bilden. In Schlangenlinien schrauben wir uns bei zunehmender Steigung in die Höhe. Links bietet sich ein Blick auf das hässliche Cluses mit seinen Hochhäusern, doch geradeaus schaut es gleich viel einladender aus: Es bietet sich ein schöner Blick auf ein Tal, das links und rechts von bewaldeten und mit Felsen durchsetzten Hängen begrenzt wird.

Zeit zur Rundumschau

Nach 6 km wird die Straße wieder schlechter. Links bietet sich ein wunderbarer Blick auf einen mit Tannen bewachsenen und mit Felsen durchsetzten Hang. Der Weg wird jetzt deutlich flacher und bietet bei 2 bis 3 % Steigung Gelegenheit, das immer enger werdende Tal zu betrachten.

Wir radeln an einem wunderschönen alten Bauernhof vorbei, links begleitet uns ein romantischer, kleiner Bach. Nach einer kurzen Flachpassage erreichen wir Le Reposoir. Durch den Ort mit seiner schönen Steinkirche geht es ausgeschildert rechts hindurch. Bei klarer Sicht

Auf den letzten Kilometern zur Passhöhe öffnet sich der Blick auf imposante Kalkfelsen.

erblickt man die imposanten Felszacken der Pointe Percée (2162 m). Im Ort gibt es ein Restaurant und neben der Kirche auch einen Brunnen zum Nachfüllen der Wasserflaschen.

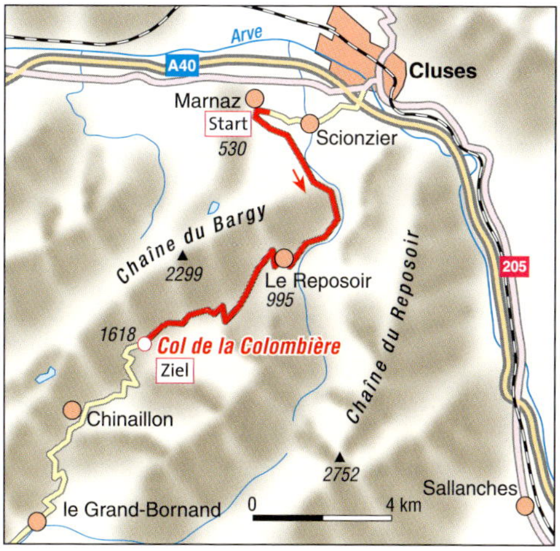

Kletterer trifft Kletterer

Le Reposoir verlassen wir sehr kurvig, in Schlangenlinien bei bis zu 10 % klettern wir bergauf. Zwar gibt es jetzt keinen Wald mehr, aber dafür werden wir mit einem schönen Blick auf steile Grashänge und eine imposante Felskette entschädigt. Die letzten 6 km geht es bis auf ein kurzes Zwischenstück kräftig ansteigend der Passhöhe entgegen.

Hier können wir bei wenig Verkehr die schöne Bergwelt genießen. Immer entlang dem steilen Hang zieht eine lange Gerade zum Pass empor. Die Felsen rücken immer näher, bis sich die Straße kurz vor der Passhöhe direkt an die Felsmauer anschmiegt. Auf der Passhöhe angekommen, trifft man häufig auf die »radlosen Kletterkollegen«, denn rund um die Pointe Blanche befinden sich zahlreiche Kletterrouten. Nur 25 Minuten von der Passhöhe entfernt bietet sich ein ruhiges und abwechslungsreiches Klettergebiet mit Routen aller Schwierigkeitsgrade. Das Kalkgestein ist meist mit großen Löchern übersät, doch überhängende Felsen bieten auch den größten Talenten eine Herausforderung. Zwischen Juni und Oktober treffen sich hier die Kletterer der Region und das metallene Klappern der Expressen hallt von den Wänden wieder. Die Passhöhe selbst bietet außer einem Restaurant nicht viel. Wer den Pass überquert, kann sich auf eine äußerst kurvenreiche Abfahrt (13,5 km) nach St-Jean-de-Sixt freuen. Besonders die Serpentinen im ersten Teil lassen das Radlerherz höher schlagen.

Fleißaufgabe

Wem die 1000 Hm nicht ausreichen, der kann auch über den Colombière zum Joux-Plane fahren. Dazu ist allerdings eine Befahrung des Passes von der anderen Seite nötig. Schon viele Male hat sich der Tour-Tross diese Verbindung vorgenommen, zuletzt nahm das Peloton 2006 diesen Weg. Und auf der knapp 200 km langen Etappe standen 2006 zuvor bereits der Col des Saisies und der Col des Aravis auf dem Programm. Ein beeindruckendes Programm, das uns die Mühen der »kurzen« Auffahrt zum Colombière ganz schnell wieder vergessen lässt. Wer den Col de la Colombière von Südwesten aus in Angriff nimmt, kann in Le Grand Bornand starten. Der Ort gilt als besonders radsportverrückt

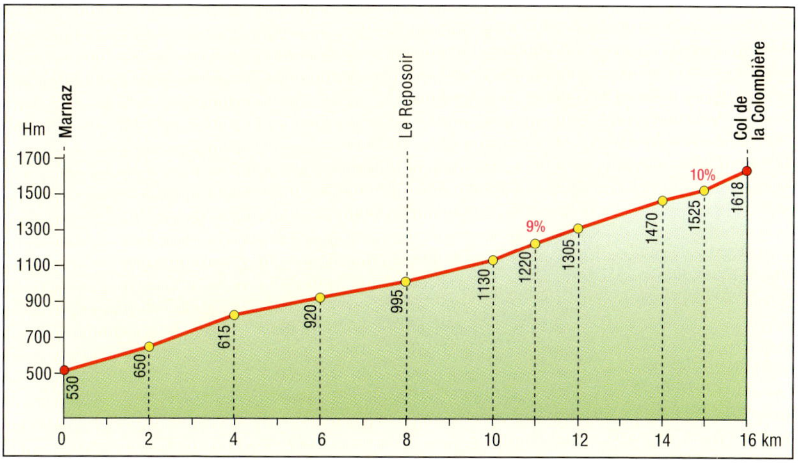

DIE TOUR FÜR JEDERMÄNNER

Einmal eine echte Etappe der Tour de France mitfahren – wer träumt nicht von solch einem Abenteuer. Aber warum denn nur träumen, wenn die Umsetzung doch so einfach ist. Bereits seit 1992 ermöglicht die französische Radzeitschrift »Vélo Magazine« die Befahrung einer Tour-Etappe für Jedermänner. Nur wenige Tage vor den Profis können Hobbyradler bei der »Etape du Tour« die komplette Etappe abstrampeln. Es versteht sich von selbst, dass die Organisatoren besonders gerne Bergetappen auswählen. Der Col de la Colombière war 2002 Teil der Veranstaltung. Mit einer Distanz von 142 km war die Etappe zwar nicht allzu lang, die Steigungen konnten sich aber sehen lassen. Der Col de la Colombière stand erst am Tagesende auf dem Programm, zuvor mussten der Col des Aravis, der Col des Saisies und der Cormet de Roselend bewältigt werden. 7500 Teilnehmer nahmen diese Aufgabe in Angriff, darunter auch Radfahrer aus Südafrika und den Arabischen Emiraten. Vergleicht man die Strecke allerdings mit der »Etape du Tour« 2006, sieht man die Steigerungsmöglichkeiten.
Die Gesamtdistanz betrug 187 km und es standen mit dem Col d'Izoard, dem Col du Lautaret und der Auffahrt nach Alpe d'Huez ebenfalls echte Kletterprüfungen auf dem Programm. Über 2000 Teilnehmer aus dem Ausland verzeichnet die Veranstaltung durchschnittlich und es empfiehlt sich eine frühzeitige Anmeldung. Die Startplätze sind schnell vergeben!

Weitere Infos: www.letapedutour.com

und die Einheimischen sind dem Sport stark verbunden. Im Sommer geht es in Le Grand Bornand allerdings sehr gemütlich zu, die Hauptsaison ist im Winter und dann kommen Feriengäste aus ganz Europa hierher.

Le Grand Bornand liegt allerdings schon auf 920 m Höhe und damit sind es bis zur Passhöhe nur noch knapp 700 Hm. Verteilt auf die 12 km ergibt das eine durchschnittliche Steigung von weniger als 6 %. Während es auf den ersten Kilometern noch gemütlich dahinplätschert, geht es auf den letzten drei Kilometern zur Sache. Zwischen 7 % und 9 % Steigung bietet die Straße auf wunderschönen Serpentinen und bieten daher richtig schönes Klettervergnügen.

Oben: Auf dem Col steht das übliche Passschild.

Besonders die letzten Kilometer vor der Passhöhe sind landschaftlich beeindruckend.

Abschied vom Piraten

Erster auf einer Passhöhe oder Bergankunft war Marco Pantani in seinem Leben unzählige Male. Alleine bei der Tour de France siegte er 14 Mal beim Wettstreit am Berg. Dagegen wirken die drei Mal von Jan Ullrich richtig kümmerlich. Der kämpferische Italiener hat das Klettern im Blut. Schon als Jugendfahrer machte es ihm am meisten Spaß, am Berg einen Gegner nach dem anderen zu überholen und stehen zu lassen.

»Ich gehe in den Bergen aus dem Sattel, um den Todeskampf kürzer zu machen«, hatte Pantani einmal in einem Interview erklärt.

So machte sich auch niemand besondere Gedanken, als er auf der 16. Etappe der Tour de France 2000 als Erster über den Col de la Colombière fliegt. Die Zuschauer sehen das übliche Bild: Pantanis Oberkörper ist weit nach vorne gebeugt, die Hände hat er fest am Unterlenker, und so tritt er gleichmäßig und kraftvoll in die Pedale. Doch erst im Nachhinein wird sich herausstellen, dass dies der letzte Auftritt des Italieners bei der Tour de France gewesen ist. Ein unsichtbarer Abschied eines umstrittenen Helden, der tragischer nicht enden hätte können. An diesem Tag erleidet er einen Einbruch und muss die Tour beenden. Doch damit beginnt eine Spirale nach unten, die 2004 ein tödliches Ende findet. In einem Hotelzimmer in Rimini stirbt er am 14. Februar 2004 an Herzversagen durch Hirn- und Lungenödeme. Eine unheilvolle Mischung aus Kokain und Antidepressiva hat ihm den Tod gebracht. Trauriger Zufall: Bei seinem letzten Etappensieg der Tour de France ist er vor dem spanischen Kletterspezialisten José-Maria Jiminez ins Ziel gekommen. Jiminez starb im Dezember 2003, nur wenige Monate vor Pantani, in einer psychiatrischen Klinik in Madrid, nach Jahren voll Drogenproblemen und Depressionen. Der Niedergang Pantanis hat am 5. Juni 1999 begonnen, als er wegen eines erhöhten Hämatokritwerts vom Giro ausgeschlossen wird. Für den Piraten, der als Gesamtführender das Rennen beenden muss, ist dies ein Schock, von dem er sich nicht mehr erholt. Er fühlt sich verraten, auch wenn der Dopingverdacht mit EPO wohl nicht unbegründet gewesen ist. Noch am gleichen Tag erklärt er seinen Rücktritt vom Radsport. Jahrelang begleiten ihn Untersuchungen der Staatsanwaltschaft und Vorladungen vor Gericht. So stößt die Staatsanwaltschaft auf eine Krankenhausakte von 1995, in der bei Pantani Hämatokritwerte zwischen 59 und 61 % festgestellt wurden. Üblich ist ein Wert von etwa 40 % und die Anzeichen für EPO-Missbrauch daher ziemlich deutlich.

Am 13. Mai 2000 wagt er ein Comeback beim Giro. Er landet abgeschlagen im Gesamtklassement, doch seine Fangemeinde bejubelt jeden Auftritt des Stars. Seine ganze Aufmerksamkeit gilt jetzt der Tour de France. Ihm gelingen zwei spektakuläre Etappensiege, und als er nach seinem Soloritt über den Col de la Colombière das Rennen aufgibt, ist er trotzdem zuversichtlich. Doch es folgt eine bittere Zeit, in der ihn die Dopingvorwürfe innerlich zermürben und er sportlich nicht mehr weiterkommt. Immer wieder greift er zu Drogen, um seine Frustrationen abzubauen. Den Giro 2001 beendet er nicht, 2002 wird er wegen Verdachts auf Insulinmissbrauch suspendiert. Ein letztes Aufbäumen ist der Giro 2003, den er als 14. beendet. Als er 2003 nicht bei der Tour mitfahren darf, stürzt er in Depressionen und konsumiert in großen Mengen Kokain. Mehrere Entzugsversuche scheitern und so verliert Italien nach Fausto Coppi auch seine zweite Radlegende auf tragische Weise.

Marco Pantani hat auch heute noch viele Fans. Ihm zu Ehren findet in Italien jährlich ein Jedermannrennen statt.

31 Eine ideale Einrolltour
COL DES ARAVIS

Der Verkehr der Hauptstraße zwischen Thônes und Saint-Jean-de-Sixt scheint diese beiden Esel nicht zu stören.

2 ***

HÖHE MAX.: 1486 m
HÖHENUNTERSCHIED: 860 Hm
LÄNGE: 17 km
STEIGUNG MAX.: 7 %
STEIGUNG DURCHSCHNITT: 5 %

AUSGANGSORT
Thônes (5500 Ew.), Département Haute-Savoie (74)

ANFAHRT
Von Annecy auf D 909 Richtung La Clusaz bis Thônes

PARKEN
Gute Parkmöglichkeit neben dem Fremdenverkehrsamt

STRASSENZUSTAND
Guter Straßenzustand, teilweise Verschmutzung durch Landwirtschaft

PASSÖFFNUNGSZEITEN
Mai bis Ende Oktober

Das Schönste erwartet einen bekanntlich meist am Schluss, und besonders auf dieser Tour brauchen wir etwas Geduld. Denn vom Fremdenverkehrsamt in Thônes geht es zunächst auf der sehr stark befahrenen D 909 nach La Clusaz. Der Verkehr trübt etwas die Freude und treibt einen zur Eile an. Schade, denn eigentlich ist auch dieser Teil der Strecke landschaftlich nicht ohne Reize. Wer will, kann seine Leistung auch dokumentieren, indem er an einem Vélodateur die Zeiten abstempelt.

Kreativer Gastronom

Die Zeiterfassung mit dem Vélodateur entstammt der fixen Idee eines Gastronomen. Unweit von Alpe d'Huez betrieb Patrice Aupetit ein Lokal und kam daher ständig in Kontakt mit der Radfahrgemeinde. Da er ebenfalls mit dem Fahrrad unterwegs war, reizte ihn der Zeitvergleich mit anderen Kletterfreunden. Eigentlich müsste es doch ganz einfach sein, eine mechanische Stempeluhr am Fuß und am Scheitel eines Passes anzubringen, dachte er sich. Als er seinen Vorschlag dem Département du Vaucluse am Ventoux unterbreitete, war das Interesse groß. Auch rund um Thônes hat sich das System auf mehreren Anstiegen bewährt.

Doch auch in den Pyrenäen, in Alpe d'Huez sowie auf zahlreichen unbekannten Anstiegen hat der Vélodateur sich durchgesetzt. Die Wahl fiel dabei auf einen robusten mechanischen Stempelautomaten aus den USA. Im Fremdenverkehrsamt kauft man sich ein kleines Heftchen, in dem man dann den Start und das Ziel per Stempel festhält. Bereits jetzt kursieren Ideen, das ganze System auf Chips umzurüsten. Der Erfinder ist mit der Verbreitung zufrieden und freut sich über einen kleinen Nebenverdienst. Bei den Rennradfahrern sind die Zeiterfassungssysteme sehr beliebt.

Das Tal wird von beiden Seiten mit Gebirgsketten begrenzt.

Noch im Schatten

Auf der breiten Straße nimmt die Steigung nach rund 3 km bereits etwas zu und bald durchfahren wir Les Villards sur Thônes. Wir haben rechts den Blick in ein weites Tal und links entlang der Fahrbahn zum Teil sehr alte Holzbauernhäuser. Hügelig ansteigend geht es weiter nach Saint-Jean-de-Sixt, das wir nach rund 7 km erreichen. Hier fahren wir geradeaus an einer Steinkirche und dem Fremdenverkehrsamt vorbei.

Wir kommen nun in ein enges Tal, wo sich die Straße in leichten Schlangenlinien nach oben windet. Auf diesem kurzen Stück sollten wir die Schatten spendenden Laubbäume genießen, denn bald brennt die Sonne wieder ungeschützt auf die Straße.

In La Clusaz

Wir haben mit 400 Hm fast die Hälfte der Steigung hinter uns gebracht und erreichen den Wintersportort La Clusaz. Gleich am Ortseingang zweigt rechts der »Itinaire Cycliste Col des Aravis« ab. Doch keine Angst – dies ist nur eine ruhigere Strecke durch den Ort; wer die Abzweigung verpasst, kann auch geradeaus durch den Ort fahren. In La Clusaz besteht die letzte Möglichkeit, ein »Carnet de Cols« für die Zeiterfassung zu kaufen.

Vor dem Ortsende geht es (ausgeschildert) an einem Kreisverkehr rechts zum Col des Aravis. Hier befindet sich gleich nach 10 m an einem Laternenmasten die Stempelstelle für die Fahrradkarte. Die Straße geht unter zwei Skiliften hindurch bei mäßiger Steigung und deutlich weniger Verkehr. An Wintersporthotels vorbei geht es direkt auf einen gewaltigen Skiberg zu, der mit Liftanlagen überzogen ist. Doch diesen Gipfel gilt es nicht zu

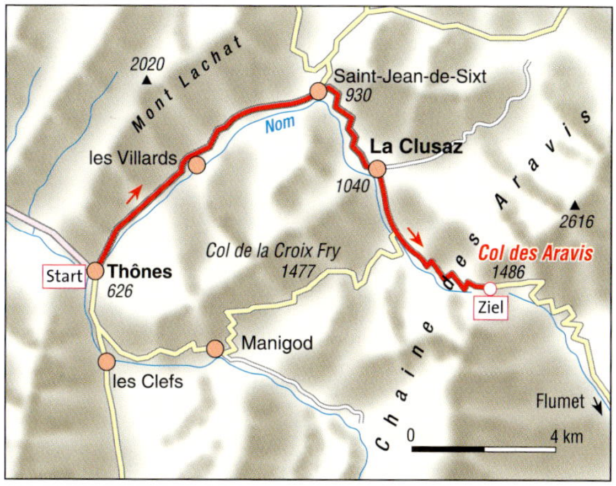

bezwingen, die Straße führt vielmehr links daran vorbei.

Abstempeln nicht vergessen!

Rund 4 km nach Clusaz erreichen wir die erste etwas steilere Kurve. Wir haben jetzt die Häuser hinter uns gelassen und genießen den Blick über die Wiesenhänge entlang der Straße. Jetzt nimmt auch die Steigung zu und in Serpentinen schrauben wir uns bergauf. Begleitet vom Läuten der Kuhglocken gewinnen wir an Höhe und sind schon fast am Ziel. Denn nur rund 100 Hm trennen uns noch von der Passhöhe und auf den letzten Metern wird uns sogar noch ein flaches Stück serviert. Es gibt hier nur einige Almen links und rechts, und hinter den weidenden Kühen bietet sich rechts eine schöne Felsszenerie. Das

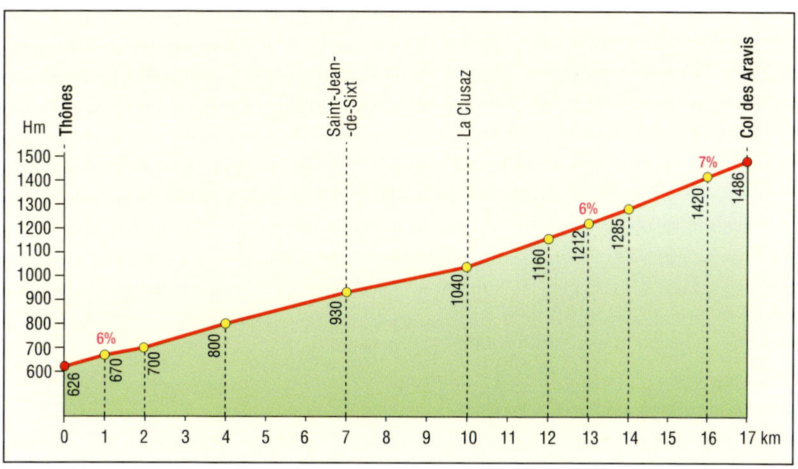

Schmuckstück der Passhöhe ist eine kleine Steinkapelle und natürlich gibt es auch Restaurants. Direkt neben der Kapelle ist der Vélodateur zum Abstempeln der Radelkarte. Kraft in den Beinen müsste jetzt noch vorhanden sein – bei so vielen Bergen in der Umgebung hat man hier die Qual der Wahl!

Mini-Runde

Selten hat man es so einfach, aus der Passbefahrung eine Rundfahrt zu machen. Denn dazu muss man nur sein Fahrrad umdrehen und zurück Richtung La Clusaz rollen. Bereits nach wenigen Kilometern zweigt links eine sehr kleine Straße zum Col de la Croix-Fry ab. Bei Steigungen von über 7 % geht es auf der D 16 teilweise noch Kraft raubend bergauf. Von der Straßenkreuzung bis zur Passhöhe sind es nur 5 km, so halten sich die Anstrengungen in Grenzen. Vom Col de la Croix-Fry geht es in Serpentinen bergab Richtung Manigod. Es lohnt sich aber, einen kurzen Halt einzulegen und den Blick auf die Bergkette Chaine des Aravis zu genießen. Nur in Manigod wird das Fahrttempo etwas gebremst, dann geht es zügig weiter ins Chamfroid-Tal. Man verliert kräftig an Höhe und praktisch ohne neue Arbeit für die Beine geht es zurück bis nach Thônes.

Immer wieder Aravis

Die Tour de France ist bereits 38 Mal über den Col des Aravis gefahren und fast immer führte der Weg dabei vom Südwesten über den Pass. Als Startpunkt taucht oft Bourg d'Oisans auf, aber auch Aix-les-Bains und Valloire standen schon auf dem Programm. Fast schon Standard ist das Etappenziel in Morzine. 2006 starteten die Fahrer in Saint-Jean-de-Maurienne und erreichten nach 200 km das Ziel in Morzine. Eine anstrengende Etappe, die auch über den Col des Saisies (1650 m), den Col de la Colombière (1613 m) und den Col de la Joux-Plane (1691 m) führte. Im Jahr eins nach dem Rücktritt von Lance Armstrong war das eine Etappe, vor der auch der Texaner Respekt gehabt hätte.

Eine kleine Steinkapelle ziert die Passhöhe des Col des Aravis.

Geburtsstunde des gelben Trikots

Es ist die elfte Etappe der Tour de France im Jahr 1919, als die Veranstalter ganz nebenbei ihr neues Erkennungszeichen auf den Weg schicken. Es ist der 19. Juli, und weil es ein Samstag ist, stehen besonders viele Menschen entlang der Straße. Eugène Christophe ist der erste Träger des gelben Trikots der Tourgeschichte. Am Start in Grenoble hat er sein graues Trikot von La Sportive aus- und das gelbe angezogen. Vielleicht sollte man eher von einem langärmeligen gelben Pullover sprechen. Doch als er den Col des Aravis mit dem »maillot jaune« überquert, wissen die wenigsten Zuschauer, was für ein Symbol sie da sehen.

Bis heute ranken sich zahlreiche Legenden um die Geburtsstunde des Trikots. Eine Version lautet, dass man die Farbe Gelb wählte, weil auch die Zeitschrift »L'Auto« auf gelbem Papier gedruckt wurde. Ganz banal, aber plausibel ist die Erklärung, dass der Händler keine andere Farbe auf Lager hatte. Auf jeden Fall wollte man mit der Einführung den Zuschauern einen Dienst erweisen. Denn die wussten oft gar nicht, welches der mit Staub überzogenen Gesichter gerade an der Spitze des Rennens lag.

Einfacher ist die Geschichte des zweitwichtigsten Trikots der Tour. Das Bergtrikot wurde erst 1975 eingeführt und das, obwohl es den Bergpreis bereits 1933 gab. Erster Träger des rot gepunkteten Trikots war der Belgier Lucien van Impe, der mit einer Größe von 167 cm und einem Gewicht von 57 Kg dem Ideal eines Kletterers entsprach. Die Berechnung ist auch ungleich schwieriger, denn der Gewinner wird mit einem komplizierten Punktesystem ermittelt. Die Höhe der Punktzahl hängt zunächst von der Schwierigkeit des Anstiegs ab. Die höchste Stufe ist Hors Catégorie, darauf folgt Première Catégorie, also erste Kategorie. Im Laufe der Tourgeschichte wurden für einen Anstieg oft verschiedene Einstufungen verwendet. Die ersten drei oder bei manchen Anstiegen auch bis zu zehn Fahrer an der Spitze erhalten je nach ihrer Position Punkte gutgeschrieben. Für den Sieg am Ventoux gibt es z.B. 40 Punkte, hingegen ist ein kleiner Berg der 4. Kategorie nur drei Punkte wert.

Bis 2006 ein altbekanntes Bild: Lance Armstrong trägt Gelb.

Hier kommt der Chef: Das Gelbe Trikot verleiht Autorität.

32 Klein, aber fein
CROIX-FRY

Am Col de la Croix-Fry befindet sich der Vélodateur zur Zeiterfassung.

1 ***

HÖHE MAX.: 1477 m
HÖHENUNTERSCHIED: 850 Hm
LÄNGE: 13,5 km
STEIGUNG MAX.: 10 %
STEIGUNG DURCHSCHNITT: 6,3 %

AUSGANGSORT
Thônes (5500 Ew.), Département Haute-Savoie (74)

ANFAHRT
Von Annecy auf D 909 Richtung La Clusaz

PARKEN
Gute Parkmöglichkeit in Thônes neben dem Fremdenverkehrsamt. Hier gibt es die Karten und den Stempelautomaten.

STRASSENZUSTAND
Sehr unterschiedlich, auf der ganzen Strecke immer wieder größere Schäden

PASSÖFFNUNGSZEITEN
Ganzjährig geöffnet

Während der Col des Aravis sich gemächlich dahinzieht, kommt diese Route schneller zur Sache. Der fast gleiche Höhenunterschied verteilt sich diesmal auf nur 13,5 km. Doch auch das ist natürlich noch keine Plagerei, sondern gemütlicher Genuss.

Landleben

Die Gemeinde Thônes liegt nur wenige Kilometer entfernt vom Lac d'Annecy und dem Massif des Aravis. Das ganze Jahr über kommen daher Touristen und Tagesausflügler in die idyllische Gegend. Das Geschäft mit den Fremden hat in Thônes und dem Sulens-Tal eine lange Tradition, erst vor kurzem fand die Hundertjahrfeier der touristischen Erschließung statt.

Zum Glück hat sich das Tal seine Ursprünglichkeit bewahrt, verschandeln doch andernorts viel zu oft trostlose Industriegebiete und riesige Einkaufszentren Frankreichs Landschaft. Nur die Hauptstraße nach La Clusaz trübt die Idylle. Ein Höhepunkt ist auf jeden Fall der samstägliche Markt, auf dem vor allem die regionalen Spezialitäten erfreuen.

Alles Käse!

Denn ein Besuch in Thônes ist unvollständig, wenn man nicht die kulinarischen Traditionen kennen gelernt hat. Besonders stolz sind die Einwohner auf ihren Käse. Der »Reblochon« und der »Chevrotin« gehören seit mehr als drei Jahrhunderten auf den Tisch.

Im Frühling und im Sommer brummt die Produktion und aufgrund der blühenden Kräuter auf den Weiden schmeckt er laut Kennern am besten. Wer sich für die Käseherstellung interessiert, kann sogar die örtliche Genossenschaftskäserei besichtigen.

Der Anstieg eröffnet schöne Blicke auf die gegenüberliegende Bergkette.

Weniger Verkehr, mehr Steigung

Wir starten am Fremdenverkehrsamt und biegen gleich vor der Kirche rechts ab. Hier besteht die letzte Möglichkeit, sich noch einmal mit Proviant einzudecken. Durch eine schmale Geschäftsstraße entlang niedriger Häuser radeln wir auf der D 12 aus Thônes hinaus. Nur 100 m später geht es ausgeschildert links ab zum Col de la Croix-Fry. Jetzt lässt der Verkehr schlagartig nach und die nimmt Steigung zu.

Es geht gleich gut ansteigend bergauf mit nur kurzen Erholungsstücken. Wir durchfahren die kleinen, gemütlichen Orte La Combe und Villard Dessous. Nachdem wir die Holzhäuser hinter uns gelassen haben, geht es flach nach Manigod. Während im Ort kräftiges Pedalieren gefragt ist, rollt es am flachen Ortsausgang fast von alleine. Nach einer Linkskurve erhalten wir einen wunderbaren Blick auf die Bergkette auf der anderen Seite des Tales. Direkt gegenüber liegt der 2351 m hohe Tournette, der zu beiden Seiten von gewaltigen Bergen flankiert wird. Im Sommer sieht man oft auch Gleitschirmflieger über das Tal schweben.

Doch es bleibt nicht allzu lange Gelegenheit, das Panorama zu bewundern, zieht doch die Steigung wieder deutlich an und fordert dann doch die Konzentration auf die Straße. Doch die Steigungszunahme ist auch kein Wunder, es fehlen uns ja noch fast 500 Hm bis zum Ziel.

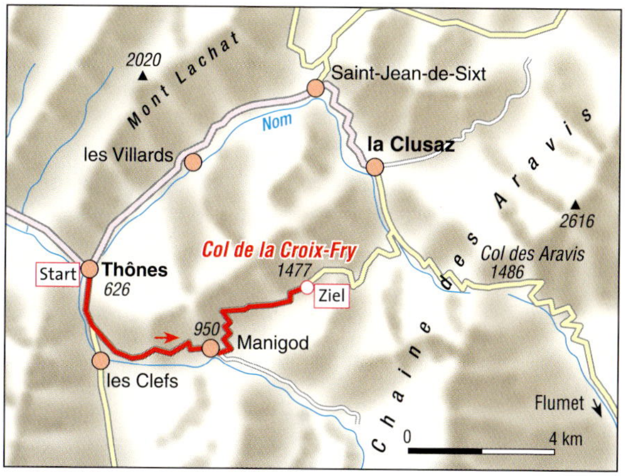

Auf dem gesamten Anstieg machte Floyd Landis das Tempo für seinen Kapitän. In der Abfahrt wollte sich Andreas Klöden dann auf und davon machen, um sich einen Etappensieg zu holen. Doch Lance Armstrong zeigte sich wieder einmal von seiner unerbittlichen Seite. Er spurtete mit Klöden um den Etappensieg und gewann mit wenigen Metern Vorsprung.

Auf den Pass

Die ersten Spitzkehren bringen uns schnell in die Höhe und wir klettern entlang kleiner Ferienhäuschen Richtung Passhöhe. Bei schweißtreibender Steigung passieren wir Le Chenavay und Sous Le Rocher. Wir winden uns eine steile Kehre empor und kommen kurz danach zum Restaurant »La

Landis am Croix-Fry

Auf der 17. Etappe der Tour 2004 wurde der Col de la Croix-Fry Schauplatz einer Machtdemonstration von Lance Armstrong. Der Pass bildete den Schlussanstieg der 200 km langen Etappe und die Teams T-Mobile und US Postal jagten sich gegenseitig den Anstieg hoch.

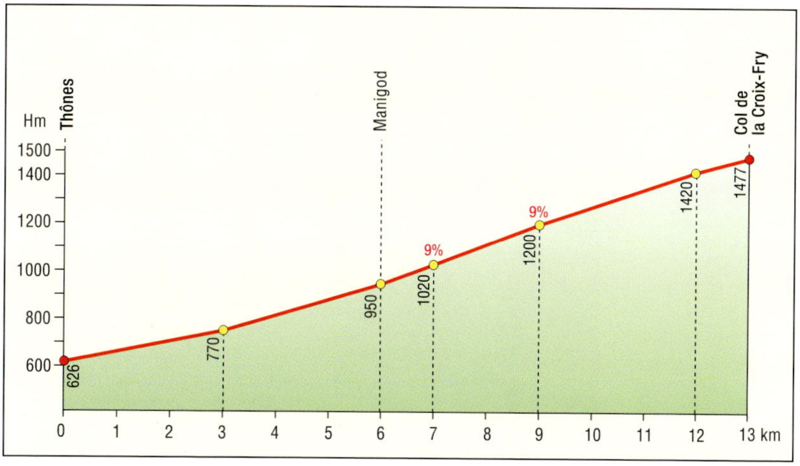

Croix-Fry«. Die Ausschilderung verwirrt zunächst, doch keine Angst – der Anstieg ist noch nicht vorbei, es geht noch rund 150 Hm nach oben. Wir fahren weiter an Ferienhäusern vorbei, darunter auch ein Chalet der TU Darmstadt!

In steilen Kehren schrauben wir uns weiter nach oben und der Blick nach vorne zeigt die ersten Skilifte. Weit kann es also nicht mehr sein. Nach wenigen verbleibenden Höhenmetern erreichen wir die Passhöhe und den kleinen Winterskiort Croix-Fry. Neben den Skiliften gibt es mehrere Hotels und Restaurants. Der Touristenansturm hält sich jedoch im kleinen Rahmen und selbst im Winter geht es hier sicher gemütlich zu. Die Passhöhe selbst bietet wenig Reize, doch der Blick auf die umgebende Bergwelt ist trotzdem ein Vergnügen.

Wer will, kann eine schöne Rundtour machen und geradeaus durch Croix-Fry zum Col des Aravis (ausgeschildert) weiterfahren. Die östliche Seite des Passes ist deutlich harmloser und so sind die 500 Hm viel zu schnell vorbei. Stößt man dann auf die Hauptstraße, kann man entweder den Abstecher zum Col des Aravis machen oder über La Clusaz zurück zum Ausgangspunkt fahren.

Kleine Freuden

Wer länger in der Region bleiben will, findet in der Nähe einige kleinere Anstiege. Direkt am Lac d'Annecy startet die ausgeschilderte Tour »Belvédère de La Forclaz«, die über den 1150 m hohen Col de la Forclaz führt. Die 700 Hm lassen sich sehen und Spitzensteigungen von bis zu 13 % bringen auch die Profis ins Schwitzen. Kein Wunder, dass der Forclaz bereits im Tour-Programm war. Als Ausgangspunkt eignet sich Talloires am Ostufer des Sees. Ganz locker kommt man über die D 909 am See entlang wieder zurück zum Ausgangspunkt.

Im Hochsommer genießt man die kurzen schattigen Stücke im unteren Teil des Anstiegs besonders.

Frankreichs späte Liebe zu Jaja

Laurent Jalabert kämpft sich 1997 als Erster den Anstieg nach Croix-Fry hinauf. Die 15. Etappe von Courchevel nach Morzine wird er trotzdem nicht gewinnen. Es ist kein gutes Jahr für ihn, am Ende wird er als 43. in Paris landen. Zwei Jahre zuvor hat es für ihn deutlich besser ausgesehen, da landete er sogar auf dem vierten Platz. Der Druck der französischen Öffentlichkeit aber ist enorm und nicht immer geht die einheimische Presse sanft mit Jalabert um. Dies führt schließlich dazu, dass er Interviews nur noch auf Spanisch gibt.

Jaja hat schon einiges durchgemacht in seiner Karriere; zu den einschneidenden Erlebnissen gehört die Tour 1994. Im Zielsprint in Armentières gerät er bei 70 km/h in einen Massensturz, den ein fotografierender Polizist ausgelöst hat. Mit schweren Gesichtsverletzungen muss er die Tour beenden.

Rückblickend räumt er ein, dass ihn dieser Rückschlag auch vorangebracht hat. »Jedes Mal, wenn man eine harte Zeit durchmacht und da wieder rauskommt, wird man psychisch stärker. Stärker als jemand, bei dem immer alles gut läuft.«

Jaja ist ein sehr guter Allroundfahrer und das spiegelt sich auch in seinen größten Erfolgen wieder: 1992 und 1995 erobert er bei der Tour de France das grüne Trikot des besten Sprinters. 1995 gewinnt er die Vuelta, 1997 wird er Weltmeister im Einzelzeitfahren und 2001 und 2002 gewinnt er das Bergtrikot der Tour de France. Erst nach seinem Wechsel zum dänischen CSC-Team erreicht er aber auch das Herz der französischen Fans. Sein Verhältnis zu den Medien hat sich normalisiert und mit einem Etappensieg am Nationalfeiertag bekennt auch er sich wieder zu seinem Heimatland.

Der Sohn eines Weinbauern befindet sich 2002 auf dem Höhepunkt seiner Karriere, als er seinen Rücktritt bekannt gibt. Denn mehr kann er wohl nicht mehr erreichen, das ganze Land feiert begeistert seine letzten Auftritte. Noch heute zieren zahlreiche »Jaja«-Schriftzüge die Straßen Frankreichs.

Für das Panorama hatte »JaJa« sicher keine Gedanken übrig, als er 1997 als Erster den Croix-Fry hinauf radelt.

33 Der Wolf im Schafspelz JOUX-PLANE

Auf der Passhöhe genießen diese Enten den idyllischen Bergsee.

HC ****

HÖHE MAX.: 1691 m
HÖHENUNTERSCHIED: 980 Hm
LÄNGE: 12 km
STEIGUNG MAX.: 13 %
STEIGUNG DURCHSCHNITT: 8,2 %

AUSGANGSORT
Samofins (2300 Ew.), Haute-Savoie (74)

ANFAHRT
Von Genf auf D 907 nach Samofins

PARKEN
Parkplatz im Stadtzentrum bei der Kirche und dem Rathaus

STRASSENZUSTAND
Häufige Verschmutzungen und Rollsplitt, teilweise große Flicken und meist sehr schmal

GEFAHREN
Straßenverschmutzungen

PASSÖFFNUNGSZEITEN
Juni bis November

1000 Hm hören sich nicht nach einer besonderen Herausforderung an, doch der vermeintliche Nachmittagsausflug in den sanften Voralpen hat seine Überraschungen parat: Der ständige Wechsel der Steigung fordert ständige Tempowechsel und auch die durchschnittliche Steigung ist nicht von schlechten Eltern.

Kein Wunder, dass der Anstieg schon auf einigen Etappen für Überraschungen gesorgt hat. Zuletzt stand der Anstieg 2006 auf dem Programm. Marco Pantani hat hier zu Zeiten seiner Bestform 1997 einen Schnitt von 20 km/h hingelegt und war bereits nach 33 Minuten auf der Passhöhe.

Schlechte Straßenqualität

Der Pass ist auf mehreren verschiedenen Routen befahrbar, und wer Zeit hat, kann die Varianten ausprobieren. Vom Parkplatz (Brunnen und Toiletten) verlassen wir den Ort Richtung Osten, wo nach wenigen Metern beim »Hotel Edelweiß« scharf links der ausgeschilderte Sommerweg (Été) nach Joux-Plane abbiegt. Es geht auf einer kleinen Straße zwischen Häusern hindurch sofort bergauf. Die Straße ist besonders im ersten Teil sehr schlecht und es liegt viel Rollsplitt herum. Auf der schmalen und kaum befahrenen D 354 geht es entlang vieler Häuser, darunter auch ein echtes Schlumpfhaus, nach oben.

Der Blick reicht weit über das dicht besiedelte Tal. Wir fahren zwischen alten Holzhäusern hindurch und dort ausgeschildert nach rechts. In lang gezogenen Kehren zieht sich die Straße weiter bergauf und schön zwischen Laubwäldern hindurch. Es sind kaum mehr Häu-

Viele verschiedene Wege führen auf den Col de la Joux-Plane. Die Hauptstraße ist gut ausgeschildert und leicht zu finden.

ser vorhanden und bei leicht abnehmender Steigung erreichen wir nach rund 3 km »La Combe aux Flés«. Die Straße im Ort ist meist stark verschmutzt und sollte bei der Abfahrt vorsichtig angegangen werden.

Das Privileg des Genusses

Begleitet vom beruhigenden Läuten der Kuhglocken fahren wir entlang der Kuhweiden. Zwischen schönen alten Holzbauernhäusern hindurch schrauben wir uns die nächste Kehre in die Höhe; Ziegen, Schafe und Hühner sorgen für die Alpenidylle. Die Straße verläuft jetzt in Schlangenlinien und führt uns in das Dörfchen Le Tour.

Nach dem Ort nimmt die Steigung etwas ab und es geht eine lang gezogene Straße bergauf. Wir genießen einen wunderbaren Blick auf das Massif de Platé. Schön, wenn wir den Ausblick genießen können, denn die meisten Tour-de-France-Fahrer dürften an diesem Streckenabschnitt bereits das Interesse am Schönen in der Welt verloren haben.

Jetzt wird's warm

Die Straße schlängelt sich kurvig nach oben und nimmt deutlich an Steilheit zu. Nun erwartet uns das steilste Stück der Strecke mit 13,5 %, das sich allerdings nur über eine Länge von etwa 200 m erstreckt. Doch spätestens jetzt zweifelt niemand mehr daran, dass der Col einen ehrenvollen Platz unter den großen Tourpässen verdient. Wie angenehm ist es im Vergleich zum Beispiel, die gleichmäßig ansteigenden 21 Kurven von Alpe d'Huez zu fahren!

Die Straße flacht bald deutlich ab und wir durchfahren Combe Èmeru, einen kleinen Weiler, der nur aus wenigen Häusern besteht. Der lichte Laub-

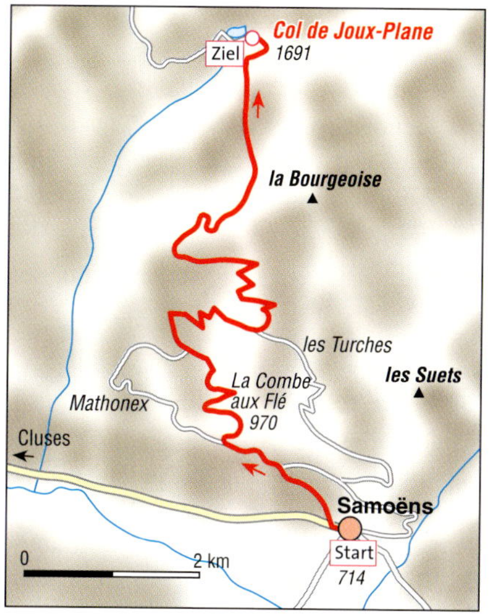

wald spendet kaum Schatten und so ist an einem heißen Sommertag die Auffahrt eine schweißtreibende Angelegenheit.

Genau hier spielte sich im Jahr 2000 die größte Sensation ab, als der starke Lance Armstrong einen Schwächeanfall erlitt und auf einmal zurückfiel (siehe Kasten).

Zweierlei Erfrischung

In den Kehren haben wir immer wieder einen wunderschönen Blick ins Tal und die auf seitlichen mit verschiedenartigen Laubbäumen bewachsenen Hänge. Wie fahren rechts an einem kleinen Brunnen und kurz danach einem Bach vorbei. Es

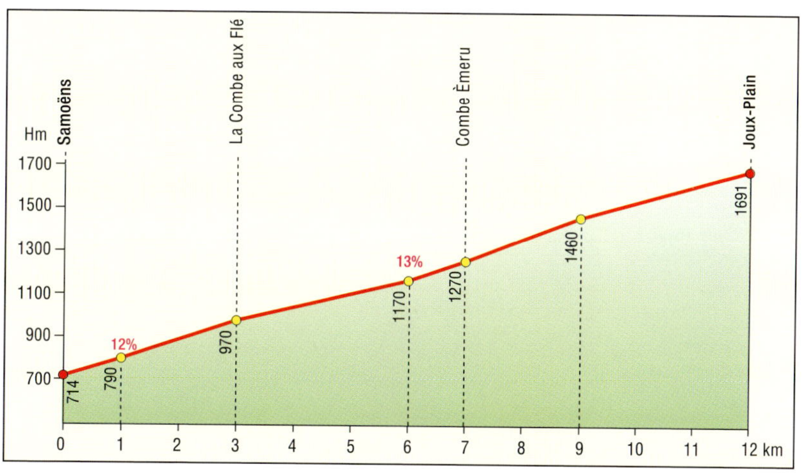

geht jetzt konstant ansteigend bei mäßiger Steilheit weiter und das ist nach den ganzen Wechseln zuvor sehr angenehm. In einer Kurve öffnet sich der Blick auf die Passhöhe und rechts auf den wunderschönen Pointe d'Angolon.

Direkt hinter dem Passschild liegt das kleine Chalet Joux-Plane. Natürlich fahren wir noch geradeaus weiter, denn kurz hinter der Passhöhe liegt ein kleiner, idyllischer Bergsee, in dem Enten gemütlich im Wasser planschen. Eine kleine Pause kann jetzt nicht schaden. Wer Hunger oder Durst verspürt, findet links das Restaurant Le Relais des Valées. An einem heißen Sommertag fällt es schwer, sich zu beherrschen und nicht in den eiskalten See zu springen. Aber wir wissen ja – auch eine rauschende Abfahrt sorgt für reichlich Erfrischung!

Variantenchaos

Am südlichen Anstieg des Col de Joux-Plane gibt es eine verwirrende Variantenvielfalt. Nur die letzten 6 km ist der Straßenverlauf einheitlich. Von Samofins aus gibt es zunächst einmal die westliche und die östliche Variante.

Doch wer die westliche Variante in Angriff nimmt, hat noch einmal eine Möglichkeit, die Strecke zu verändern, indem er über Marathonex fährt. Bedenkt man, dass in Alpe d'Huez die durchschnittliche Steigung bei 9 % und die des Joux-Plane bei 8,4 % liegt, wird deutlich, wie herausfordernd der kurze Anstieg ist. Es lohnt sich daher, auch ein zweites Mal hinaufzufahren, dann kann man ja mit einer Alternativstrecke experimentieren – und Trainingserfolge werden hier garantiert.

Fast schon erholsam wirkt die Befahrung über die andere Seite. Von Morzine bis zur Passhöhe sind auf 11 km nur rund 700 Hm zu bewältigen. Damit ergibt sich eine Durchschnittssteigung von 6,5 %, und das ist deutlich weniger als bei der oben beschriebenen Strecke von Samofins aus.

Rechte Seite: Eine große Verlockung ist im Hochsommer der kühle See auf der Passhöhe.

Diesem Straßenabschnitt sieht man nicht an, dass am Joux-Plane eine beeindruckende Durchschnittssteigung geboten wird.

Lance Armstrong bricht ein

Lance Armstrong funktionierte bei jeder Tour zuverlässig und geräuschlos wie ein Schweizer Uhrwerk. Jahrelang mussten seine Gegner zusehen, wie er ihnen davonzog; das Publikum nahm es fast schon gelangweilt zur Kenntnis: den Kopf tief nach unten gebeugt, seine Halskette baumelnd im Rhythmus von links nach rechts und im Stehen eine mörderische Frequenz von rund 115 Umdrehungen in der Minute tretend.

Während ihm der Schweiß heruntertropft, wird der Abstand zu seinen Verfolgern immer größer und am Ende folgen Etappensieg und das gelbe Trikot als Belohnung. Er macht seit seinem sensationellen Comeback keine Fehler und erscheint unbesiegbar. Immer? Fast immer!

Es war eine kleine Sensation, als auf der Tour 2000 Armstrong aus dem Tritt geriet und nicht mehr mithalten konnte. Dabei lief es auf dieser Etappe bisher ganz nach dem Drehbuch des Texaners:

Schon beim Start ist klar, dass es heute gewaltig krachen wird im Feld, denn es liegt echter Ärger in der Luft. Marco Pantani und Lance Armstrong liegen sich gegenseitig in den Haaren und stacheln sich über die Presse an. Auslöser war die Etappe am Ventoux, als Armstrong dem Italiener den Etappensieg »schenkte«.

Doch »der Pirat« will nichts von einem Geschenk wissen, sieht sich als den überlegenen Fahrer. Die beiden Radprofis haben sich gegenseitig so heiß gemacht, dass ein spannendes Duell zu erwarten ist. »Wenn er

glaubt, dass wir miteinander fertig wären, hat er sich gewaltig geirrt«, warnt Pantani. Armstrong heizt die Stimmung an, indem er vom »Elefantino« spricht, einem Spitznamen in Anspielung auf Pantanis große Ohren.

Pantani lässt es gleich am ersten Anstieg kräftig knallen. Er legt am Col des Saisies ein mörderisches Tempo vor. Die Hände wie immer am Unterlenker, springt er nach vorne und lässt Armstrong stehen. Doch hinter seiner kühlen Fassade ist Armstrong auf 180. Auch für Jan Ullrich steht viel auf dem Spiel, denn noch steht er im Gesamtklassement auf Platz zwei, Pantani ist nur noch wenige Sekunden hinter ihm.

Nach 70 km scheint es schlimm zu kommen: Pantani hat Ullrich vom zweiten Platz verdrängt und auch bei US Postal klingeln jetzt die Alarmglocken. Die Verfolger machen jetzt richtig Dampf und am Col de la Colombière ist der Abstand zu Pantani bereits geschmolzen. In halsbrecherischer Fahrt geht es bergab zum Fuß des Côte de Châtillon-sur-Cluses, immer näher an Pantani heran.

Der Anstieg am Col de Joux-Plane wird zum spannendsten Moment der Tour 2000: Die Gruppe um Armstrong schließt zu Pantani auf und fährt schließlich vorbei. Der Mann im rosa Radtrikot ist geschlagen und fällt zurück. Jetzt bestimmt Armstrong das Tempo, ein Fahrer nach dem anderen muss abreißen lassen. Schließlich sind nur noch Jan Ullrich, Richard Virenque und Roberto Heras dabei.

Als Heras attackiert, zeigt sich plötzlich die Sensation: Armstrong gerät aus dem Tritt, tiefe Furchen bilden sich auf seiner Stirn. Schwer treten seine Beine in die Pedale und er fällt immer weiter zurück. Ullrich und Virenque setzen dem Spanier nach und können kaum glauben, was sich da abspielt. Handelt es sich um einen Bluff des Amerikaners? Doch als sie Meter um Meter gewinnen, ist klar, dass der unbezwingbare Armstrong diesmal wirklich einen Einbruch hat.

»Zuerst war da diese bezeichnende Müdigkeit in den Beinen, gefolgt von einem Leeregefühl im Magen. Virenque und Ullrich schlossen auf und zogen einfach an mir vorbei. Anfangs versuchte ich noch, mich an sie ranzuhängen und mich durch den Schmerz hindurchzuzwingen, aber unweigerlich wurde ich langsamer und noch langsamer. Nicht lange und ich hatte das Gefühl, als würde ich rückwärts den Berg hinunterrollen. Noch 10 km bis zum Ziel, aber mir kamen sie vor wie 100 km.« So beschreibt Lance Armstrong seine Gefühle in seiner Biografie »Jede Sekunde zählt«.

Der Texaner mit der Gelbsucht – Armstrong beherrschte jahrelang das Renngeschehen.

Jan Ullrich steht kurz vor einem Etappensieg, doch vor der Abfahrt verliert er bei einem Radwechsel kostbare Zeit. Die Bremsbacken seines Rads sind zu stark abgefahren. Gezeichnet von den Strapazen, versteuert sich Heras und kracht kurz vor dem Ziel in ein Absperrgitter, Ullrich kommt mit 24 Sekunden Rückstand auf Virenque als Zweiter ins Ziel.

Doch das Duell Pantani gegen Armstrong ist viel spannender. Pantani verliert über 13 Minuten und ist so entkräftet, dass er die Tour aufgeben muss. Armstrong befindet sich fast im Delirium, und sein sportlicher Leiter befürchtet, dass er das Rennen aufgibt. Doch er kämpft sich Meter für Meter weiter und verliert am Ende nur 90 Sekunden.

Wieder einmal kann er in Paris aufs Treppchen steigen, doch selten war ein Scheitern so nah: »Das war der schlimmste Tag, den ich je auf einem Rad hatte. Um ein Haar hätte ich die Tour de France verloren.«

Die härtesten Konkurrenten im Kampf um den Toursieg: Jan Ullrich und Lance Armstrong

Jura und Vogesen

34 Sportliche Kurvensammlung
COL DE LA FAUCILLE

Auf der Passhöhe treffen sich auch viele Motorradfahrer, denn der Pass ist auch bei ihnen bekannt und beliebt.

2 ***

HÖHE MAX: 1323 m
HÖHENUNTERSCHIED: 700 Hm
LÄNGE: 12 km
STEIGUNG MAX: 8 %
STEIGUNG DURCHSCHNITT: 6 %
AUSGANGSORT
Gex (7800 Ew.),Département Ain (01)
ANFAHRT
Von Genf auf der N 5 nach Gex
PARKEN
Im Ortszentrum von Gex in Parkbuchten
STRASSENZUSTAND
Gut
PASSÖFFNUNGSZEITEN
Ganzjährig

Donnerwetter – bereits über 40 Mal war der Col de la Faucille im Programm der Tour. Kaum ein anderer Anstieg stand seit der Erfindung der Tour so regelmäßig auf dem Programm. Und trotzdem könnten wohl selbst eingefleischte Radsportfans den Pass auf Nachfragen nicht einmal geografisch einordnen. Denn der Col de la Faucille fristet ein klassisches Mauerblümchendasein. Das liegt vor allem an seinen vergleichsweise leichten Anstiegen. Außerdem spielt er bei der Tour de France nur eine unbedeutende Rolle. Seine geringe Schwierigkeit und seine Randlage verhindern, dass hier entscheidende Änderungen im Gesamtklassement stattfinden.

Alternative Routen

Gewöhnlich wird der Col de la Faucille während der Frankreichrundfahrt von Westen her befahren. Vom kleinen Örtchen Mijoux aus schlängelt sich die Straße in 8,5 km zur Passhöhe. Der Höhenunterschied auf der westlichen Seite liegt aber nur bei knapp 340 Hm, während es von Osten her immerhin 700 Hm sind.

Es sollte aber auch nicht verschwiegen werden, dass es noch eine dritte Variante gibt: Wer vom nördlich gelegenen Morez aus den Col de la Faucille ansteuert schafft es immerhin auf 630 Hm. Die durchschnittliche Steigung liegt bei dieser 27 km langen Anfahrt aber bei sehr gemächlichen 2 % und die Anfahrt verläuft auf der viel befahrenen N 5. Es sprechen also eine ganze Reihe von Gründen für die hier beschriebene Lösung von Gex aus, die nicht nur mit Leistungsdaten und landschaftlichen Erlebnissen besticht, sondern auch ideal zu erreichen ist.

Entspannter Auftakt

Wer auf schnellem Wege in die Alpen fährt, sollte diesen Anstieg aber nicht links liegen lassen. Er eignet sich perfekt, um nach langer Autofahrt den Beinen wieder eine angemessene Beschäftigung zu bieten. Der Col de la Faucille liegt direkt vor den Toren Genfs und damit für viele direkt auf der Anreiseroute in die französischen Alpen. Von der Autobahn bis zum Ausgangsort ist es nur ein Katzensprung.

Bereits in Gex führt die breite Straße bergauf, doch zunächst geht es noch entlang von zahlreichen Häusern. Nach rund 2 km lässt der Verkehr spürbar nach; es sind jetzt vor allem Touristen unterwegs, die sich einen schönen Blick auf den Genfer See erhoffen. Es kommen jetzt die ersten Kurven, aber die Steigung ist noch bei angenehmen 6 %. Es geht auf den folgenden Kilometern sehr gleichmäßig bergauf und so kann man schön seinen Rhythmus finden.

Wir befinden uns jetzt in dem 1986 gegründeten Naturpark Haut-Jura, der eine vielfältige Flora und Fauna bietet. Wer abseits der Straßen unterwegs ist, kann mit ein wenig Glück Gämse, Luchse und Auerhähne antreffen. Hoch über dem Genfer See sind die Berge mit einem dichten Netz von über 1000 km Wanderwegen durchzogen. Hier liegt also ein wahres Paradies für Wanderer und Mountainbiker!

Gelegenheit zum Schlussspurt

Nach rund 6 km befindet sich in einer Kurve ein idealer Aussichtspunkt. Bei schönem Wetter hat man einen weiten Blick über den Genfer See und vor allem auf die weißen Bergriesen rund um den Mont Blanc. Bei etwa 1040 m Höhe fahren wir an der »Fontaine Napoléon« vorbei. Sie erinnert daran, dass es hier bereits 1805 eine Straße gegeben hat – im Jahr, in dem Napoleon seine Herrschaft angetreten hat. Das kühle Wasser ist im Sommer eine willkommene Erfrischung. Spätestens nach 8 km kommen wir ins Schwitzen. Mit knapp 8 % erwartet uns das steilste Stück der Strecke. Doch weit ist es ja nicht mehr und so bietet sich auf dem letzten Kilometer bei geringer Steigung noch die Gelegenheit zu einem Schlussspurt.

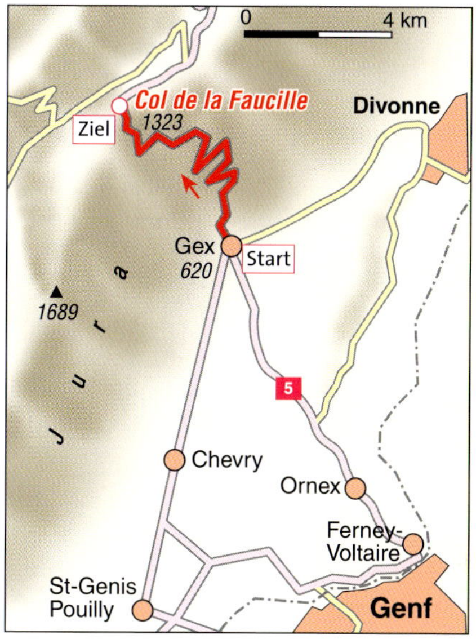

Der Tour auf der Spur

2004 führte die 18. Etappe der Tour de France von Annemasse über den Côte des Collogners zum Col de la Faucille und weiter bis zum Etappenziel in Lons-Le-Sauner. Dabei überquerte das Feld den Pass ebenfalls über den östlichen Anstieg. Wer auf den Spuren dieser Etappe wandeln will, muss nur über den Pass fahren und auf der D 436 weiter Richtung Lajoux (1198 m). Man bleibt auf der D 436 und fährt an Saint-Claude vorbei, bis es rechts auf der kleinen D 118 nach Saint-Lupicien geht. Rund 600 Hm ist man jetzt seit Lajoux bergab gerollt, bis nach 30 km am Côte des Crozets wieder ein Gegenanstieg mit 200 Hm wartet.

Doch auch das ist eine leichte Aufgabe und so rollt man locker dahin, bis es in Clairvaux links auf der N 78 Richtung Westen geht. Mit einer kurzen Unterbrechung am Côte de Nogna geht es bergab immer geradeaus bis nach Lons-Le-Saunier (286 m). Die Routenfindung ist nicht ganz einfach, denn die Streckenplaner haben hier wirklich kleine Straßen gewählt. Eine Landkarte sollte man daher unbedingt dabei haben.

Unbekannter Nachbar

Ist der Col de la Faucille bereits ein Geheimtipp, den nur wenige Radfahrer kennen, so ist der Côte des Rousses gänzlich unbekannt. Der Pass befindet sich auf der westlichen Seite des Faucille und seit 1957 werden hier die Bergpunkte vergeben, wenn das Peleton den Faucille von dieser Seite überquert. Von Morzine aus

Vorhergehende Doppelseite: Rennradler am Aufstieg zum Grand Ballon

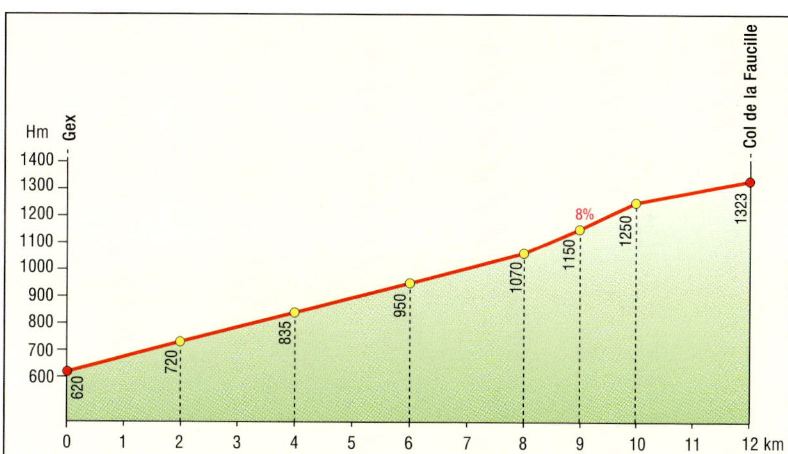

SIGHTSEEING PER RAD

Wer sich in der Nähe der quirligen Stadt Genf wohl aufgehoben fühlt, kann auch mehrere Tage rund um Gex schöne Radtouren unternehmen. Ideen für die Routenwahl holt man sich am besten beim Fremdenverkehrsamt, wo es die Broschüre »L'Ain à vélo« zu kaufen gibt. Darin sind insgesamt 32 Radtouren im Département Ain aufgeführt. Die meisten Touren variieren zwischen 50 und 70 km, doch es gibt auch ein paar längere Ausflüge im dreistelligen Bereich. Doch ideal eignen sich die Vorschläge zum Sightseeing per Rad. Zu jeder Tour gibt es ein Faltblatt, das neben einer Übersichtskarte auch Hinweise zu Sehenswürdigkeiten auf der Strecke gibt. Der einzige Haken an der Broschüre ist die Sprache – ohne Französischkenntnisse nützen die schönsten Beschreibungen nichts.

sind es nur 400 Hm bis zum Scheitel und auch die durchschnittliche Steigung ist mit 4,5 % begrenzt. Es scheint, dass die Anstiege des Jura aus der Mode gekommen sind. Meist liegen die Befahrungen der kleinen Erhebungen schon lange zurück und wurden nur testweise angesteuert. Zu den Bergstraßen im Jura, die nur ein bis zwei Mal befahren wurden, gehören der Col du Berthiand (780 m), Cerdon (595 m), Croix de la Serra (1049 m), Mollendruz (1185 m) und Vue des Alpes (1283 m).

Lokale Spezialitäten

Wer zurück in Gex vom Hunger gepeinigt wird, dem drängt sich eine deftige Brotzeit mit Käse und Baguette auf. Denn lokale Spezialität ist neben dem Comté-Käse der Bleu de Gex, ein Blauschimmelkäse mit einem leichten Geschmack nach Haselnüssen und Pilzen. Das stillt nicht nur den Hunger, sondern beflügelt die Träumereien von Alpenkäse und Alpenpässen, die nur darauf warten, entdeckt zu werden.

Auf einer perfekten Straße kann man entspannt zurück nach Gex rauschen.

Der Adler von Toledo lernt fliegen

In den Aufzeichnungen der Tour finden sich große Namen der Radsportgeschichte, die am Col de la Faucille ihre Spuren hinterlassen haben. Eugène Christophe, Henri Pélissier und Ottavio Bottecchia überquerten zu Beginn des letzten Jahrhunderts als Erste den Pass. Gino Bartali lag sowohl vor dem Krieg 1938 als auch nach dem Krieg 1951 an der Spitze. Doch 1958 schrieb der Col de la Faucille wirklich Geschichte. Der Spanier Federico Bahamontes überquerte als erster Fahrer den Faucille und sicherte sich damit die entscheidenden Punkte der Bergwertung. Er beendete die Tour mit dem rot gepunkteten Trikot des besten Bergfahrers und niemand ahnte, dass er es in den Kreis der erfolgreichsten Kletterer der Tourgeschichte schaffen sollte.

Seine Kletterfähigkeiten waren enorm, leichtfüßig flog er die Berge hinauf und distanzierte seine Gegner um Längen. Der »Adler von Toledo« hatte jedoch ein entscheidendes Handicap: Er hatte wahnsinnige Angst vor den Abfahrten. Als Kind war er mit dem Fahrrad schwer gestürzt und seine Furcht war nie ganz verschwunden. Unvergessen ist sein Auftritt bei seiner ersten Tour im Jahr 1954:

Bei der 18. Etappe von Grenoble nach Briançon hat er einen großen Vorsprung herausgefahren. Doch alleine traut er sich nicht in die Abfahrt und so holt er sich am Romeyère-Pass ein Eis bei einem Straßenhändler und wartet auf seine Verfolger. »Er ist ein super Bergfahrer, aber er ist völlig verrückt«, urteilte sein Landsmann und Kollege Jesus Lorono über ihn.

In seiner Heimat Toledo gab es nach seiner Rückkehr jedes Jahr ein großes Volksfest. Doch nachdem er mehrmals an der Tour de France teilgenommen hatte, wurde auch für Bahamontes der Druck größer. Seine Fans spürten, dass er mehr erreichen könnte, als nur das Bergtrikot zu gewinnen. Würde er sich mutiger in die Abfahrten stürzen und bei den Flachetappen keine Zeit verlieren, wäre sogar ein Toursieg möglich. So stand 1959 ein höchst motivierter Bahamontes am Start, der sich selber zum Sieg verdonnert hatte. In diesem Jahr wurde die Rundfahrt wieder mit Nationalmannschaften gefahren. Die französische Mannschaft hatte mit Jacques Anquetil, Louison Bobet und Roger Rivière drei erstklassige Fahrer am Start und das war ihr Problem. Alle drei wollten den Sieg und sahen in ihren Landsmännern die größten Konkurrenten. Bahamontes konnte davon profitieren und gewann seine erste Tour.

Der Kletterkönig Federico Bahamontes holte sich am Col de la Faucille wichtige Punkte für sein erstes Bergtrikot.

Dabei beschränken sich seine Erfolge keinesfalls nur auf die Tour. 1956 gewann er den Giro d'Italia, 1957 wurde er Zweiter bei der Vuelta und Erster bei der Asturien Rundfahrt.

Sehr bodenständig waren auf jeden Fall seine Wurzeln. Als Sohn einer Bauernfamilie war er harte Arbeit und ein entbehrungsreiches Leben gewohnt. Bereits in jungen Jahren hatte der bäuerliche Arbeitsalltag die Grundlagen für seine Kletterkünste gelegt: Im Alter von 15 Jahren musste er in den Bergen Toledos mit dem Rad Versorgungsfahrten für seine Eltern erledigen. Er soll dabei bis zu 25 kg schwere Kartoffelsäcke auf dem Rücken getragen haben.

Kein Wunder, dass ihm das Klettern ohne Gepäck so leicht fiel! Seine Profikarriere begann er erst mit 25 Jahren, bei den Amateuren hatte er noch keine überragenden Erfolge einfahren können. Mit dem oben beschriebenen Paukenschlag am Col de la Faucille gelang ihm dann aber ein Blitzstart. Eigentlich blieb Bahamontes aber immer ein Bergspezialist. Sechs Mal gewann der Katalane die Bergwertung und wird bis heute als einer der größten Kletterer der Tourgeschichte angesehen.

35 Der klassische Vogesenanstieg
BALLON D'ALSACE

Zum Ballon d'Alsace gibt es verschiedene Anfahrtsmöglichkeiten.

1 ***

HÖHE MAX.: 1178 m
HÖHENUNTERSCHIED: 720 Hm
LÄNGE: 19 km
STEIGUNG MAX.: 9 %
STEIGUNG DURCHSCHNITT: 4 %
AUSGANGSORT
Giromagny
ANFAHRT
Von Belfort auf der D 465 nach Giromagny
PARKEN
Im Ortszentrum von Giromagny beim Office de Tourisme
STRASSENZUSTAND
Durchgehend gute Straße
PASSÖFFNUNGSZEITEN
April bis November

Elsässer Belchen – diesen deutschsprachigen Namen kennt wohl niemand. Der Ballon d'Alsace hingegen ist mit Sicherheit jedem Tourfan ein Begriff. Auch wenn der Anstieg nicht mit beeindruckenden Zahlen protzen kann, so ist er doch ein wichtiger Bestandteil der Tour.

Langsamer Start

Wir starten unsere Tour in Giromagny, und kaum haben wir den Ort verlassen, sind wir schon in der Nachbargemeinde Lepuix-Gy. Hier führt die Straße flach zwischen Industriegebäuden hindurch, doch vor uns sind bereits die bewaldeten Hügel sichtbar. Nach 3 km geht es erstmals bergauf und wir radeln weiter entlang von einzelnen Häusern. Die Fantasie der selbsternannten Hobbydesigner kennt keine Grenzen: Rechts zeugt eine Gartenzwergvilla von selbstbewusstem Gestaltungswillen.

Im Kreis gefahren?

Nach 4 km ist die Überraschung groß, da wir erneut Lepuix-Gy erreichen. Doch keine Angst, wir sind nicht im Kreis gefahren, sondern es handelt sich nur um einen anderen Ortsteil (550 m). Nachdem wir auch dieses kleine Dorf durchfahren haben, hört die Bebauung auf und es beginnt der landschaftlich reizvollere Teil der Strecke. Also, nichts wie rein ins Vergnügen.

Wer will, kann auf dem Rückweg noch das Klettern am Seil probieren, denn direkt neben der Straße liegt ein kleiner Klettergarten (Roche du Cerf). Die Straße führt direkt an einem Bach entlang und große Werbetafeln locken bereits mit dem Grand Hotel am Ballon d'Alsace. Die angegebenen 15 (Auto-)Minuten bis zum Hotel werden wir wohl nicht ganz einhalten können, nur die Tour-de-France-Fahrer werden nah an diese Zeit herankommen.

Große Teile des Anstiegs verlaufen im Wald.

Auf die Höhe

An einem Restaurant vorbei zieht sich die Straße im Wald bergauf und wir radeln die ersten steilen Kurven nach oben. Wir sind jetzt auf knapp 800 Hm und es sind noch 8 km bis zur Passhöhe. Schöne weite Kurven führen nach oben. Immer wieder verläuft die wenig befahrene Straße an Bächen entlang.

Nach 10 km erfreuen schöne Serpentinen das Kletterherz. Die Steigung nimmt jetzt zu und wir kommen an d%r Routes de Gouriettes (888 m) vorbei. Es geht weiterhin im dichten Wald bergauf. Rechts ergibt sich ein Blick auf die Straße unter uns und nach einer Serpentine erreichen wir eine Kreuzung, an der es links weiter zum Ballon d'Alsace abzweigt.

Nach 15 km führt die Straße an einer Unterkunft vorbei über eine Kuppe. Dort gibt es mehrere Unterkünfte, die sogar mit Fahrradzeichen für sich werben, und im Sommer treffen sich hier die Gleitschirmflieger. Die Straße führt die letzten Meter flach Richtung Pass und nach 17 km erreichen wir die Auberge du Ballon d'Alsace. Auf der Passhöhe befinden sich Souvenirgeschäfte und im Winter sogar eine Skivermietung.

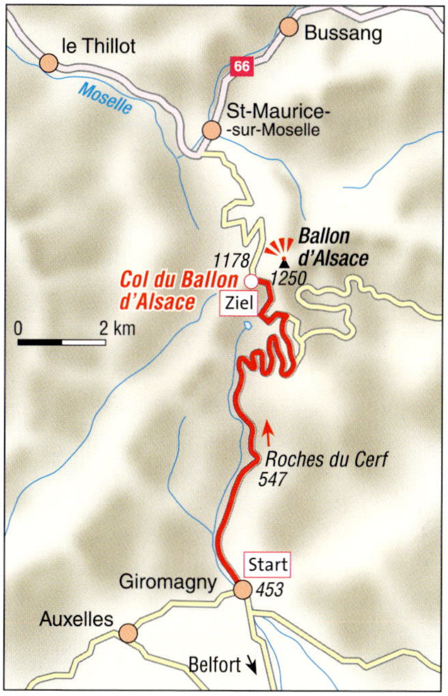

Fleißaufgabe

Man kann sich kaum vorstellen, dass genau hier zwischen 1871 und 1919 die deutsche Grenze verlief. Auf den historischen Postkarten, die hier verkauft werden, ist die alte Grenzstation noch sichtbar. Die Stimmung war am Grenzpunkt der damaligen »Erzfeinde« wohl selten entspannt.

Wer Gefallen am Ballon d'Alsace gefunden hat, kann auch noch einen zweiten Besuch erwägen. Denn eine Alternative zum südlichen Anstieg ist die Befahrung von Saint-Maurice-sur-Moselle aus. Diese Strecke von Norden bietet auf 10 km eine durchschnittliche Steigung von 6,5 % und einen Höhenunterschied von 630 Hm. Wer ein tagesfüllendes Programm sucht, wird den Ballon d'Alsace am besten in eine Rundtour einbauen.

Panorama

Wer mehrere Tage in den Vogesen verbringt, findet zwar nicht unbedingt landschaftliche Abwechslung, aber viele ver-

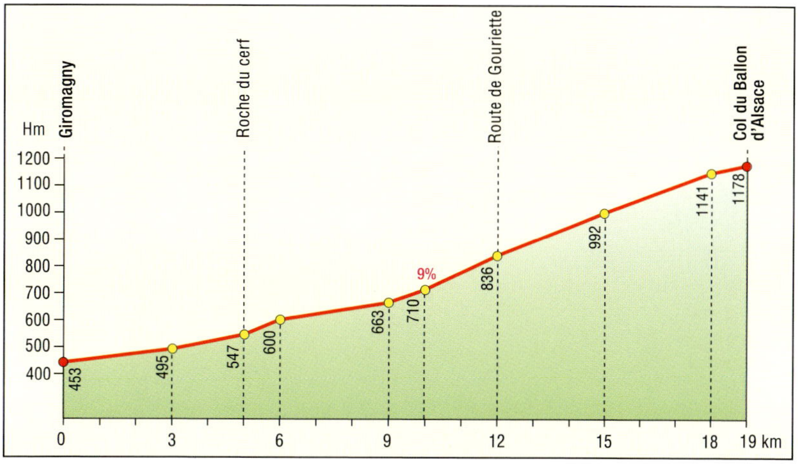

HOBBYRENNEN »LES 3 BALLONS«

Dass man auch in den Vogesen Höhenmeter bis zum Umfallen sammeln kann, beweist das jährlich im Juni stattfindende Radrennen »Les 3 Ballons«. Hobbyfahrer dürfen sich über den Grand Ballon, den Ballon d'Alsace und den Ballon de Servance quälen. Aber die Streckenplaner haben natürlich noch weitere Höhepunkte der Region eingeplant. Das Ergebnis ist ein stolzes Paket aus etwa 4300 Hm und über 200 km. Angesichts dieser gewaltigen Zahlen erscheint manche Veranstaltung in den Alpen wie ein Sonntagsspaziergang. Je nach gefahrener Zeit gibt es ein goldenes oder silbernes Zertifikat. Wer lieber kleinere Brötchen backen will, bekommt auch eine 100 km-Runde geboten.

Infos unter www.sportcommunication.com.

schiedene Klettermöglichkeiten. Eine besonders schöne Möglichkeit, das Auf und Ab der Vogesen zu erleben, ist die Route des Crêtes. Diese Höhenpanoramastraße verläuft in Nord-Süd-Richtung nahe der Kammlinie der Vogesen und bietet fantastische Panoramablicke.

Die Straße ist nach dem Ersten Weltkrieg als militärische Zufahrts- und Höhenstraße zur Verteidigung gegen die Deutschen angelegt worden. Sie ist bei Radfahrern sehr beliebt und hat nur einen Nachteil: In den Sommermonaten ist sie oft sehr stark befahren. Viele Ausflügler nutzen die Straße, um ohne Schweißverlust einen Ausblick über die Vogesen zu erhaschen. Besonders in den Südvogesen ist in den Monaten Juli und August sehr viel los. Im Winter verläuft die Straße oft mitten durch die Skigebiete, sie ist daher bis in den Mai hinein gesperrt. Nur Schneeschuhwanderer, Skitourengeher und Skilangläufer kommen dann in den Genuss des tollen Panoramas. Beginn der Panoramastraße ist in Sainte-Marie-Aux-Mines, wo es gleich ansteigend über den Col des Bagenelles (911 m) geht. Das offizielle Ende der Straße im Süden bildet Cernay. Zu den Höhepunkten im doppelten Wortsinn gehören der Col de la Schlucht (1131 m) und der Grand Ballon (1324 m).

Unten: Radfahren an Ostern kann in den Vogesen ein kaltes Vergnügen sein. Selbst wenn die Straße frei ist – der Schnee ist noch da.

Der erste Berg der Tour

Dass der Ballon d'Alsace zu Beginn des letzten Jahrhunderts als extreme Herausforderung galt, kann man heute kaum glauben. Doch als die neu gegründete Tour de France in ihrem dritten Jahr einen Ausflug zum Ballon d'Alsace machte, waren viele Beobachter gespannt. Der erste Berg der Tour war 1905 bei außergewöhnlichen Straßenbedingungen und großen Übersetzungen eine echte Herausforderung für das Fahrerfeld. René Pottier bewältigte den 12 km langen Anstieg in einer knappen halben Stunde und lag damit einsam an der Spitze. Doch zwei Tage später musste er verletzt die Tour aufgeben.

Das hinderte ihn jedoch nicht, im folgenden Jahr am Ballon d'Alsace wieder anzugreifen und als Erster über die Passhöhe zu fliegen. Er hatte sich diesmal gezielt auf den Berg vorbereitet. Am Fuße des Berges wechselte er – wie die meisten Fahrer – auf ein Rad mit niedriger Übersetzung. Er übernahm die Führung und erreichte nach 416 km, davon 250 km im Alleingang, mit einem Vorsprung von 48 Minuten das Ziel in Dijon. Er gewann 1906 die Tour und gilt als erster Bergspezialist der Tour. Doch sein Leben nahm nur ein halbes Jahr später ein tragisches Ende: Aus Liebeskummer beging er Selbstmord.

Der Ballon d'Alsace besaß schon immer einen hohen politischen Symbolgehalt. Nachdem Frankreich den Krieg von 1871 verloren hatte, wurden Elsass und Lothringen annektiert und der Berg bildete die Grenze zu Deutschland. Die französischen Fahrer verbanden daher besonders patriotische Gefühle mit dem Berg. Der Anstieg galt nicht nur als sportliche Herausforderung, sondern im Angesicht des deutschen Feindeslandes war jeder Sieg eine heroische Tat. So wurde Pottier nach seinem Kraftakt 1905 und 1906 gefeiert wie ein Nationalheld. Ihm zu Ehren wurde 1908 ein kleines Denkmal am Berg errichtet. Die deutschen Besatzer reizten die Tourdirektion mit morgendlichen deutschen Trompetenklängen. Als Antwort sangen die Tourfahrer vor dem Start die französische Nationalhymne. Ein Affront, der nicht ohne Folgen blieb. Der nächste Ausflug der Tour de France nach Metz wurde von den deutschen Besatzern verboten.

1933 wurde das Bergtrikot eingeführt, und da der Ballon das erste steile Hindernis der Tour war, übernahm der Spanier Vicente Trueba als Erster das rot gepunktete Trikot. Nur vier Jahre später sicherte ein deutscher Fahrer sich hier sogar das gelbe Trikot. Der Dortmunder Erich Bautz merkte auf der Etappe von Metz nach Belfort, dass er heute gute Karten hatte. Denn als er kräftiger in die Pedale trat, konnte keiner mehr mithalten. Der Deutsche Straßenmeister ließ am Ballon d'Alsace alle Favoriten stehen und überquerte als Erster den Berg. Unter den freundlichen Anfeuerungsrufen der Franzosen baute er seinen Vorsprung noch aus. Zur Verblüffung aller erreichte er mit großem Vorsprung das Ziel und konnte damit als zweiter Deutscher, nach Kurt Stöppel 1932, das gelbe Trikot überstreifen. Er trug es mehrere Tage, wurde aber leider durch technische Defekte gestoppt: Am Galibier zerstörten gleich drei Reifendefekte alle Siegeschancen.

In der Zeit nach dem Zweiten Weltkrieg markierte der Berg entweder das Ende oder den Beginn der Berge. In beiden Fällen war daher die Etappe von besonderer Bedeutung. Doch seine Glanzzeiten hatte der Ballon d'Alsace sicher in den ersten Jahren der Tour. Zum Glück ist die politische Dimension im vereinten Europa nicht mehr von Bedeutung. Fast symbolhaft ist daher die Riesenparty am Berg 1997. Hunderttausende deutsche und französische Fans säumten den Straßenrand und feierten den bevorstehenden Toursieg von Jan Ullrich. Der junge Rostocker hatte mit seinem beherzten Fahrstil in beiden Nationen gleichermaßen Sympathien geweckt.

36 Die leichteste Tour dieses Buches
COL DU HUNDSRUCK

Auf den Spuren von Armstrong und Ullrich hat diese U-13-Fahrerin den Anstieg zum Hundsruck bewältigt.

2 ***

HÖHE MAX.: 748 m
HÖHENUNTERSCHIED: 390 Hm
LÄNGE: 7 km
STEIGUNG MAX.: 7,5 %
STEIGUNG DURCHSCHNITT: 3,1 %
AUSGANGSORT
Bitschwiller
ANFAHRT
Von Thann nach Bitschwiller
PARKEN
Im Ortszentrum vor der Kirche
STRASSENZUSTAND
Perfekt
PASSÖFFNUNGSZEITEN
Ganzjährig geöffnet

Dieser Berg ist wie geschaffen für die ersten praktischen Experimente mit Höhenmetern. Der Anstieg ist nicht lang und selbst gut trainierte Jugendliche können hier ihre ersten Klettererfahrungen sammeln. Auch wenn insgesamt nicht viele Höhenmeter zu bewältigen sind, geben die Steigungsprozente Anfängern bereits einen Vorgeschmack auf andere Strecken dieses Führers.

Genusstour pur

Für alle ausdauernden Kletterexperten ist der Hundsruck natürlich nur ein kurzes Vergnügen, es empfiehlt sich daher eine Rundtour zum Beispiel in Verbindung mit dem Ballon d'Alsace. Mehr als eine kleine Vormittagstour ist der kleine Anstieg nicht. Doch die Einstufung als Genusstour gilt in jeder Hinsicht, liegt doch der Ausgangsort direkt am südlichen Ende der Elsässer Weinstraße. Was die Namensgebung betrifft, wird das »u« manchmal zum »ü« und dann wird der Pass als Col de Hundsrück oder Hundsrueck geschrieben. Üblicherweise wird der Col du Hundsruck von Thann aus befahren. Die hier beschriebene Anfahrt vermeidet die Hauptstraße von Thann aus, denn auch wenn es sich nur um ein kurzes Stück handelt, herrscht sehr viel Verkehr.

In der Kürze liegt die Würze

So lautet das Motto dieses Anstiegs. Von der Kirche in Bitschwiller geht es zunächst Richtung Thann und nach 100 m rechts ab. Der Pass ist bereits ausgeschildert, was keine Selbstverständlichkeit ist. Denn nicht viele Ortsfremde werden nach dieser Nebenstraße suchen.

Die Straße wird bereits nach wenigen Metern sehr schmal und führt zunächst an einem Wiesenhang entlang. Nach einem Bauernhof erwartet uns eine schöne Kurve, für alle Kletterneulinge eine echte Freude. Wir tauchen jetzt in den Wald ein und radeln bei konstanter Steigung bergauf. Der Fichtenwald ist sehr schattig, der Waldboden

Nur Wanderfreunde sind am Hundsruck unterwegs, deshalb sind am Anstieg sehr wenige Autos unterwegs.

von dichtem Moos überzogen. Die kühle Luft ist eine Wohltat, denn bei einer Steigung von über 7 % kommen Neulinge hier bereits schwer ins Schwitzen.

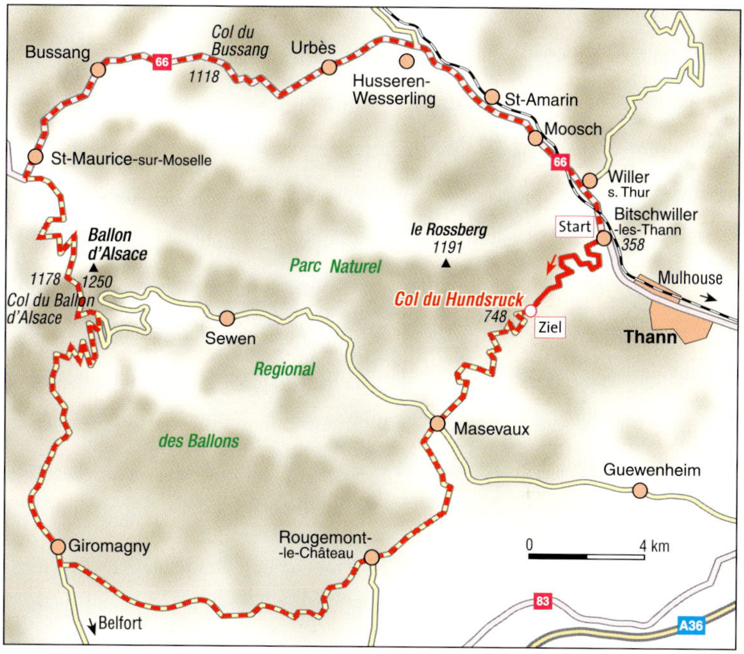

Schon geschafft

Nach 4 km führen uns sehr enge Kurven auf 600 Hm und damit liegt ein Großteil der Anstrengung bereits hinter uns. Mit der gewonnenen Höhe bietet sich auch ein »erhabener« Ausblick. Zwischen den Bäumen hindurch zeichnen sich die dicht bewaldeten Hänge auf der anderen Talseite ab. An moosbewachsenen Felsen vorbei geht es die letzten Meter bergauf und – man glaubt es kaum – schon ist man oben. Hier stehen eine Auberge und ein Kriegerdenkmal für die »Troupes de Choc«, die französischen Stoßtruppen. Direkt von der Passhöhe zweigen verschiedene Wanderrouten ab. Die bieten sich auch für etwas ambitioniertere Sportsfreunde an. Der »Marathon du Ballon d'Alsace« startet genau an der Passhöhe zum westlich gelegenen Col de Perches. Auf dem GR 5 geht es zum Ballon d'Alsace und dann in einem großen Bogen zum Ziel in Masevaux. Eine sehr ungewöhnliche Routenwahl, die mit dem üblichen Asphaltlauf durch die Großstadt wenig zu tun hat. Auch wenn die Marathon-Entfernung natürlich eine Herausforderung ist, bietet die Strecke einen versteckten Vorteil. Durch den Start auf der Passhöhe geht man schon auf großer Höhe ins Rennen. Es geht zwar mehrmals steil bergauf, das Ziel liegt jedoch niedriger als der Start.

Wanderparadies

Die Vogesen ermöglichen viel mehr als nur kleine Tagesausflüge. Der GR 5 ist dafür ein gutes Beispiel: Wer will, kann auf diesem Weitwanderweg in Verbindung mit dem GR 531 mehrere Tage in den Bergen verbringen, ohne dass er jemals ins Tal absteigen muss. In den Hochvogesen wandert man dabei häufig über ausgedehnte Bergwiesen. Die Waldfreiheit liegt nicht an der Höhe, sondern an der seit Jahrhunderten üblichen Almwirtschaft. Insgesamt

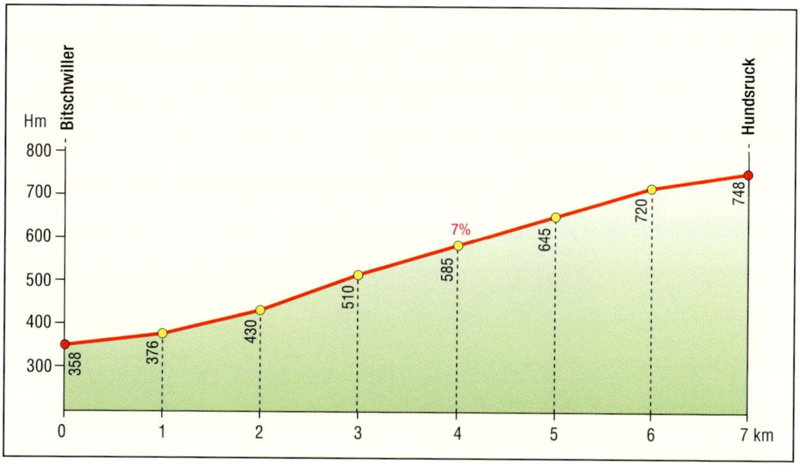

16 000 Kilometer Wanderwege werden seit 1872 vom Vogesenklub gepflegt. Sie führen von den Hügeln um die elsässischen Weindörfer bis hoch in die Regionalparks der Vogesen-Belchen und der Nord-Vogesen. Der »Parc Naturel Régional des Vosges du Nord« wurde von der UNESCO als Biosphärenreservat ausgezeichnet.

Weiter zum Ballon d'Alsace

Knapp 6 km und 400 Hm sind für geübte Rennradler natürlich nur ein kleines Aufwärmprogramm. Doch zum Glück lässt sich der Pass ideal mit dem Ballon d'Alsace verbinden, knapp 26 km sind es bis zum Ausgangspunkt des Anstiegs, Giromagny. Man überquert für diese Variante den Pass und fährt nach Bourbach-Le-Haut. Die Straße schlängelt sich durch die einsame Landschaft und durch das kleine Bauerndorf.

Nur die Pflastersteine in einer Kurve trüben die Abfahrtsfreuden. Geradeaus geht es weiter nach Rougemont, dann auf der D 2 und bald darauf der D 12 nach Giromagny. Der Ballon d'Alsace ist hier bereits ausgeschildert.

Weinstraße

Wer jedoch heute keine Lust mehr auf sportliche Betätigung hat, weil das Wetter nicht mitspielt oder der Körper Erholung braucht, kann sich dem Genuss widmen. Thann liegt direkt am südlichen Ende der Elsässischen Weinstraße. Auf einer Länge von 170 km liegen zahlreiche Weinstuben und gastliche Probierkeller, die wahrlich eine Einkehr lohnen. Wer der Route Richtung Marlenheim folgt, hat auch immer wieder Gelegenheit, auf ausgeschilderten Pfaden durch die Weinberge zu wandern. Für Theoretiker unter den Genießern bietet das Empfangsbüro in Thann Informationen zur Weinstraße, den Rebsorten und der Arbeit der Winzer. Im Norden von Colmar bietet das Haus des Elsässer Weins Gelegenheit, die Weinberge und die Elsässer Weine kennen zu lernen. Dort bekommen Besucher ausführliche Informationen über die Elsässer Weine. Von April bis September sorgen über 50 Weinfeste entlang der Elsässischen Weinstraße für gute Laune und viele Gelegenheiten, den Rebensaft mit einem echten elsässischen Flammkuchen zu genießen.

Der Blick über den Straßenrand zeigt – so flach ist dieser Anstieg auch wieder nicht!

Quält sich Jan Ullrich genug? Das Jahrhunderttalent muss sich ständig gegen Vorwürfe verteidigen, er trainiere zu wenig.

»Quäl dich, du Sau!«

Fast schon verzweifelt knallte Udo Bölts seinem Teamkameraden Jan Ullrich am Anstieg zum Hunsrück diesen Satz um die Ohren. Der Edeldomestike verfügte über eine lange Erfahrung bei der Tour de France und hatte daher klar erkannt, dass Ullrich in eine extrem brenzlige Situation geraten war. Im schlimmsten Fall hätte er an diesem Tag die Tour verlieren können. Mit einem sagenhaften Alleingang hatte Ullrich auf dem Weg nach Andorra am 15. Juli seinen Anspruch auf den Gesamtsieg manifestiert. Weder in den Pyrenäen noch in den Alpen konnte ihm die Konkurrenz gefährlich werden und so stand er kurz vor seinem ersten Toursieg. Doch der Medienrummel und die Verantwortung des gelben Trikots hatten ihm schwer zugesetzt. Wenige Tage vor dem Ende der Tour war er nervlich am Ende, eine Bronchitis sorgte zudem für eine körperliche Schwächung.

Die 18. Etappe von Colmar nach Montbéliard schien eigentlich nicht weiter schwer zu sein. Doch am Anstieg zum Col du Hundsruck witterte sein ärgster Konkurrent, Richard Virenque, seine letzte Chance. Langsam erhöhte er das Tempo auf 16 und dann 17 km/h, Ulle konnte nicht mithalten. Bölts erhöhte das Tempo für Ullrich, doch dieser forderte ihn immer wieder auf, langsamer zu fahren. Noch hatte Ullrich über sechs Minuten Vorsprung im Gesamtklassement, doch ein Einbruch hätte alles in Frage gestellt. In diesem Moment fielen die berühmten Worte, die Jan Ullrich allerdings nie vernommen haben will. Denn wie er in Interviews immer wieder erklärte, habe er sowieso alles gegeben.

Auch wenn der verbale Tritt in den Hintern gar nicht angekommen ist, Jan Ullrich gewann die Tour und die Radsportgemeinde einen neuen Leitspruch. Er gehört wohl zum bekanntesten Zitat der deutschen Radsportgeschichte und ziert zahlreiche Straßen der Tour de France. In seiner höflichen Ausprägung belassen die Fans es bei dem angedeuteten »Quäl dich, du S...«. Dass dieser Spruch über Nacht zum Markenzeichen wurde, ist aber kein Zufall. Denn selten wurde mit wenigen Worten die Kernaufgabe eines Tourteilnehmers so plastisch ausgedrückt. »Wer sich nicht quälen kann, wird die Tour nie überstehen. Das fängt spätestens nach dem zwölften oder dreizehnten Tag an, wenn man morgens aufsteht und ums Verrecken nicht mehr aufs Rad will oder kann«, schildert Bölts seine Leidenserfahrung bei der Tour.

Gerade die Pässe und Bergankünfte der Tour sind für die Fahrer ein einziges langes Leidenserlebnis. Die berühmteste deutsche Internetseite zum Thema Pässefahren heißt nicht ohne Grund quaeldich.de. Der Kampf gegen Höhenmeter und inneren Schweinehund ist nur schwer zu beschreiben, doch mit dem Zitat von Udo Bölts für jeden zu verstehen.

37 Zum höchsten Gipfel der Vogesen
GRAND BALLON

2 ****

HÖHE MAX.: 1343 m
HÖHENUNTERSCHIED: 860 Hm
LÄNGE: 25 km
STEIGUNG MAX.: 8 %
STEIGUNG DURCHSCHNITT: 3,5 %
AUSGANGSORT
Kruth am Lac Wildenstein
ANFAHRT
Von Thann auf der N 66, dann abbiegen Richtung Fellering/Le Markstein
PARKEN
Im Ortszentrum bei der Kirche
STRASSENZUSTAND
Gut
PASSÖFFNUNGSZEITEN
Mai bis Oktober

Mit seinen 1424 m ist der Grand Ballon der höchste Berg der Vogesen; die Straße liegt rund 80 m tiefer. Der Berg wird im Deutschen auch Großer Belchen oder Gebweiler Belchen genannt. Im Winter ist die hier beschriebene Route auf den letzten Kilometern mit dichtem Schnee bedeckt. Sie ist dann fest in der Hand von Langläufern, mehrere Loipen stehen den Wintersportlern zur Auswahl. Im Sommer ist der Grand Ballon ein Paradies für Mountainbiker, denn er ist von einem Netz interessanter Routen durchzogen.

Kälteschock

Wer im Frühjahr auf den Grand Ballon radelt, erlebt oft sein blau gefrorenes Wunder. Denn was sich in Zahlen noch nicht beeindruckend anhört, ist vor Ort oft unangenehm spürbar: Der Grand Ballon ist ganz schön hoch! Im April ist die Straße meist noch tief unter Schnee begraben und unpassierbar. Dann ziehen noch die letzten Langläufer in Ruhe ihre Bahnen, wo wenige Wochen später die Räder vorbeisurren. Selbst im Mai und Juni weht um den Gipfel ein eiskalter Wind, der einen schnell auskühlen lässt. In den Alpen ist man das gewohnt, aber in den Vogesen rechnet man nicht mit niedrigen Temperaturen. Aber die Nachbarpässe Col de la Schlucht oder Ballon d'Alsace sind halt doch 300 m niedriger.

Tretboot oder Rennrad?

Im kleinen Ort Kruth gibt es außer der Kirche nicht viel zu sehen. Hier geht es noch richtig gemütlich zu, Stress ist in Kruth ein Fremdwort. Wer will, kann am Trinkwasserbrunnen noch in aller Ruhe seine Flaschen auffüllen. Die D 13 führt links Richtung »Wildenstein« auf einer flachen Straße aus dem Ort heraus. Bereits nach 3 km erreichen wir den Lac Wildenstein, wo man im Sommer Tretbootfahren kann. Wir wählen die andere, preisgünstigere Alternative, indem wir rechts Richtung Markstein abbiegen. Denn bereits auf der ersten Rampe bekommen die Beine eine angemessene Beschäftigung.

Die Zufahrt zum Grand Ballon über Kruth ist ein Geheimtipp, der Verkehr hält sich deshalb in Grenzen.

Kleine Ausflugsfahrt

Spätestens jetzt hat der Verkehr stark nachgelassen. Im Buchenwald geht es steil bergauf und erst nach 5 km öffnet sich wieder das Blickfeld. Wir sind jetzt hoch über dem Tal und schauen auf Kruth und auf eine Ruine auf dem Hang gegenüber. An Birken vorbei schlängelt sich die Straße in die Höhe und wir erreichen das erste flache Stück der Strecke. Die Straße führt weiter in lang gezogenen Schlangenlinien den Hang entlang. Nach 10 km zeigt uns ein Radfahrschild die Entfernung bis Markstein. Der Laubwald wird jetzt zunehmend lichter und die wärmende Sonne begleitet uns auf den nächsten Kilometern. Wir passieren den kleinen Weiler Le Treh, der außer einer Berghütte nicht viel zu bieten hat. Entlang von Wiesenhängen rollen wir flach dahin und erreichen nach rund 17 km die Kreuzung von »Le Markstein«. Wir fahren an der Kreuzung rechts, der Grand Ballon ist ab hier ausgeschildert. Streng genommen bewegen wir uns erst jetzt auf den Spuren der Tour de France, denn das Peloton hat natürlich keine Zeit für den idyllischen Anstieg vom Lac Wildenstein. Meistens kommen die Tourfahrer aus Gérardmer auf der Route des Crêtes und stoßen erst in Markstein auf die hier beschriebene Strecke.

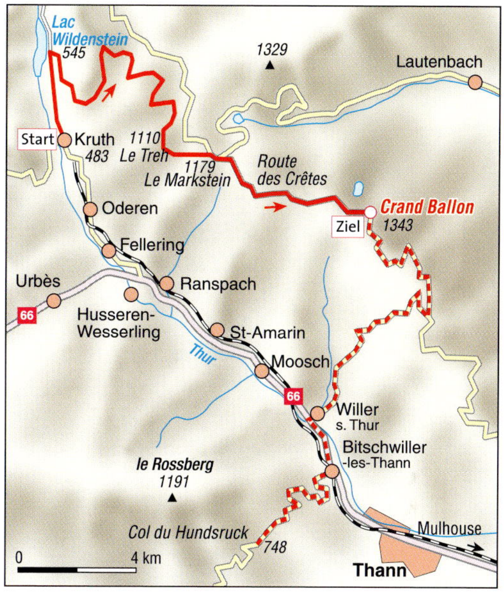

Gipfelabstecher zu Fuß

Am Restaurant Ferme de Markstein vorbei geht es auf die Passhöhe zu. Auf den letzten Kilometern sind wir der Sonne ausgesetzt, doch zu heiß wird es hier selten. Am Grand Ballon ist es oft besonders windig und wir befinden uns am kältesten Platz im Elsass. Negativrekord sind –30 °C, die am 10. Februar 1956 gemessen wurden, und die Klimakurven beweisen, dass es auch im Sommer um einige Grad kühler als im Tal bleibt.

Wir haben bei schönem Wetter einen Blick auf die sanften Berghänge der Umgebung. An der Passhöhe des Grand Ballon angekommen, ist man für den kühlenden Wind nicht mehr ganz so dankbar wie noch kurz zuvor. Ganz oben ist man auf der Passhöhe noch nicht, denn auf den Gipfel des Grand Ballon kommt man nur zu Fuß. Wer sein wertvolles Transportmittel für kurze Zeit allein lassen will und mit Mountainbike-Schuhen unterwegs ist, hat heute einen gewaltigen Vorteil. Nur zehn Minuten sind es zu Fuß vom Parkplatz zum Gipfelplateau. Hier bietet sich ein wunderschönes Panorama, das bei klarer Sicht von den Vogesengipfeln über den Schwarzwald bis zur Kette des Jura reicht.

Kriegerische Vergangenheit

Von Fotos bekannt ist das Denkmal für die »Diables Bleues«, französische Gebirgsjäger, die im Ersten Weltkrieg kämpften. Unter dramatischen Bedingungen verteidigten sie die Vogesengipfel. Das 1927 errichtete Denkmal besteht aus einer stei-

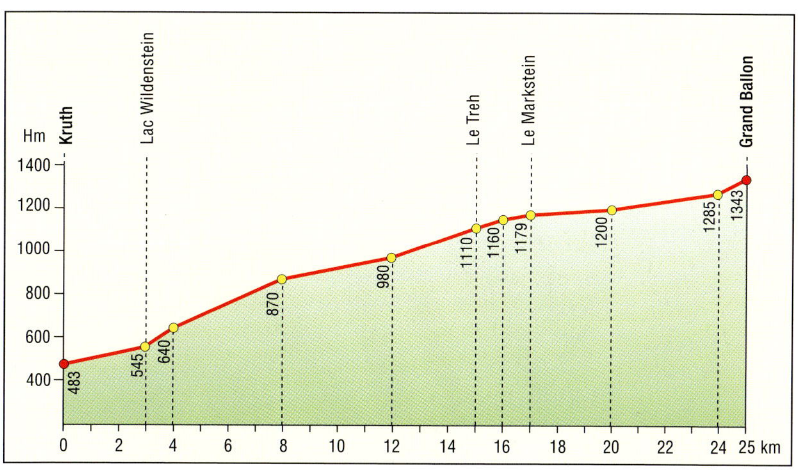

nernen Pyramide und einem bronzenen Gebirgsjäger. Im Ersten Weltkrieg gab es auch einen erbitterten Kampf um den Grand Ballon und ein französischer Gebirgsjäger erinnert sich, wie er sich am Gipfel im Erdloch verkroch und die Granatsplitter ihm um die Ohren surrten. Doch Feindschaft spürte er nicht, als er einen deutschen Gefangenen traf: »Die Deutschen waren genau wie wir, arme Typen, die sich für Nichts und wieder Nichts aufopfern mussten.«

Ausflugsziel Nr. 1

Ruhe und Einsamkeit findet man am Wochenende nur bei schlechtem Wetter. Der Grand Ballon ist eines der bekanntesten Ausflugsziele in der Umgebung und daher herrscht hier immer reger Ausflugsbetrieb. Spätestens jetzt ist man dankbar, über Kruth gefahren zu sein. Diese kleine Auffahrt hat sich bei den meisten der motorisierten Wochenendausflügler zum Glück noch nicht rumgesprochen. Das schöne Restaurant und Hotel Du Grand Ballon lädt zum Verweilen ein, doch uns Rennradfahrer wird es wieder ins Tal ziehen.

Noch ein paar Alternativen

Wer eine längere Tagestour plant, kann den Grand Ballon mit dem Col de la Schlucht verbinden, der ist schließlich nur 29 km entfernt. Eine kürzere Alternative bietet sich mit der Abfahrt nach Willer-sur-Thann.

Dazu fährt man einfach geradeaus über den Pass. Leider ist die Straße bergab etwas holprig und bietet zwei Kurven mit Pflastersteinen. Aber die schönen, engen Serpentinen sind bergab ein Genuss und die Rundtour ein lohnendes Gesamterlebnis.

Ein Blick auf die Karte offenbart, dass es eine ganze Reihe verschiedener Anstiege zum Grand Ballon gibt. Wer von Cernay, dem offiziellen Endpunkt der Route des Crêtes, startet hat 1000 Hm bei einer Durchschnittsteigung von nur 4,5 % zu bewältigen.

Im Vergleich dazu ist die zweite, große Variante von Süden etwas anspruchsvoller: Von Willier-sur-Thur aus liegt die durchschnittliche Steigung bei 6,1 %. Doch das war keinesfalls alles, es bieten sich noch weitere Varianten an, die auf kleinsten Nebenstraßen verlaufen.

Von Saint-Amarin und Moosch zeigen die Höhenprofile eine Durchschnittssteigung von über 7% an. Die Tour de France hat zwar nicht alle, aber schon mehrere dieser Möglichkeiten ausgetestet. Oft wurde dabei Mulhouse als Ausgangsort oder Etappenziel gewählt.

Oben: Fahrradschild am Grand Ballon

Unten: Nur ganz am Anfang geht es flach dahin, dann wird der Anstieg seinem Namen gerecht.

Der »Große Ballon« – späte Berufung zur Tour

Sehr spät wurde der Grand Ballon in die illustre Runde der Tourberge aufgenommen. Erst 1969 wurde der Vogesengipfel, der auch Ballon de Guebwiller genannt wird, das erste Mal von der Tour gefahren. Zu den Sternstunden des Berges gehört der 15. Juli 1992, an dem die tapfere Alleinfahrt des Laurent Fignon ganz Frankreich begeisterte. Fignon gehört zu den unverkennbaren Charakterköpfen der über hundertjährigen Tourgeschichte. Seine Brille verlieh ihm ein intellektuelles Aussehen und den Spitznamen Professor, sein Pferdeschwanz unterstrich seine markante Erscheinung.

Als Fignon 1992 den Grand Ballon hinaufflog, erinnerte er an längst vergangene Tage. Denn der Gewinner der Tour 1983 und 1984 zählte längst nicht mehr zu den Fahrern, die an der Spitze mitfuhren. Umso begeisterter reagierte das Land, als er auf der elften Etappe von Strasbourg nach Mulhouse den Etappensieg suchte. Über 55 km war er auf der Flucht und am Ende schaffte er es in einem krimiwürdigen Finale mit zwölf Sekunden Vorsprung ins Ziel. Seit knapp drei Jahren hatte er keinen Erfolg mehr verbuchen können und so war die Freude an diesem Tage besonders groß.

Fast genauso begeistert fiel die Freude von Michael Rasmussen 2005 aus. Auf der neunten Etappe von Gérardmer nach Mulhouse fuhr der Däne fast die gesamte Strecke im Alleingang. Neben dem Grand Ballon sorgten noch fünf weitere Anstiege für wertvolle Bergpunkte.

Am Ende des Tages hatte er sich souverän an die Spitze der Bergwertung gesetzt, Verfolger Jens Voigt hatte sich das gelbe Trikot gesichert. Bis zum Ende der Tour war Rasmussen das Bergtrikot nicht mehr zu nehmen, er hatte sogar Chancen auf den zweiten Platz verwiesen. Aber eine katastrophale Pannenserie im Einzelzeitfahren bereitete diesem Traum ein denkwürdiges Ende.

Die Tour de France fährt oft über die Routes des Crêtes zum Grand Ballon.

38 Konstante Steigung im dichten Wald
COL DE LA SCHLUCHT

Munster bietet im Zentrum wunderschöne Hausfassaden. Ein Stadtbummel am Etappenende ist daher Pflicht.

2 **

HÖHE MAX: 1139 m
HÖHENUNTERSCHIED: 760 Hm
LÄNGE: 19 km
STEIGUNG MAX: 5 %
STEIGUNG DURCHSCHNITT: 4 %
AUSGANGSORT
Munster
ANFAHRT
Von Colmar auf der D 417 bis Munster
PARKEN
In Munster vor dem Office de Tourisme
STRASSENZUSTAND
Gut
PASSÖFFNUNGSZEITEN
Ganzjährig geöffnet

Bereits in Munster ist der Col de la Schlucht ausgeschildert und das spiegelt auch den einzigen Haken dieser Bergstrecke wider: Die Straße ist stark befahren, neben Lastwagen und Motorradfahrern sind je nach Tageszeit auch viele Pkws unterwegs. Der Pass bietet eine sehr konstante Steigung und daher ein entspanntes Fahren, überwiegend im dichten Wald.

Der Col de la Schlucht ist der bedeutendste Straßenpass der Hochvogesen, er wurde um 1860 unter Napoleon III. angelegt und galt damals als eine Art Wunderwerk der Technik. Im Gegensatz zur bisher üblichen Methode des Straßenbaus war er nicht bedingungslos dem Geländeprofil angepasst, sondern in den Fels gesprengt.

Sehenswerte Stadt

Munster blickt auf eine lange Geschichte zurück, denn der Ort ist aus einem 630 gegründeten Benediktinerkloster entstanden. Weil Munster im Ersten Weltkrieg direkt an der Front lag, wurde es allerdings stark zerstört. Trotzdem ist der Place du Marché sehenswert und auch die Überreste der Benediktinerabtei Saint-Grégorie lohnen einen Besuch.

Eine Besonderheit des Ortes sind die Störche, die auf dem »Storchenturm« im Zentrum ihre Nester gebaut haben. Völlig unbeeindruckt von den staunenden Touristen sitzen sie auf dem Dach und wachen über den Ort. Im ganzen Elsass trifft man immer wieder auf die Vögel mit den langen Schnäbeln. Sie sind fast schon ein Wahrzeichen der Region. Untrennbar mit dem Ort verbunden ist natürlich auch der deftig würzige Münsterkäse. Der Stadtbummel sollte daher unbedingt auch mit dem Kauf dieser Spezialität verbunden werden.

Der Anstieg verläuft auf einer breiten Straße, die leider auch dicht befahren ist.

Vor dem gemütlichen Spaziergang durch Munster steht natürlich die Spazierfahrt zum Col de la Schlucht. Munster zieht sich lange hin, mehr als 2 km fahren wir bis zum Ortsschild und tauchen dann gleich wieder in den nächsten Ort ein. Geradeaus bahnt sich das Vallée de Munster zwischen den Hügeln seinen Weg. Es geht auf der D 417 noch locker dahin, erst in Stosswihr muss man stärker in die Pedale treten. Rechts schlängelt sich ein schöner Bach seinen Weg ins Tal und geradeaus haben wir bereits einen Blick auf Soultzeren.

Kriegsschauplatz

Nach 7 km zweigt rechts die Straße zum Col du Wettstein ab, wir fahren jedoch links in einer großen Serpentine weiter zum Col de la Schlucht. Zwischen 1914 und 1918 war der Wettstein Schauplatz der blutigen Vogesenkämpfe des Ersten Weltkriegs. Auf beiden Seiten des Lingenkopfes zeugen Soldatenfriedhöfe von den zahlreichen Verlusten.

3535 für Frankreich gefallene Soldaten ruhen auf dem Cimetière des Chasseurs, dem Jägerfriedhof. Die Gräber sind durch schlichte Steinkreuze gekennzeichnet, Name, Rang, Einheit und Todestag sind auf kleinen Tafeln zu erkennen. Bereits 1919 wurde der Friedhof mitten im ehemaligen Kampfgebiet angelegt.

Abwechslungsreicher Genuss

Auf der Straße befinden sich verblichene Schriftzüge der Tour de France. Links, bereits tief unter uns, sind die spitzen Kirchtürme von Munster und Stosswihr erkennbar. Die Wiesenhänge sind mit Ferienchalets übersät, vor allem im Winter sind diese sehr begehrt.

In langen Kurven radeln wir bei mäßiger Steigung bergauf. Nach 11 km kommen wir

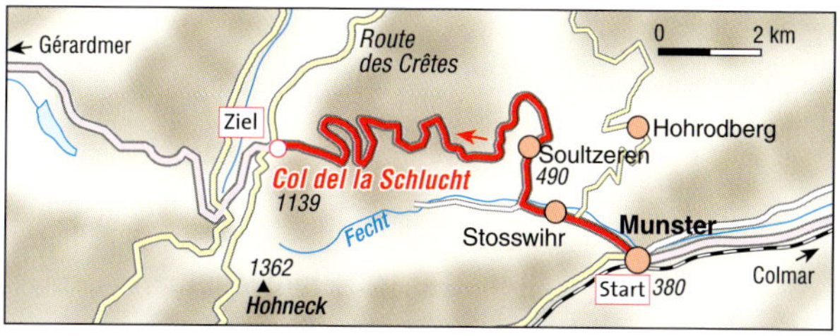

rechts an der Station Tanier du Lac Vert vorbei. Die Straße führt jetzt zwischen Schatten spendenden Fichten und Weißtannen hindurch.

Nach etwa 16 km nimmt die Steigung etwas zu und wir schrauben uns in schönen Serpentinen nach oben. In einer flachen Kurve bietet sich ein beeindruckender Blick auf eine 100 m hohe zerklüftete Felswand. Klettern kann man dort auch, auf der Straße ist es aber doch etwas leichter.

Die letzten 2 km sind ein abwechslungsreicher Genuss, denn mit den abnehmenden Bäumen ändert sich das Blickfeld. Links haben wir eine weite Sicht ins Tal und auf die gegenüberliegenden Hänge. Unsere Straße führt jetzt entlang einer niedrigen Felswand auf die Passhöhe zu. Wir schlüpfen durch einen kleinen in den Fels gehauener Tunnel und steuern den Col de la Schlucht an.

Heimspiel

Für die deutschen Fahrer ist der Besuch im Elsass immer ein Heimspiel. Das ganze

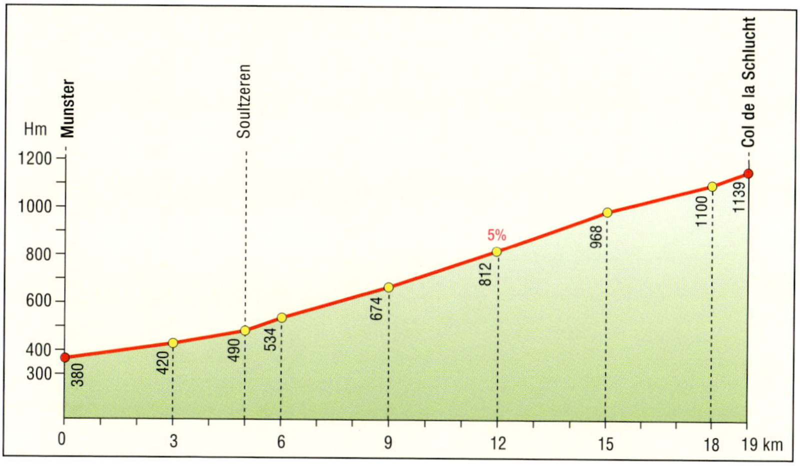

Jahr sind deutsche Urlauber im Elsass unterwegs, und wenn die Tour zu Besuch kommt, sind es noch mehr als gewöhnlich. Dann verwandelt sich das ganze Elsass in eine große Radsportarena und die Begeisterung der Fans treibt so manchen Fahrer an.

Andreas Klöden hat 2005 als Erster den Col de la Schlucht überquert, da er wie vereinbart einen Angriff startete. Und um genau ein Haar hätte er sogar auch die Etappe gewonnen (siehe Tour-Geschichte). Die Begeisterung ist neben der geschichtlichen Bedeutung ein wichtiger Pluspunkt, der für das Elsass spricht. So finden bei der Tour 2006 die ersten drei Tage im Elsass statt.

Eine lange Tradition hat dabei Straßburg als Etappenort. Bereits 23 Mal war die Tour hier zu Gast, das erste Mal 1919 – ein geradezu geschichtsträchtiger Tour-de-France-Ort also. Bereits mehrmals als Etappenort im Programm waren außerdem Mulhouse (schon 14 Mal) und Colmar (6 Mal).

Was der Pass zu bieten hat

Der Col de la Schlucht war schon immer ein wichtiger Passübergang, er markierte bis 1919 die Grenze zwischen Deutschland und Frankreich.

Mittlerweise ist die Passhöhe übersät mit Restaurants, doch es hängt stark von der Jahreszeit ab, ob hier Betrieb herrscht. Im Winter ist die Passhöhe fest in der Hand von Skifahrern, Snowboardern, Schneeschuhgehern und Langläufern.

Im Sommer treffen sich Wanderer, die es zur Martinswand (1258 m) oder dem Botanischen Alpengarten zieht. Der von der Universität von Nancy angelegte Garten versammelt auf 10 ha über 3500 Gebirgspflanzen. Er ist von Juni bis September geöffnet.

Ein anderes Vergnügen stellt die Sommerrodelbahn dar. Doch was ist schon diese kurze, wenig sportliche Fahrt auf festgelegten Bahnen im Vergleich zu unserem heißen Ritt ins Tal – auf unseren heiß geliebten Rennrädern –, der uns jetzt bevorsteht?

Andreas Klöden und Jan Ullrich sind seit Jahren eng befreundet und trainieren auch viel zusammen

Ein Zentimeter vor dem Ziel

Bei der Tour de France entscheiden gewöhnlich Hunderte von Kilometern über Sieg und Niederlage. Doch manchmal geht es auch bei der Großen Schleife plötzlich um ganz kleine Distanzen. Auf der achten Etappe der Tour de France 2005 war es nicht einmal ein Zentimeter, der zwischen glorreichem Sieg und tragischer Niederlage trennte. Am Col de la Schlucht hatte Andreas Klöden wie vereinbart einen Angriff gestartet. Der T-Mobile-Fahrer konnte sich überraschend einfach von der Favoritengruppe absetzen. Auf der Abfahrt gelang es ihm, den Vorsprung auszubauen, und nur Pieter Weening konnte sein Hinterrad halten. Der gewiefte Holländer ließ Klöden im Wind fahren und sparte sich damit Kräfte für den Zielsprint. Als dann auf den letzten Metern das Taktieren begann, erwies sich Weening als der glücklichere Stratege. Mit einem hauchdünnen Vorsprung von neun Millimetern gewann er die Etappe. Vor dem Fernseher war kein Sieger erkennbar und auch die Moderatoren waren ratlos, wer jetzt die Nase vorn gehabt hat. Erst das Zielfoto hatte den Sieger ermittelt. »Klödi« trennten am Ende des Tages nur wenige Millimeter von seinem ersten Etappensieg bei der Tour. Doch der Vorjahreszweite gab sich bescheiden und meinte: »Der zweite Platz ist o.k.«

Die Zuschauer hätten ihm den Sieg aber bestimmt gegönnt: Der treue Helfer von Jan Ullrich ist seit seinem zweiten Platz 2004 ganz oben in der Beliebtheitsskala der deutschen Radsportgemeinde. Seine Platzierung hinter dem Tourminator Lance Armstrong war eine Riesensensation. Schließlich war er nur selten auf eigene Rechnung unterwegs, sondern hatte sich voll für seinen Kapitän Jan Ullrich aufgearbeitet. Vor dem Tourstart 2004 hatte er als Ziel noch ausgegeben, »in den Bergen möglichst lange dabei« zu sein. Das gelang dem Rundfahrt-Spezialisten von Tag zu Tag besser. Der langjährige Trainingspartner und Freund von Jan Ullrich hat zu diesem Zeitpunkt bereits eine Reihe von Erfolgen vorzuweisen. 2000 gelang ihm in einem Traumjahr ein Erfolg nach dem anderen. Zunächst gewann er Paris–Nizza und die Basken-Rundfahrt. Gegen Ende der Saison belegte er den dritten Platz bei den Olympischen Spielen in Sydney. Auch 2004 hatte er bereits früh signalisiert, dass er wieder in Bestform war. In Freiburg sicherte er sich den Titel des Deutschen Meisters. Bei der Tour wuchs er über sich hinaus und zeigte sich bei den Pyrenäen-Etappen sogar seinem Kapitän Jan Ullrich überlegen. Der zweite Platz bei der Tour war eine Sensation. Verletzungspech machte ihm oft zu schaffen und verhinderte größere Erfolge. 2005 musste er wegen eines Kahnbeinbruchs am Handgelenk die Tour abbrechen und auch 2006 startete er mit einer Schulterverletzung in die Saison. Doch stets bewies Klödi Durchhaltevermögen und leistete auch noch schwer angeschlagen wertvolle Teamarbeit.

Andreas Klöden ist nicht nur ein zäher Helfer, sondern auch ein hervorragender Einzelfahrer.

39 Sommervergnügen auf dem Skiberg
CHAMP DU FEU

In der Altstadt von Villé glänzen schmucke Fachwerkhäuser.

1 ***

HÖHE MAX.: 1100 m
HÖHENUNTERSCHIED: 840 Hm
LÄNGE: 13 km
STEIGUNG MAX.: 9 %
STEIGUNG DURCHSCHNITT: 6 %

AUSGANGSORT
Villé, Département

ANFAHRT
Von Sélestat auf der N 59 Richtung St-Dié und nach wenigen Kilometern weiter auf der D 424 nach Villé

PARKEN
Im Ortszentrum von Villé

STRASSENZUSTAND
Keine größeren Straßenschäden

PASSÖFFNUNGSZEITEN
Ganzjährig geöffnet

Der Champ du Feu wird im Deutschen auch als Hochfeld bezeichnet, denn natürlich gibt es für die Orte, Flüsse und Berge der Region meist in beiden Sprachen einen Namen. Er ist der höchste Punkt der mittleren Vogesen und liegt im Département Bas-Rhin. Im Französischen bedeutet der Name »Feuerfeld«; er stammt noch aus keltischer Zeit. Damals brannten am Berg die Opfer- und Sonnwendfeuer, wo heute die Lichter der Liftstationen leuchten. Im Winter herrscht am Champ du Feu geschäftiges Treiben. Der Berg gehört mit seinen 13 Liften zu den bekannten Skigebieten der Region.

Beliebt ist der Berg auch bei Hobbyastronomen, und das sollte normalerweise keine Konflikte geben. Aber da man eine Nachtskibahn plant, droht die Beleuchtung von Hang, Liften und Straßen. Für die Sternengucker wäre das natürlich der Untergang, deshalb kämpfen vier französische Astronomieverbände überaus engagiert gegen die Pläne.

Blick aufs Wetter

Dass zahlreiche Vogesengipfel im Winter Skigebiete sind, hat für Radfahrer und Wanderer einen sehr nützlichen Nebeneffekt: Alle großen Skigebiete sind mit einer Webcam ausgestattet und erleichtern die Reiseplanung. Mit einem Klick erfährt man, wie das Wetter ist. Besonders im Frühjahr ist dies nützlich, denn dann sieht man am vielen Weiß auf dem Bild, dass es wieder geschneit hat oder der Schnee vom Winter noch da ist. Keine Seltenheit, denn selbst Anfang Juni kann es in den höher gelegenen Vogesen schneien.

Neben dem Champ du Feu sind auch der Ballon d'Alsace, der Col de la Schlucht, der Grand Ballon, Le Markstein und der Col de la Faucille im Jura mit einer Internetkamera ausgestattet. Die Internetadressen findet man leicht über eine Suchmaschine.

Toutes directions

Wir haben noch keine Sterne vor den Augen, sondern starten in Villé mit klarem Kopf auf der D 424. Schon bald erreichen wir Saint-Martin

Der zweite Teil des Anstiegs zum Champ du Feu verläuft im Wald.

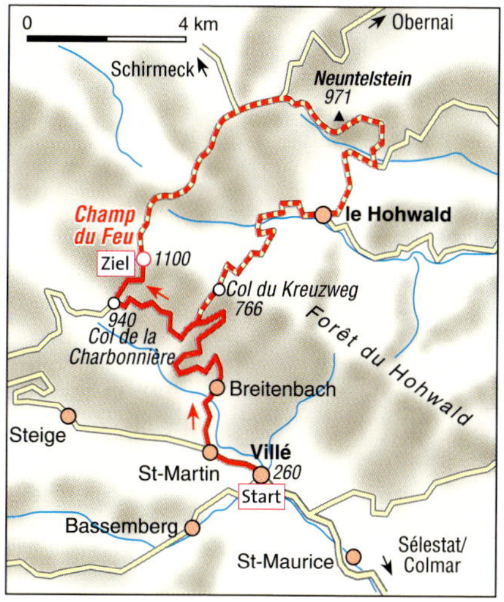

mit seiner auffälligen Kirche. In Saint-Martin fahren wir rechts Richtung Champ du Feu/Breitenbach. Jetzt steuern wir auf der D 425 direkt auf das kleine Breitenbach zu, das von einer hügeligen Landschaft umgeben ist. Nach 3 km erreichen wir Breitenbach und biegen dort vor der Kirche links ab (»Toutes directions«, also alle Richtungen). Eine lang gezogene Linkskurve führt den Hang entlang und bietet uns einen Blick auf Breitenbach, das jetzt direkt unter uns liegt. Auf den folgenden Kilometern führt die Straße durch einen dichten Wald und neben der Straße plätschern kleine Bäche dahin. Nach 9 km öffnet sich der Wald und wir haben links eine Aussicht über die hügeligen Berge der Umgebung. Immer wieder zweigen Wanderwege von der Straße ab, doch wir bevorzugen heute das sanfte Radelvergnügen. Inzwischen auf der D 57, steuern wir in die Höhe.

Die letzten Meter zum Ziel

Nach etwa 11 km wechselt der Bewuchs vom Fichtenwald zu Laubbäumen. Wir erreichen in einer Kurve den Col de la Charbonnière, der mit den angegebenen 960 Hm schon das nahende Ende unseres Gipfelsturms andeutet. Schon wieder wechselt die Straßenbezeichnung, wir folgen der Ausschilderung auf der D 214 zum Col du Champ du Feu. Nach dem Restaurant erwartet uns zunächst nur eine angenehme Steigung, bevor wir noch mal steilere letzte Meter zu bewältigen haben. Nach knapp 14 km sind wir auf der Passhöhe angekommen. Wer will, kann rechts über den Pass und über Le Hohwald wieder zurück nach Villé fahren.

Das Besondere am Champ du Feu ist, dass er aus Granit besteht, während die Berge in den Nordvogesen überwiegend aus Buntsandstein aufgebaut sind. Er ist mit seinen 1100 m die höchste Erhebung der Mittelvogesen. Sehr ungewöhnlich ist die Geschichte der Kapelle am Berg. 1952 wurde die Chapelle du Champ du Feu aus Spendengeldern errichtet, damit Skifahrer vor Ort die Messe besuchen konnten. Jeden Sonntag fand bei Schnee die Messe statt, so konnten sich die Skifahrer gleich danach wieder ins Pistengewühl stürzen. Doch dieser Skifahrergottesdienst existiert nicht mehr und die Kapelle wird nur noch selten benutzt.

Dabei sein ist alles

Wer die Tour vor Ort erleben will, findet am Champ du Feu bestimmt ein Plätzchen. Doch das nahe Deutschland sorgt wie bei

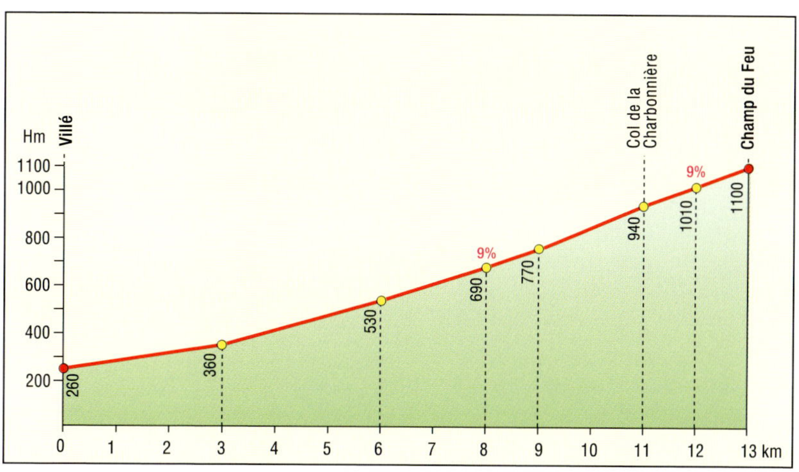

jeder Etappe im Elsass für Volksfeststimmung. Ist einem die eigene Organisation zu kompliziert und das stundenlange Kämpfen um die gute Sicht zu anstrengend, gibt es eine Alternative. Radsportfans haben seit 2006 die Möglichkeit, die Tour de France noch direkter zu erleben. Sechs Reiseagenturen aus der ganzen Welt haben von der Tourdirektion die Erlaubnis bekommen, ganz besondere Radsportpakete zu verkaufen.

Die Teilnehmer dürfen die Tour hautnah miterleben und kommen auch an Orte, die für den normalen Besucher nicht zugänglich sind. Doch das Beste ist: Sie dürfen die Etappe nur wenige Stunden vor den Profis fahren, nach dem Etappenziel wird auf dem offiziellen Podium das »Siegerfoto« gemacht. Aber wie so vieles im Leben hat das VIP-Paket auch seinen Preis. Über 3000 Euro kostet der dreitägige Spaß bei einem der lizenzierten Reisebüros z.B. für die Alpenetappen mit Alpe d'Huez. Für schlappe 1000 Euro mehr kann man die Reise auf acht Tage verlängern und ist dann bis Paris dabei.

Oben: Ein altes Steinkreuz am Wegesrand erinnert an eine ansässige Familie. Unten: Traumkurve für Abfahrtsliebhaber: Hier kann man schön um die Kurve rauschen.

Wie nicht anders zu erwarten war, ist besonders das Interesse an den Etappen der großen Anstiege groß. Im ersten Jahr waren die Reisepakete zum Etappenziel in Alpe d'Huez schnell ausverkauft. Die Teilnehmer konnten dabei wirklich die gesamte Etappe von Gap nach Alpe d'Huez nachfahren. Wer diese187 km über Izoard und Lautaret überstanden hat, wird das Luxusmenü zum Abendessen wirklich schätzen. Der zahlungskräftigen Kundschaft war aber auch das Finale in Paris einiges wert, dafür wurde sogar ein Helikoptertransfer geboten.

Kost nix!

Völlig umsonst ist allerdings die selbst organisierte Version. Zelten kann man meist neben der Strecke, und wenn man früh genug losfährt, kann man entlang der Strecke auch mit dem eigenen Rennrad fahren. Während die Strecke für Autos längst gesperrt ist, hat man als Rennradfahrer noch die volle Bewegungsfreiheit. Naht das Peleton und langweilen sich die Zuschauer bereits, kann man sich auch über begeisterte Anfeuerung freuen. Natürlich schafft man es angesichts des engen Zeitfensters nicht, die gesamte Etappe abzustrampeln und auf den Luxus eines Begleitfahrzeugs muss man auch verzichten.

Bei manchen Radlern ist der Wunsch an der eigenen teilnahme allerdings zu groß. Bereits mehrmals passierte es bei der Tour de France, dass sich Hobbyradler unter die Rennfahrer msichten. Legendär ist die Überraschung, die entstand, als in Paris sich Radler einmal in einem Tunnel versteckten und sich dann den vorbeiziehenden Fahrern anschlossen.

Auch bei Bergetappen passierte es schon, dass plötzlich der einsame Spitzenreiter einen Begleiter hatte. Doch bei den hohen Geschwindigkeiten, dauert es nur wenige Sekunden, bis der Schwindel auffliegt und der Amateur nach Luft schnappend zurück bleibt.

Licht und Schatten

Erinnert man sich an die Geschichte der Tour, wird man als Deutscher auch mit der kriegerischen Vergangenheit des eigenen Landes konfrontiert. Die beiden Kriege gegen Frankreich sorgten neben den zahlreichen namenlosen auch für prominente Opfer unter den Radrennfahrern. Der Toursieger von 1910, Octave Lapize, starb als Jagdflieger in Verdun und auch François Faber, der 1909 gewonnen hatte, und Lucien Petit-Breton, der Sieger von 1908, starben an der Front des Ersten Weltkriegs. Ein dunkler Schatten, der besonders beschämt, denkt man an die Unterstützung, die deutsche Fahrer wie Kurt Stöppel und andere von den Franzosen erhielten. 1932 waren bei der Tour nur Nationalmannschaften zum Start zugelassen. Kurt Stöppel hatte bereits im Vorjahr gezeigt, dass er gute Beine hat. Doch 1932 gelang dem krassen Außenseiter die Sensation: Am 7. Juli 1932 trug er als erster Deutscher das gelbe Trikot.

Seine Kondition hatte sich der Berliner übrigens in ganz besonderen Trainingseinheiten erworben. Da er tagsüber arbeitete, stellte er sich den Wecker auf drei Uhr früh und trainierte immer vor der Arbeit. Die zweite Etappe der Tour 1932 führte von Caens in der Normandie nach Nantes über insgesamt 295 km. Nach 170 km bildet sich eine Spitzengruppe, in der auch Stöppel vertreten ist, und im Zielsprint gelingt es ihm sogar, sich abzusetzen. Dank der Zeitgutschrift hat er die Führung im Gesamtklassement übernommen. Doch die deutsche Mannschaft verfügte nur über wenig Geld und schlechte Ausrüstung. Zahlreiche Pannen verhinderten, dass Stöppel das Wunder komplett machen konnte. Doch sein zweiter Platz im Gesamtklassement war für Jahrzehnte die beste Platzierung eines Deutschen bei der Tour.

Am Ziel in Paris umarmen sich der französische Sieger André Leducq und Kurt Stöppel herzlich. Die Geste kommt von Herzen, auch die französischen Zuschauer bringen dem deutschen Außenseiter große Sympathien entgegen.

Am Champ du Feu wird die Erinnerung an vergangene Tourhöhepunkte von einer grausamen Vergangenheit überschattet. 1941 wurde in 800 m Höhe ein Konzentrationslager für Männer errichtet. Berüchtigt waren die harte Arbeit im Steinbruch und die medizinischen Versuche von Prof. Hirt. Tausende Menschen verloren auf unfassbar brutale Weise ihr Leben, darunter zahlreiche Kämpfer der Résistance. Das KZ Natzweiler-Struthof bestand bis zum September 1944 und kostete mehrere tausend Menschen das Leben.

Von dem 1889 errichteten Turm auf der Passhöhe hat man einen herrlichen Rundblick auf die Vogesen und sogar den Schwarzwald.

40 Der einzig deutsche Berg der Tour
NOTSCHREI

Am kleinen Notschrei sind die Steigungsprozente ganz schön groß.

2 ***

HÖHE MAX: 1121 m
HÖHENUNTERSCHIED: 741 Hm
LÄNGE: 15 km
STEIGUNG MAX: 7 %
STEIGUNG DURCHSCHNITT: 5 %
AUSGANGSORT
Kirchzarten
ANFAHRT
Von Freiburg auf der B 31 Richtung Titisee, abbiegen nach Kirchzarten
PARKEN
Am Bahnhof in Kirchzarten P+R-Parkplatz
STRASSENZUSTAND
In der Abfahrt zum Teil sehr wellig
PASSÖFFNUNGSZEITEN
Ganzjährig geöffnet

Am Rande der Vogesen, mitten im Schwarzwald, liegt eine kleine Rarität versteckt: der einzige deutsche Berg der Tour de France. Nachdem er nur einmal befahren wurde, hat er natürlich keine großen Spuren in den Geschichtsbüchern hinterlassen. Hingegen sind Notschrei und Feldberg im Programm der Deutschlandtour bereits öfter rennentscheidend gewesen. Nicht ohne Grund ist der Notschrei bekanntes Trainingsrevier vieler Radprofis. Natürlich trainierte auch Jan Ullrich jahrelang am Notschrei. Sollte man also auf dieser Tour mit mörderischem Tempo überholt werden, lohnt sich vielleicht ein Blick ins Gesicht des Radlers.

Am Steinwasen-Park vorbei

Vom Bahnhof aus geht es zunächst durch den Ort Richtung Oberried. Nach 1,5 km biegen wir links auf einer leider stark befahrenen Straße ab in Richtung Schauinsland/Oberried. Vor uns sieht man bereits die sanften Wiesenhügel. Die Straße führt bei gemächlicher Steigung durch Oberried. Rechts der Straße erreichen wir kurz darauf ein aquäduktähnliches Bauwerk. Bereits 1938 errichtet, dient es noch heute der Stromgewinnung aus Wasserkraft.

Wir fahren jetzt durch dichte Fichtenwälder bergauf. Erst nach 9 km nimmt die Steigung zu und wir erreichen das steilste Stück der Strecke. Die Hänge sind jetzt mit großen Felsen durchsetzt und neben der Straße erscheint ein Skilift. Für die Bergwelt Steinwasen haben wir jetzt keine Zeit, doch alle Actionsüchtigen können bei der Rückfahrt einen Stopp einplanen.

Der Steinwasen-Park brüstet sich mit der längsten »Erlebnis-Seilbrücke« Europas. In 30 m Höhe führt die 218 m lange Seilbrücke über den Talgrund. Auch die Sommerrodelbahnen und über 20 Wildarten

Die ersten Kilometer von Kirchzarten verlaufen sehr flach.

ziehen im Sommer die Besucher der Region an.

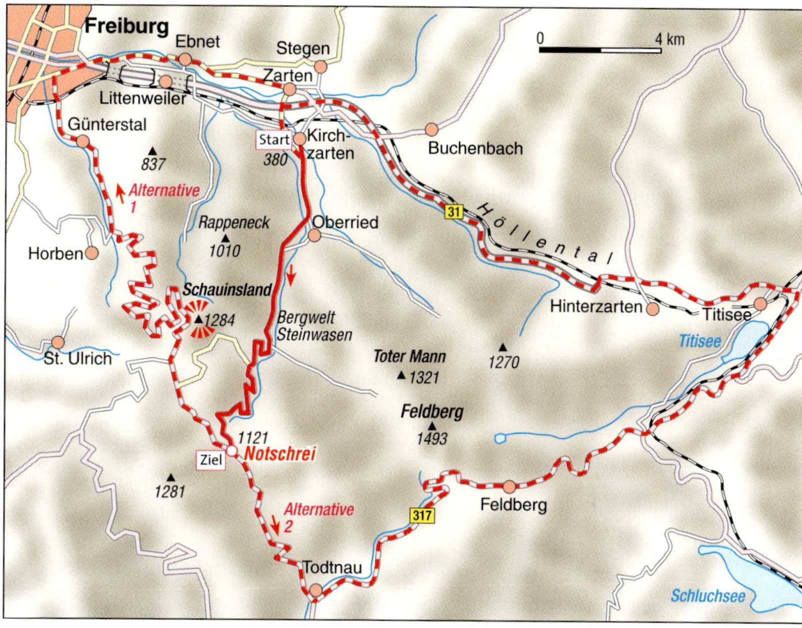

Hochprozentige Steigung

Doch wir lassen den Park hinter uns und freuen uns über ein banales Verkehrsschild: Jetzt ist der Notschrei erstmals ausgeschildert. Beeindruckend ist auch das Verkehrsschild, das uns auf den nächsten 7 km 14 % Steigung verspricht. In einer Kurve klettern wir links nach oben, rechts geht es zum Museumsbergwerk ab. Die Steigung geht etwas zurück, aber erst nach 12 km erreichen wir wieder ein längeres, flaches Stück. Durch Mischwald führen uns Serpentinen der Passhöhe entgegen. Hier befindet sich das Viersternehotel Waldhotel; leider hat man keine lohnenswerte Aussicht.

Am Notschrei angekommen, reizt der Abstecher nach Schauinsland. Doch noch besser eignet sich die Rundtour zum Feldberg; wer diese Strecke wählt, schlägt zwei Fliegen mit einer Klappe: Die Variante führt direkt zurück nach Kirchzarten und gleichzeitig überquert man mit dem Feldberg einen Berg der Deutschlandtour. Dort fiel 2005 im kalten Nieselregen die Entscheidung über den Gesamtsieg. Ex-Telekom-Profi Cadel Evans aus Australien gewann die Kältefahrt mit wenigen Sekunden vor Jörg Jaksche und Levi Leipheimer. 4 km vor dem Gipfel des Feldbergs musste Jan Ullrich abreißen lassen und verlor dadurch seine letzte Chance auf den Gesamtsieg.

Black Forest Marathon

Mitte Juni kommen Tausende Mountainbiker nach Kirchzarten. Dann findet jedes Jahr der »Black Forest Ultra Bike Marathon« statt. Hinter dem plakativen Namen verbirgt sich ein Rennen mit vier verschiedenen Schwierigkeitsklassen, das um die 4000 Teilnehmer anlockt. In der Kategorie »Ultra Marathon« hatten die Teilnehmer

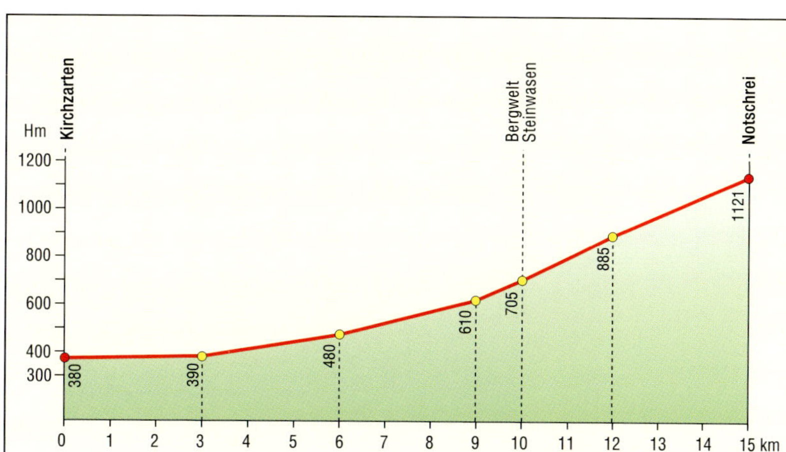

TRAININGSREVIER SCHWARZWALD

Der Schwarzwald ist ein ideales Trainingsrevier für alle Neulinge in der Klettergemeinde. Hier kann man in einer landschaftlich reizvollen Umgebung Kilometer sammeln und humane Steigungen bewältigen. Über 600 km sind zu fahren, wenn man den Schwarzwald in ganzer Länge durchquert.
Ein steter Wechsel zwischen malerisch eingeschnittenen Tälern und lichten Höhen sorgt für Rennradvergnügen. Die Strecken sind nicht schwer und verlaufen überwiegend auf wenig befahrenen, asphaltierten Nebenstraßen und Radwegen. Die Anstiege sind gemäßigt, nur drei oder vier Steigungen sind etwas schwieriger. Ideal also, um für Galibier und Co. zu trainieren! Wer will, kann die »Rennrad-Etappenfahrt über den Schwarzwald« sogar mit Gepäcktransport buchen (www.rad-schwarzwald.info).
Ein Blick auf die Landkarte zeigt, dass im Schwarzwald kein Mangel an Pässen herrscht: Feldberg (1493 m), Belchen (1360 m), Kandel (1241 m), Schauinsland (1200 m), Hochblauen (1165 m), Hornisgrinde (1150 m) und Wiener Eck (1035 m) sind allesamt lohnende Ziele. Zwischen 500 und 1000 Hm sind zu bewältigen und bei der Vielfalt wird einem auch in mehreren Tagen nicht langweilig. Der Feldberg ist zwar der bekannteste Berg, aber keinesfalls der anspruchsvollste. Es lässt sich auch problemlos eine Route zusammenstellen, die anspruchsvolles Höhenmetersammeln ermöglicht.
Im Internet findet sich ein Routenvorschlag, der dies plastisch veranschaulicht. Ein ambitionierter Amateur-Radsportler hat eine Tour entworfen, die auf einer Länge von 250 km ganze 6200 Hm überwindet. Das wird die Leistungsgrenze der allermeisten Hobbyradler sprengen und so ist die Tour auch äußerst treffend beschrieben: »Ein Traum für jeden trainierten Bergradler – ein Albtraum für die nicht Trainierten!«
(Infos: www.bergstrassen.de)

2006 genau 116 km Forst-, Wald- und Wiesenwege zu bewältigen. Insgesamt bot diese Variante 3150 Hm. Wer seinem Trainingszustand nicht traute, konnte den »Short Track« fahren. Dabei waren auf 43 km nur 1040 Hm zu überwinden. Irgendwo in der Mitte der beiden Extreme lagen die Varianten »Marathon« und »Power Track«.

Das laut Veranstalter »größte Mountainbike-Rennen Europas« zieht seit Jahren auch Tausende Zuschauer an.

Das Etappenziel im einzigen deutschen Tour-Berg liegt natürlich hier.

Die Tour zu Gast in Deutschland

Der Notschrei ist eine Besonderheit in der Tour-Geschichte. Mit seinen 1120 m ist er (neben dem 514 m hohen Felsberg) der einzige deutsche Berg, der von der Tour de France je befahren wurde. Der Besuch im Schwarzwald war auch in anderer Hinsicht eine Rarität. Denn die Fahrer erwartete am 27. Juni 1971 eine dreigeteilte Etappe. Zunächst ging es von Mulhouse nach Basel, mit einem Schlenker durch den Schwarzwald.

In einem Massensprint in Basel verlor Zoetemelk seine Führung. Doch kurze Zeit später mussten die Radler erneut antreten. Im zweiten Teil ging es von Basel nach Freiburg; hier gab es erneut einen Massensprint. Kurz darauf wurde der dritte Teil der Etappe gestartet, der – man ahnt es schon – erneut mit einem Massensprint in Mulhouse endete.

Als Berg der dritten Kategorie konnte der Notschrei natürlich keine große Rolle im Renngeschehen spielen, doch es kann durchaus als Ehre angesehen werden, dass er in der Streckenplanung berücksichtigt wurde. Im Programm der Deutschlandtour stand er zusammen mit dem Feldberg bereits auf dem Programm. Mit den Giganten der Pyrenäen und Alpen kann es der Schwarzwald allerdings natürlich nicht aufnehmen.

Die Tour war zwar oft zu Gast in Deutschland, aber es sind wohl eher die Flachetappen, die sich für eine sinnvolle oder finanziell lukrative Streckenplanung anbieten. Bereits 1907 wagte die Tour einen Ausflug nach Deutschland. Damals war die von den Deutschen besetzte Stadt Metz das Ziel. Ein politisch heikles Unterfangen, das 1910 vom Gouverneur für Elsass und Lothringen verboten wurde.

Erst 1964 rollte das Peleton erneut nach Deutschland. Das ganze Land fieberte mit Rudi Altig und tatsächlich übernahm er in Freiburg für kurze Zeit das gelbe Trikot. Im darauf folgenden Jahr startete die Tour sogar in Deutschland. Von Köln aus fuhren die Fahrer nach Lüttich. Freiburg scheint ein besonders gutes Pflaster zu sein: 1977 rollte mit Didi Thurau erneut ein Deutscher im gelben Trikot durch den Schwarzwald.

1987 fand der bis heute längste Besuch der Tour de France in Deutschland statt. Der Prolog ging am 1. Juli in Berlin über die Bühne. Es folgten die erste Etappe innerhalb Berlins, das Mannschaftszeitfahren rund um Berlin und drei Etappen im Westen der Republik. Erst am 5. Juli erreichte das Fahrerfeld in Strasbourg wieder französischen Boden.

Die Radsportbegeisterung in Deutschland ist bei jedem Tourbesuch riesig. Millionen von aktiven wie passiven Rennrad-Fans verfolgen jährlich die Tour der Giganten. 24 Etappen haben bisher deutschen Boden berührt und dabei sechs verschiedene Bundesländer besucht. Wenn wie 2005 Millionen von Zuschauern entlang der Strecke stehen, ist selbst der Tourdirektor beeindruckt: »Die deutschen Radsportfans und ihre Begeisterung sind einmalig«, lautete sein Urteil.

Der Schwarzwald ist ein ideales Trainingsgebiet. Die Vielfalt der Fahrradstrecken ermöglicht Kilometersammeln bei großer Abwechslung.

DIE WICHTIGSTEN AUSGANGSORTE

Pyrenäen

Argelès-Gazost 1, 2, 3, 4

Unweit von Lourdes in den Hautes-Pyrénées liegt dieser kleine Ort (3500 Ew.), der sich für eine ganze Reihe klassischer Touren als Ausgangspunkt anbietet. Der Col d' Aubisque, Luz-Ardiden, Hautacam und der Tourmalet sind nur einen Steinwurf entfernt. In Argelès-Gazost findet man alle Einkaufsmöglichkeiten, mehrere Restaurants, Unterkünfte in allen Preisklassen und entlang der Straße eine Reihe von Campingplätzen. Die Ausrichtung auf den Tourismus ist unschwer zu erkennen, denn Radfahrer, Wanderer und Kanuten kommen hier auf Ihre Kosten.

Office de Tourisme:
B.P. 35
65400 Argelès-Gazost
Tel. 05 62 97 00 25
E-Mail: infos@argeles-gazost.com
www.argeles-gazost.com

Camping:
Camping Les Trois Valées,
RN 21 Avenue des Pyrénées,
Tel. 05 62 90 35 46,
www.camping-les-3-vallees.fr

Von Lourdes kommend befinden sich mehrere andere Campingplätze entlang der RN 21, die mit großen Tafeln ausgeschildert sind.

Saint-Lary-Soulan 5, 6, 7

Saint-Lary-Soulan ist in den letzten Jahren zum wichtigsten Wintersportort der Umgebung geworden. Entsprechend ist die touristische Infrastruktur bestens. Es gibt viele Souvenirgeschäfte, alle Einkaufsmöglichkeiten, und Hotels unterschiedlicher Kategorien sind im Sommer meist nicht ausgebucht. Touren zum Col d'Aspin, Col de Peyresourde und natürlich nach Pla d'Adet sind von hier aus möglich. Wer will, kann den Aufenthalt noch mit Wanderungen im malerischen Réserve Naturelle Néouvielle bereichern.

Office de Tourisme:
37, rue Vincent Mir
65170 Saint-Lary-Soulan
Tel. 05 62 39 50 81
E-Mail: info@saintlary.com
www.saintlary.com

Camping:
Camping Lalanne
65170 Saint-Lary-Soulan
Tel. 05 62 39 41 58
www.saintlary-vacances.com/camping/

Insgesamt gibt es acht Campingplätze in und um den Ort. Selbst in der Hauptsaison hat man daher keine Probleme, einen Stellplatz zu bekommen.

Bagnères-de-Luchon 7,8, 9

Luchon hat zwar nur knapp 4000 Einwohner, zählt aber zu den beliebtesten Thermalbädern der Pyrenäen. Das ganze Jahr über herrscht reger Besucherverkehr. Eine breite Vielfalt an Angeboten für den kleinen Hunger zwischendurch bis zur Literatur über die Schönheiten der Umgebung spiegeln die touristische Ausrichtung wieder. Rennradlern stehen die beschriebenen Anstiege zum Col de Peyresourde und Superbagnères zur Verfügung. Man kann außerdem den Col du Portillon und den Col de Menté von hier aus bezwingen.

Office de Tourisme:
18, Allée d'Etigny – B.P. 29
31110 Bagnères-de-Luchon
Tel. 05 61 79 21 21
E-Mail: luchon@luchon.com
www.luchon.com

Camping:
In Luchon gibt es zwei Plätze, in der Umgebung noch vier weitere.

Camping Beauregard
Avenue du Vénasque
31110 Luchon
Tel. 05 61 79 30 74

Ax-les-Thermes 11, 12, 13, 14

Auch in Ax sorgt das Thermalbad für ganzjährige Besucherströme. Die Kombination aus Kurangeboten, Wanderwegen und Wintersport hat dem Ort einigen Wohlstand beschert. Auf der Suche nach einem Restaurant oder Hotel hat man dementsprechend die Qual der Wahl und natürlich gibt es auch ein breites Angebot an Geschäften.
Rennradler können von hier die beschriebenen Anstiege Ax 3 Domaines/Plateau de Bonascre, Plateau de Beille, Col de Chioula und Port de Pailhères in Angriff nehmen. Es gibt außerdem zahlreiche weitere Routenmöglichkeiten, zum Beispiel kann man sich den Port d'Envalira (leider viel Verkehr) vornehmen oder im einsamen Hinterland des Col de Chioula seine Runden drehen.

Office de Tourisme:
La résidence
Avenue Théophile Delcassé
09110 Ax les Thermes
Tel. 05 61 64 60 60
E-Mail: vallees.ax@wanadoo.fr
www.vallees-ax.com

Camping:
Sunêlia Malazéou
09110 Ax les Thermes
Tel. 05 61 64 69 14
E-Mail: camping.malazeou@wanadoo.fr
www.campingmalazeou.com

Der Campingplatz in Ax ist nicht ganz billig. Preiswertere Alternativen gibt es in Savignac-les-Ormeaux, Les Cabannes, Verdun und Ascou.

Alpen Süd

Malaucène 15, 16

So stellt man sich einen schönen südfranzösischen Ort vor: Ein gemütliches Stadtzentrum mit kleinem Markt und einer breiten Auswahl gemütlicher Cafés und Restaurants. In Malaucène dreht sich alles um den berühmten Mont Ventoux und so sind die Rennradler hier häufige Gäste. Aber natürlich bieten sich auch Ausflüge in die Umgebung an, denn auch ohne Berge gibt es hier viel zu erleben.

Office de Tourisme:
Place de la Mairie
84340 Malaucène
Tel. 04 90 65 22 59
E-Mail: ot-malaucene@wanadoo.fr
www.lemontventoux.net

Camping
Camping Le Bosquet
Route de Suzette
84340 Malaucène
Tel. 04 90 65 24 89
www.guideweb.com/provence/camping/bosquet/

Barcelonnette 17, 18, 20

Mit seinen 3000 Einwohnern ist Barcelonnette noch recht überschaubar, obwohl hier reger Durchgangsverkehr herrscht. Die Infrastruktur lässt keine Wünsche offen und der Ort ist idealer Ausgangspunkt für die beschriebenen Anstiege zum Col d'Allos und nach Pra-Loup. Ebenfalls in der Nähe ist der Col de la Cayolle, etwas weiter entfernt bieten sich Cime de la Bonnette und Col de Vars und der Col de Larche als Kletterziele an.

Office de Tourisme:
Place Frédéric Mistral
04400 Barcelonnette
Tel. 04 92 81 04 71
E-Mail: info@barcelonnette.com
www.barcelonnette.com

Camping:
Camping du Plan
52 avenue Emile Aubert
04400 Barcelonnette
Tel. 04 92 81 08 11
www.campingduplan.com

Alpen Nord

Bourg d'Oisans 23, 24, 25

Das bekannteste Pilgerziel der Radsportfans ist natürlich Bourg d'Oisans. Zu Füßen der 21 mythischen Kurven von Alpe d'Huez treffen sich Rennradfahrer und –fans aus der ganzen Welt. Der Ort ist daher voll auf zwei räder eingestellt, selbst in den Schaufenstern der Geschäfte entgeht man der Tour de France nicht. Natürlich fehlt hier Nichts, selbst ein gut sortierter Rennradladen befindet sich im Ort. Ein ideales Basislager, das Klettertouren zum Galibier, Télégraphe, Lautaret und Croix-de-Fer ebenso ermöglicht wie einen Spurt hinauf nach Alpe d'Huez.

Office de Tourisme:
Quai Girard
38520 Bourg d'Oisans
Tel. 04 76 80 03 25
E-Mail: infos@bourgdoisans.com
www.bourgdoisans.com

Camping
Camping La Piscine
Route de l'Alpe d'Huez
Tél. 04 76 80 02 41
Fax: 04 76 11 01 26
E-Mail: infos@camping-piscine.com
www.camping-piscine.com

Es gibt eine Vielzahl von Campingplätzen in und um Bourg d'Oisans die auch außerhalb der Sommermonate geöffnet sind.

Saint-Jean-de-Maurienne 23, 26, 27

Zugegeben, Saint-Jean-de-Maurienne zählt nicht zu den gemütlichsten Orten, die hier aufgezählt sind. Riesige Einkaufszentren in der Umgebung und die Hauptstraße nach Italien sorgen für ein sehr hohes Verkehrsaufkommen, insbesondere zu Zeiten des Berufsverkehrs und in den Schulferien. Als Ausgangspunkt für Touren zum Galibier, Télégraphe, Croix de Fer und Col de la Madeleine ist der Ort trotzdem geeignet.

Office de Tourisme:
place de la cathédrale
73300 Saint-Jean-de-Maurienne
Tel. 04 79 83 51 51
E-Mail: info@saintjeandemaurienne.com
www.saintjeandemaurienne.com

Camping:
Camping Municipal des grands cols
Avenue du Mont-Cenis
Pont d'Arvan
73300 Saint-Jean-de-Maurienne
Tél. 04 79 64 28 02
E-Mail: camping-le-bois-joli@wanadoo.fr

La Clusaz 30, 31, 32

In diesem Urlaubsort lässt sich der Trubel in der Wintersaison sofort erahnen. Ganz Clusaz ist mit seinen Skigeschäften, Verleihstationen und Skischulen vom Wintersport geprägt. Im Sommer geht es deshalb sehr beschaulich zu, dabei gibt es hier genügend Erlebnismöglichkeiten. Wandertouren, Reiten, Gleitschirmfliegen und Golf sollen auch im Sommer die Betten füllen. Rennradfahrer können vom Ort aus direkt zum Col de la Colombière, Col de la Croix-Fry und Col des Aravis starten.

Office de Tourisme:
161, place de l'église
74220 La Clusaz
Tel. 04 50 32 65 00
E-Mail: infos@laclusaz.com
www.laclusaz.com

Camping
Camping Le Plan du Fernuy
1800 route des Confins
74220 La Clusaz
Tel. 04 50 02 44 75
Fax: 04 50 32 67 02
E-Mail: info@plandufernuy.com
www.plandufernuy.com

Vogesen

Munster 38

Munster ist ein kleines gemütliches Vogesenstädtchen. Es bietet ein historisches Stadtzentrum, in dem sich nicht nur die Störche wohl fühlen. Der beschriebene Anstieg zum Col de la Schlucht beginnt in Munster. In der Umgebung liegen außerdem der Col du Bonhomme und die Route des Crêtes.

Office de Tourisme:
1, rue du couvent
68140 Munster
Tel. 03 89 77 31 80
E-Mail: tourisme.munster@wanadoo.fr
www.la-vallee-de-munster.com

Camping:
Camping municipal du
Parc de la Fecht
Parc de la fecht
68140 Munster
Tel. 09 89 77 31 08
E-Mail: info@campingterreoceane.com
http://www.campingterreoceane.com/

Thann 35, 36, 37

Thann selber ist ein sehr geschäftiger Ort, deshalb lohnt es sich, in die schöne Umgebung auszuweichen. Der Campingplatz in Ransbach, liegt direkt auf dem Weg nach Kruth, wo die beschriebene Route auf den Grand Ballon startet. Für einen längeren Tagesausflug bietet sich eine Rundtour über den Col du Hundsruck und den Ballon d'Alsace an.

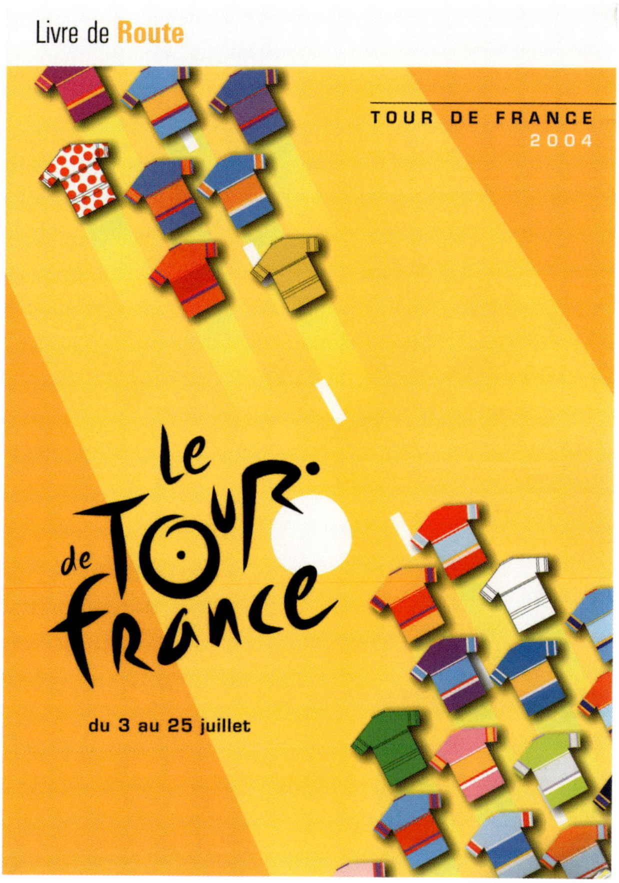

Office de Tourisme:
7, rue de la 1ère Armée
68800 THANN
Tel. 03 89 37 96 20
E-Mail: contact@ot-thann.fr
www.ot-thann.fr

Camping:
Camping Les Bouleaux
rue des Bouleaux
68470 RANSPACH
Tel. 03 89 82 64 70
E-Mail: contact@alsace-camping.com
www.alsace-camping.com

REGISTER

Ortsregister

Personenregister

Sachregister

IMPRESSUM

Unser Gesamtverzeichnis finden Sie unter www.bruckmann.de

Produktmanagement:
Simone Calcagnotto
Lektorat: Solveig Michelsen, München
Layout und Satz:
Dr. Alex Klubertanz, München
Repro: Scanner Service S.r.l.
Umschlaggestaltung: Thomas Fischer unter Verwendung von Fotos der Bildagentur Corbis
Kartografie: Achim Norweg, München
Herstellung: Thomas Fischer
Printed in Italy by Printer Trento S.r.l.

Für Hinweise und Anregungen sind wir jederzeit dankbar. Bitte richten Sie diese an:
Bruckmann Verlag
Lektorat
Innsbrucker Ring 15
Postfach 80 02 40
D-81673 München
E-Mail: lektorat@bruckmann.de

Bildnachweis:
Alle Bilder im Innenteil stammen vom Autor Kristian Bauer, außer:
Adidas: S. 10
Bildagentur Corbis: Umschlag, S. 18/19, 88/89, 185
Dr. Elmar Bauer: S. 122, 126, 132, 136, 141, 205, 210, 211
Freier, Ute und Peter: S. 186/187
Hüseyin Apu und Eric Loew: S. 31, 138 unten, 139, 148 oben, 157, 175 oben
Fassa Bortollo: S. 185
Alois Furtner: S. 2, 129, 156
Markus Golletz: S. 118/119
Ulrike Huber: S. 120, 125, 128, 134, 208
LUK: S. 71 oben, 75
Phonak Cycling Team: S. 13, 144, 153, 165, 175 unten
Johannes Sossalla: S. 4, 5, 24, 36, 42, 45, 52, 54, 55, 68, 70, 71 unten, 83, 86
Quintefilm: S. 6, 14, 116
Skoda Deutschland: S. 154
Team Gerolsteiner: S. 87
T-Mobile Team: S. 79, 199, 206
Peter Witek: S. 69, 96 o.
Witters Sport-Presse-Fotos GmbH: S. 9, 12, 15, 130

Umschlagvorderseite: Bildagentur corbis: Hobbyradler am Anstieg

Umschlagrückseite: Tour de France am Col de Peyresourde

Ein Titeldatensatz für diese Publikation ist bei der Deutschen Bibliothek erhältlich.

ISBN 3-7654-4477-7